教育部人文社会科学重点研究基地
兰 州 大 学 敦 煌 学 研 究 所

兰州大学“ 敦煌丝路文明与西北民族社会”双一流学科群建设项目
教育部人文社会科学重点研究基地兰州大学敦煌学研究所项目

国际敦煌学研究文库

敦煌

日本卷 2

郑炳林 高田时雄……主编

甘肃教育出版社

图书在版编目（CIP）数据

国际敦煌学研究文库．日本卷．2：日文 / 郑炳林，（日）高田时雄主编．-- 兰州：甘肃教育出版社，2018.11
ISBN 978-7-5423-4530-1

Ⅰ．①国… Ⅱ．①郑… ②高… Ⅲ．①敦煌学—文集—日文 Ⅳ．①K870.6-53

中国版本图书馆CIP数据核字（2018）第265429号

国际敦煌学研究文库·日本卷 2

郑炳林　高田时雄　主编

出 版 人　马建东
项目策划　王光辉　薛英昭
项目负责　孙宝岩　董宏强
责任编辑　王露莹
特约编审　范亚秋
书籍设计　张小乐

出　版　甘肃教育出版社
社　址　兰州市读者大道568号　730030
网　址　www.gseph.cn　E-mail　gseph@duzhe.cn
电　话　0931-8773145（编辑部）　0931-8435009（发行部）
传　真　0931-8773056
淘宝官方旗舰店　http://shop111038270.taobao.com

发　行　甘肃教育出版社　印　刷　兰州新华印刷厂
开　本　787毫米×1092毫米　1/16　印　张　24　插　页　2　字　数　360千
版　次　2019年5月第1版
印　次　2019年5月第1次印刷
印　数　1~2 000
书　号　ISBN 978-7-5423-4530-1　定　价　96.00元

《国际敦煌学研究文库》的缘起

郑炳林

敦煌藏经洞文物有近50000件，自发现以来，就开始向外流散，大半流散于世界各地的各大博物馆、图书馆以及私人手中，保存在国内博物馆与图书馆中的只有一小部分，还有一部分则下落不明。收藏于国外博物馆、图书馆的，如英国国家图书馆计有汉文写本和少量印本13677件，英国国家博物馆计有80余件绢画等；法国国家图书馆计有4000余件汉文文献，法国集美博物馆计有220余幅各类绘画品等；俄罗斯圣彼得堡东方学研究所有近20000件汉文残件、130余件绢纸绘画品等，国立艾尔米塔什博物馆计有壁画残片、绢画、麻布画、纸本画、雕塑品等350余件；印度国立博物馆计有500余件美术品和2件写本，印度事务部图书馆约有1500号藏文、梵文和于阗文写本。除此之外，日本、美国、德国、丹麦、瑞典、芬兰、韩国、土耳其等均有收藏。保留在中国的敦煌写经主要收藏在中国国家图书馆。中国台湾『中央研究院』傅斯年图书馆、台湾『故宫博物院』、台北图书馆以及敦煌研究院、甘肃省图书馆、甘肃省博物馆、湖北省图书馆、南京博物院、上海图书馆、天津艺术博物馆、北京大学图书馆等机构也收藏有部分零散敦煌文献。由于敦煌文献流散、收藏于世界各地，敦煌学的研究也因此而具有了国际性。

国内敦煌学的研究在王国维、罗振玉、蒋斧、曹元忠等人的推动下发展起来。国外敦煌学的研究同样成果卓著。20世纪，进行相关研究的日本研究机构主要有东洋文库和东京大学东洋文化研究所等，著名学者则有内腾虎次郎、高楠顺次郎、中村不折、铃木大拙、大谷光瑞、羽田亨、石滨纯太郎、那波利贞、神田喜一郎、仁井田陞、矢吹庆辉、有夏一雄、藤枝晃、秋山光和、田中良召、上山大峻、土肥义和、池田温、高田时雄、森安孝夫等。法国开展相关研究的著名学者有戴密微、戴仁、侯锦郎、马克、拉露等，他们的研究重心在胡语文献、藏文文献及汉文文献，主要是伯希和的收集品。英国国家图书馆藏有大量的、珍贵的敦煌文献，为开展相关研究提供了良好的条件。托马斯、翟理斯、小翟理斯、贝利、吴方斯、韦陀等在这方面都有着突出的贡献。俄国的相关研究者主要有俄国科学院圣彼得堡分院东方学研究所的弗鲁格、丘古耶夫斯基和孟列夫、波波娃等。随着敦煌学的发展，几乎世界各国都有从事敦煌学研究的专家学者，敦煌学研究在国内外如火如荼地开展起来。

当然敦煌学的研究也面临诸多问题，首先是学术研究成果和学术研究动态的掌握。中国包括内地和港台地区敦煌学的研究成果，郑阿财、李国、杨富学等都做过相关成果目录，我们可以通过这些目录了解相关研究动向、研究水平及热点问题。鉴于港台学者的论著查找困难，我们同台湾南华大学敦煌学研究中心合作，编辑出版了《港台百年敦煌学文库》，用100册的规模将

20世纪初以来港台敦煌学近百年研究的成果结集，在甘肃人民出版社出版，目前这一工作基本接近尾声。在编辑《港台百年敦煌学文库》的同时，我们有了将相关工作扩展到了整个学术界的想法——编辑出版百年国际敦煌学研究文库。之所以选择从『日本卷』开始主要基于以下原因：第一，日本的敦煌学研究开始时间最早，早在敦煌文献发现初期，日本就开始了敦煌学研究，就是『敦煌学』一词也是日本人最早提出来的；第二，日本学者对前期敦煌学的研究贡献很大，在20世纪初，日本涌现出了一批非常著名的敦煌学研究专家和研究机构，影响最大的像东洋文库和东京大学东洋文化研究所，其很多著作特别是前期的研究成果是我们研究敦煌学必须参考的资料；第三，敦煌学研究从一开始就是一门国际性的学科，随着时间的推移，很多前期的研究成果越来越难查寻，所以将这批成果结集出版，供学术界研究参考，非常必要。最初我们想将上述成果翻译出版，后来我们改变了想法，第一是人力方面的原因；第二是翻译准确性的问题，如果翻译不能达到相当的水准，还不如原文影印出版。日本百年敦煌学文库的入选目录主要由高田时雄负责筛选，山本孝子负责文章顺序的具体编排及排版清样的校对，兰州大学敦煌学研究所负责文章的最终审订及图书出版事宜。

兰州大学敦煌学研究从1979年开始整整走过40年的路程。40年中兰州大学的敦煌学研究从无到有，从弱到强，逐渐发展起来。1979年是兰州大学敦煌学研究的起步之年，当初成立了敦煌学研究小组，成员也就两个人。1983年中国敦煌吐鲁番学会在兰州成立，兰州大学敦煌学研究的队伍增加到10余人，成立敦煌学研究室，《敦煌学辑刊》也正式创刊并对外发行。1984年又获得历史文献学硕士学位授予权点。而后经过将近10余年的萧条期，人员走的走、散的散，到1994年初，只剩下四五个人。1995年在学校的大力支持下，兰州大学成立了敦煌学研究所，敦煌学研究逐渐恢复生气。1998年兰州大学敦煌学获得博士学位授予权点并成为甘肃省重点学科，次年开始招收博士研究生。1999年敦煌学研究所成为教育部首批人文社会科学重点研究基地，并被纳入兰州大学『211工程』建设项目。2003年兰州大学获批设立历史学博士后科研流动站并开始招生；同年敦煌学哲学社会科学创新基地入选兰州大学『985工程』项目。2007年敦煌学成为国家重点建设学科。2017年与北京坦博艺苑达成成立贝叶经研究院合作意向。目前兰州大学敦煌学研究所有专职研究人员20余人，其中教授10人、副教授10人，研究方向分为敦煌文献与西域史地、敦煌石窟艺术与考古、胡语文献等；有兼职科研人员20余人，分布在国内外大学和科研院所。教师队伍中有长江学者特聘教授、长江学者讲座教授、全国百篇优秀博士学位论文指导教师、甘肃省优秀博士学位论文指导教师、甘肃省教学名师、甘肃省优秀专家、全国教育系统职业道德建设标兵、甘肃省领军人才等，是一支研究方向明晰、年龄结构合理、学术素养较高的学术队伍，不仅能够开设敦煌文献、西域历史地理和石窟艺术与考古方面的课程，还能开设回鹘文、突厥文、梵文和藏文等胡语文献研究系列课程。

兰州大学敦煌学研究所经过20多年的基础建设，研究资料得到很大的充实，现有资料11万册，学校还在『双一流』建设经费中拨付200余万元进行西域史地和胡语文献研究资料建设，进一步促进了兰州大学敦煌学和胡语文献研究的发展。在人才培养上，经过20多年的努力，先后有100多名博士顺利毕业，并成为国内外各个大学的敦煌学研究的学术骨干，如西北大学历史学院副院长李军教授、陕西师范大学丝绸之路历史文化中心主任沙武田教授、浙江大学文学院许建平教授、南京师范大学陆离教授、天水师范学院历史文学院院长陈于柱教授等等，都在该领域做出了突出贡献；留在兰州大学工作的王晶波、魏文斌、魏迎春、敏春芳、张善庆等，以及博士后出站的四川成都考古研究院的雷玉华研究员、内蒙古大学的包文胜教授等也都在自己的领域撑起了一方天地……兰州大学敦煌学研究所自2000年以来非常注重开展对外学术交流，其中，对港、对台方面每年一度的师生学术考察活动已经进行40余批次；对日交流项目进行了10余批次，有30余名博士、硕士来兰州大学研修敦煌学；其次还有美国、韩国及我国港台地区的学生来研究所攻读学位。

兰州大学敦煌学研究所自成立以来，承担了一批国家社科项目以及教育部、科技部、国家文物局等文化支撑项目，其中重大、重点项目有140余项，陆续出版了《敦煌学博士文库》《敦煌学研究文库》《敦煌吐蕃文献丛书》《敦煌丝绸之路石窟艺术丛书》《敦煌与丝绸之路研究丛书》《丝绸之路石窟艺术研究文库》《西北史地文化研究丛书》《法国汉学精粹》《当代敦煌学者自选集》

《敦煌讲座书系》《港台敦煌学文库》等一大批具有原创性的科研成果，近期即将完成出版的还有《敦煌通史》等项目。兰州大学敦煌学研究的发展得到了中国敦煌吐鲁番学术界的支持，这些成果也是他们支持的结果，希望百年国际敦煌学研究文库的出版继续得到敦煌学界的支持。

《國際敦煌學研究文庫・日本卷》前言

高田時雄

敦煌學は日本の中國學、更にはより廣く東方學の分野において、一種特別な研究領域を形成してきた歴史がある。それは敦煌學がしばしば國際顯學と稱されるような側面と不可分であるといえよう。

日本において敦煌遺書に對する興味關心は非常に早い時期からあった。新疆の踏查を終え一旦ハノイに歸ったペリオが、一九〇九年再び中國に來たり、北京で中國の學者たちに所獲寫本の一部を披露した時、その情報は、羅振玉や田中慶太郎からすぐさま日本の學者たちに傳わった。内藤湖南はいち早くその概報を朝日新聞紙上に載せ、敦煌寫本への注意を喚起した。翌一九一〇年、敦煌藏經洞に殘った寫本がすべて北京の學部に運ばれたという知らせに接するや、新興の京都文科大學ではいち早く、内藤をはじめ狩野直喜、小川琢治など五名の教官を北京に派遣し、その調查に當たらせた。同じ頃、西本願寺の派遣した第二次大谷探檢隊の新疆發見物が京都に到着したことも、この新しい領域に對する更なる熱狂を後押しした。さらに中國で辛亥革命が起こると、羅振玉、王國維が難を避けて京都に移住して來たことにより、日中學者の協同による敦煌學が初期の發展を遂げることになる。

このように日本における敦煌學の興起はすこぶる早いと言ってよいが、日本國内には肝腎の敦煌寫本の實物がほとんどなかった。いかにも大谷探檢隊は、敦煌をはじめ吐魯番など中央アジア各地の遺跡から、文物寫本を將來し、これらの所獲品は初期の段階では京都大學の學者たちの研究に供されたこともあったが、その後の複雜な歷史的經緯に災いされ、保存と研究が必ずしも圓滑に行われなかった。そのためほとんどが利用されないままに終わった。またこれまで日本國内に傳承されてきた敦煌寫本なるものは、そのほとんどが中國から書籍商などの手を經て購入されたもので、英佛の所藏のように直接莫高窟から持ち歸ったものとは撰を異にしていた。さらに多くが佛教典籍であり、收集家の賞翫の對象でしかなかった。學術的研究資料となり得るものは、極めて僅かしかなかったのである。しかしこの國内における敦煌寫本の貧弱さが、却って日本敦煌學の初期の研究動向を決定づけることになった。すなわちヨーロッパへの訪書行である。

日本學者が英佛に渡航して敦煌遺書の研究を行ったのは、一九一二年の狩野直喜を始めとして、矢吹慶輝、羽田亨などその後に續いた。日本敦煌學にとってヨーロッパ渡航は一つの傳統となった感がある。日本學者が本格的に敦煌遺書を研究しようとすればどうしてもヨーロッパに赴く必要があったのである。

日本學者がヨーロッパで敦煌遺書の調査を行うに際しては、當然ながら現地の學者との協力のもとに進める必要があった。實際の作業においては、考え方も習慣も異なり、時として困難に直面することがなかったわけではない。しかしこれらの人々は惡條件にめげることなく、少なからざる數量の敦煌遺書を、筆録により、或いは寫眞に撮影して日本に持ち歸った。初期の日本敦煌學の業績はこれらの學者の手になるか、またはこれらの學者の將來した鈔本、寫眞を資料として行われたのである。とりわけ未傳佛教文獻の將來に關しては、矢吹慶輝の貢獻がすこぶる大きい。上記三名に續いては、一九二四年の夏から半年の間、内藤湖南が石濱純太郎等を引き連れてヨーロッパ各地で調査を行い、その後も小島祐馬、大谷勝眞、那波利貞、重松俊章、神田喜一郎、玉井是博、久野芳隆などによる訪書行が、戰爭により中斷を餘儀なくされるまで續いた。こういった訪書を基礎とする研究が日本敦煌學の特質の一つであることは注意されてよい。

また典籍や文書のみが研究の對照であったわけではない。狩野がロンドンを訪れた頃、偶々考古學の研究のためロンドンに滯在していた京都大學の濱田耕作は、狩野の歸國後も大英博物館でスタインの齎した遺物につき調査し、その報告を公表しているが、そこには寫本についての言及もある。繪畫などの美術品については、東京大學の瀧精一が早くからヨーロッパに渡って精力的に調査を行い、スタイン・ペリオの齎した美術品の解説研究を行ったほか、一九二〇年には啓明會の助成によって二名の畫家がロンドンに派遣され、スタイン將來繪畫の模寫を行った。ついで京都大學の澤村專太郎が一九二三年十月からヨーロッパに渡航し、敦煌繪畫を含む中央アジア發見繪畫の模寫の選定監督に當たっている。

第二次大戰以前の日本敦煌學の研究は、主としてこうしたヨーロッパ訪書行による成果の上に築かれていたが、戰爭中には新しい材料の供給が停止したために、研究はこれまでに將來された資料のみを用いて進めるしかなかった。しかし日本國内にはすでに相當な規模の敦煌寫本の録文や寫眞が存在していたために、社會經濟史における那波利貞、法制史における仁井田陞の研究など、それらを用いた研究成果には見るべきものが少なくない。

日本敦煌學にとって畫期的と云える出來事が、戰後の一九五〇年代に相次いで起こった。それは英藏敦煌遺書のマイクロフィルムの將來である。先ず一九五二年には、東京大學の山本達郎によって印度省圖書館のスタイン藏文文獻がもたらされ、次いで同じく東京大學の榎一雄が大英圖書館當局と交涉の末、同館所藏のスタイン漢文寫本全部の寫眞撮影に成功し、一九五四年に東洋文庫に收藏された。英藏敦煌寫本のマイクロフィルム到來をきっかけとして、敦煌文獻運營委員會という全國組織が誕生することになり、文部省に對して補助金の申請が行われた。マイクロフィルムの燒き付けは二部作成され、一部は東洋文庫に置かれ、もう一部は京都大學人文科學研究所に送られた。かくして一九五七、五八年度の文部省の研究費助成金による共同研究「スタイン將來敦煌文獻の調査研究」が、東京・京都の協同によって行われることになった。これまで個人的な研究に止まっていた日本の敦煌研究が、共同研究という新たな枠組みのもとで行われるようになったことは、日本敦煌學の新たな轉換點を示すものであった。その後、東京では東洋文庫を、京都では京大人文研を中心にした研究班がそれぞれ共同研究の成果を世に問うことになる。

英藏敦煌遺書についでセンセーションを巻き起こしたのは、俄藏敦煌寫本の存在が明らかになったことである。一九六〇年に國際東洋學者會議がモスクワで開催されたが、その日程中にレニングラードへのエクスカーションが組まれていた。その際、俄藏敦煌寫本の一部がはじめて西側の學者たちに公開されたのである。オルデンブルグの將來した敦煌寫本がロシアに存在することについては、早く矢吹慶輝により報道がなされ、石濱純太郎によっても確認されていたが、多くの日本學者にとっては全く新しい知見であり、驚きであった。六〇年代には、メンシコフ等の編になる二册本の目錄も相繼いで出版され、その全貌も知られるようになった。かくしてレニングラードが日本學者による新たな訪書の目的地となり、敦煌學への注目も一層喚起されることになった。

北京の敦煌寫經は六〇年代から七〇年代にかけて、インド及び中國から二種のマイクロフィルムが發賣され、日本の研究機關ではその利用が可能となっていた。ペリオ寫本については、個人研究者が持ち歸った部分的なフィルムを合わせればかなりな分量が備わっていたが、やはり全部の寫眞が待ち望まれていた。それも七〇年代の末頃からマイクロフィルム全部の購入が可能となり、八〇年代にはいると日本國內の幾つかの大學研究所等でこれを購置するようになった。また八〇年代には台灣から『敦煌寶藏』が陸續として出版され、多くの研究者が敦煌寫本を利用できるようになった。

研究成果の公刊という點では、『講座敦煌』全九巻の刊行が一九八〇年にはじまったことは特筆されてよい。この企劃は必ずしも當時の日本の敦煌學者すべてを動員して行われたものとは云えないが、戰後日本の敦煌學の到達した水準を示すものであった。八〇年代以降には、世界に散在する敦煌遺書のすべてを何らかのかたちで利用することが出來るようになり、これまでとは異なる網羅的な研究も試みられるようになってくる。またこういった好條件を背景にしつつ、國際的な視野を有する若い世代の研究者も成長してくるようになった。

英佛などヨーロッパでは、所藏される敦煌遺書の目録作成が一段落したことから、敦煌研究そのものからは次第に遠ざかる傾向が見られるようになるが、日本ではもともと組織的な所藏を持たなかったためか、また社會一般に敦煌や西域に對する關心がすこぶる高いことも追い風となって、ヨーロッパに於けるほどの落ち込みは觀察されない。むしろこの時期から目覺ましい發展を遂げるようになる中國學界との連攜に主軸が移っていくようになる。その傾向は今日に於ても變わらず、むしろ一層強化されつつあると云えよう。

では日本敦煌學のこれまでに爲し遂げた業績についてどうであろうか。また日本敦煌學の特質はどこにあるといえるであろうか。以下、幾つかの研究領域について概觀してみよう。

敦煌遺書の大部分が佛教文獻乃至佛教と關わる文獻群であることはいうまでもない。そして佛教學が日本のもっとも傳統を有する領域であることからすれば、日本の敦煌學がまず佛教研究において業績を示したことは不思議ではない。

松本文三郎による「敦煌石室古寫經の研究」（一九一一）を始めとする數篇の論文は非常に早い時期の産物として注目されるが、その後は上掲の矢吹慶輝による貢獻が最も重要である。矢吹の『三階教の研究』（一九二七）は中國佛教史研究に新しい領域を切り開いたものとして畫期的であり、『鳴沙餘韻』（一九三〇）及び『同解説』（一九三三）は、佛教研究に新しい豐富な材料を提供した點で、極めて貢獻度が高い。敦煌からは初期禪宗のテキストが豐富に發見されているが、この方面でも日本學者による研究は盛んであった。戰前すでに鈴木大拙によって先鞭を着けられたが、戰後には柳田聖山や田中良昭などによる精細な研究が現れるようになる。注意すべきはチベット語で書かれた禪宗文獻の研究が、七、八〇年代以降に日本の研究者によって進められた點であって、これは日本敦煌學の極めて特色ある研究と云うことが出來る。また牧田諦亮が『疑經研究』(一九七六)によって開拓した民間佛教の研究は、後年盛んになる疑僞經典研究の嚆矢をなすものであった。

また佛教文學についても着實な研究があり、狩野直喜によって先鞭を着けられた俗文學方面の研究は、青木正兒、倉石武四郎により繼承され、戰後は入矢義高、川口久雄、西野貞治、金岡照光などがこの方面の研究に從事した。今日でもその衣鉢を繼ぐ研究者が少なからず存在する。

佛教研究は傳統的に日本の強みでもあるが、一方道教に關してはやや手薄な感を否めない。戰前すでに福井康順や吉岡義豐が道教文獻を扱っていたが、戰後には楠山春樹、秋月觀暎、尾崎正治、石井昌子等が敦煌道教文獻の研究に手を染めた。なかでも大淵忍爾が敦煌道教の整理と研究に果たした役割は大きいものがある。

法制史はやはり日本の研究者が強みを發揮してきた分野である。仁井田陞の一連の研究はすでに定評があるが、畫期的な業績とされる『唐令拾遺』(一九三三)の復元作業には敦煌資料も用いられ、また仁井田の『唐宋法律文書の研究』(一九三七)には敦煌吐魯番發見の法制文書が詳しく研究されている。前者については、後に池田温によって『唐令拾遺補』(一九九七)

が刊行された。

社會經濟史の分野では、先ず那波利貞の名を擧げねばならない。一九三〇年代初頭に足かけ三年をパリで過ごした那波は、フランス國立圖書館所藏文書を大量に筆寫して歸り、それらを利用して長大な論考を數多く執筆した。那波はまた同館の敦煌遺書の内、ペリオによって目録化されていなかった部分の目録を作成したが、それは新しい目録が作成されるまで閲覽室に備え付けられ、一般の利用に供されていた。

これらの方面については、敦煌吐魯番の法制及び社會經濟文書などが、東洋文庫から英文の資料集『敦煌吐魯番社會經濟文書』Tun-huang and Turfan documents（四卷及び補遺の全五卷）として刊行されていることを附記する必要があろう。その刊行は一九七八年から二〇〇一年までの長期にわたっているが、編者として山本達郎、池田温、土肥義和、岡野誠、石田勇作、氣賀澤保規の名が擧げられている。それぞれ敦煌學の各分野で貢獻をした人々である。特に池田の『中國古代籍帳研究』（一九七九）や、『中國古代寫本識語集録』（一九九〇）は極めて有用な工具書として評價が高い。土肥もまた近年『燉煌氏族人名集成』（本篇及び索引篇、二〇一五～一六）を公刊した。これらは東洋文庫を中心とする東京方面の成果と云うことが出來る。

一方京都方面では、人文科學研究所の藤枝晃が第二次大戰中から敦煌の地方史に關する研究を進め、歸義軍時期について一連の注目すべき論文を發表していた。五〇年代末に東京・京都の學界が協同してスタイン寫本の研究を行ったことは上述したが、實質的に京都側の事務全般を擔當したのが藤枝であった。六〇年代に入ると、藤枝は人文研で研究班を組織し積極的に敦煌寫本の研究に取り組み、一九七五年の退職に及んだ。この研究班の班員には、牧田諦亮、入矢義高、竺沙雅章、上山大峻などがあり、それぞれの分野ですぐれた論考を發表した。研究班の報告としては『敦煌研究』(『東方學報・京都』第三十五册、一九六四)がある。藤枝はしばしばヨーロッパに渡航して寫本原本の調査に從事した結果、寫本學的研究の必要性を提倡し、『墨美』雜誌に圖版を多用した一連の論文を發表した。また晩年には寫本の眞僞問題を提倡したことで耳目を集めたこともあった。

敦煌遺書中には漢文のみならず、チベット語、ウイグル語、ソグド語、コータン語、西夏語などいわゆる胡語文獻が多數存在することは周知の事實である。チベット語は佛教との關係で、もともと日本には研究者が少なくなかったが、チベット文獻を用いた本格的な歷史研究は六、七〇年代以降の山口瑞鳳に始まると言ってよい。近年チベット學の國際的發展に伴って、日本にも若い世代の擡頭が著しい。ウイグル語文獻の研究は、羽田亨によって早くに開拓されたが、日本國內ではその後も繼續して少なからぬ研究者を輩出している。ただウイグル語文獻は敦煌よりもむしろ吐魯番發見資料の比重が高いために、もっぱら敦煌文獻のみを研究する學者は決して多くない。

ソグド語、コータン語はともに中期イラン語に屬し、かつてそれらの研究はヨーロッパ學者の獨壇場であったが、八〇年代以降、日本にも第一線の研究者を輩出するようになった。西夏語は、戰前期に石濱純太郎が當時大阪に居住していたネフスキーと共同して研究を進めたことで、西夏語研究の基礎を築いた經緯がある。その後日本の西夏語研究は西田龍雄を經て、何人かの若い世代に受け繼がれている。

美術史の方面では、初期の瀧精一による研究を承けて、戰前すでに松本榮一が多彩な研究を行い、その成果は『敦煌畫の研究』（一九三七）の大著となって結實した。また戰後では秋山光和等の研究が注目されるほか、近年でも佛教美術を中心に研究者の數は少なくない。

書法史に關しては、中村不折の名を佚することができない。西洋畫家として出發した中村は、一九〇五年フランスから歸國後、次第に書法の研究に打ち込むようになった。實作の參考資料として西域出土の古物や古寫本を大量に蒐集するとともに、それらの研究を精力的に發表した。『禹域出土墨寶源流考』三卷（一九二七）は所藏寫卷の解題目録だが、筆者による中國書法史の試みとして見ることも可能で、收められた大量の圖版と詳細な解説は高い評價を得ている。彼は晩年所藏品を展示保存するために書道博物館を開設したが、現在それは東京都の臺東區立書道博物館として運營されている。神田喜一郎や中田勇次郎、西川寧などが書法史に關連する論考を發表しているが、若い世代の研究者にも敦煌寫本を書法史の資料として取り上げる人々は少なくない。

以上、これまで日本敦煌學が各分野で達成した成果につきごく簡單に觀察した。その特徵として擧げられるのは、積極的な資料採訪と細心な整理、それに基づく多彩かつ斬新な研究と云えるであろうか。また分野によって多寡と深淺にかなり差異があるとは云え、網羅的に研究者を輩出してきたという實績がある。同時に日本敦煌學がこれまで長期にわたり持續的に發展してきた點も評價されねばならない。日本敦煌學はいまや百年を超える長い期間にわたり多くの業績を積み重ねてきた。この『國際敦煌學研究文庫・日本卷』は、これら日本敦煌學の全貌を主として初出の雜誌論文によって網羅的に收録し、中國學界に提供しようとするものである。全卷完結まで繼續して刊行できるよう、大方のご支援を頂戴できれば幸いである。

二〇一八年九月於上海

出版说明

敦煌学经过百余年的发展，早已成为一门国际显学。特别是中国敦煌学，进入21世纪后，在多个研究领域都取得了长足进步，硕果累累。然而敦煌学越是发展，『题目越来越小，视野越来越窄』的问题也越发突出。一些学者往往只注重追求新材料，缺乏对相关问题更深、更广的思考。资深敦煌学家池田温先生2000年在编辑《亚洲学刊》第78号『敦煌吐鲁番研究』专辑时就曾说，『现在专门从事敦煌吐鲁番研究的日本学者，对于敦煌当地的事情甚至比中国的学者更富有广博的知识，同时他们对相关的西文论著也了如指掌』。虽然近20年已经过去了，但这句话对中国学者的警醒意义并不过时。因此，一定要将眼界从汉文文献圈子的局限中跳脱出来，学习、吸收国外同行的优秀研究成果，这样才有助于推动敦煌学向更深更广的方向发展。

随着时间的推移，很多早期的尤其是国外的研究成果难以查找，特别是20世纪前期的研究成果，查找起来就更加困难，所以将国际上这些早期的敦煌学研究成果进行整理、结集出版，对于学界来说已成为一件必要而迫切的事。正是出于这样的考虑，我们与兰州大学敦煌学研究所共同策划了《国际敦煌学研究文库》项目，拟以国家分卷，将敦煌学研究主要国家的主要作者的研究成果分批整理出版。文库辑录的原则是只收单篇论文而不收录专著；不少论文后来收录于论文集或学者的全集等，但一概保留第一次发表时的原文，亦不翻译成中文，而以原貌影印出版，以免带来技术上的困难。

日本敦煌学研究起步早、水平高、成果丰富，所以我们将『日本卷』作为『国际敦煌学研究文库』的第一辑整理、出版。《国际敦煌学研究文库·日本卷》主要收录二战以前日本学者关于敦煌学研究的成果。特别需要说明的是，由于时代的特殊性，其中个别篇章存在有『支那』等不恰当的表述，鉴于文献整理和学术研究的需要，也为了保持文献的原貌，在原文影印中不对该类表述做挖改和涂抹处理。还有个别篇章存在行列模糊不清、难以识别的情况，但不影响整体阅读和学术参考，对此我们也作了保留。

丛书主编郑炳林先生和高田时雄先生分别以中文、日文作序，目录为中日文对照，以利于更多学者了解和利用。

目录

栗特國考　白鳥庫吉……一
栗特国考　白鸟库吉

プトレマイオスに見えたる葱嶺通過路に就いて　白鳥庫吉……九五
关于托勒密所见葱岭通过路　白鸟库吉

拂菻問題の新解釋（上）　白鳥庫吉……一四四
拂菻问题的新解释（上）　白鸟库吉

拂菻問題の新解釋（中）　白鳥庫吉……二〇三
拂菻问题的新解释（中）　白鸟库吉

拂菻問題の新解釋（下）　白鳥庫吉……二六四
拂菻问题的新解释（下）　白鸟库吉

粟特國考

白鳥庫吉（1865—1942）

《東洋學報》14-4，1924

粟特國考

白鳥庫吉

一　序論
二　康居と Sogdiana との同異
三　康居の五小王の領域
四　粟特國は卽ち Sogdiana
五　九姓及び六姓昭武

一　序論

今日世人が普通露領トルキスタンと呼ぶ處は、左に葱嶺を控へ右に裏海を抱き、後にシル河を帶び前にヒンド・クーシ山脈を望み、その自然の形勢は自ら一區劃をなしてゐる。しかも此の地は亞細亞大陸の殆ど中央に位し、交通上の點から見て四通八達の要衝に當つてゐるから、古來歴史上に重要の位置を占めてきたのは決して偶然のことでない。此の地域はその面積から云へば甚だ廣大のものであるが、仔細に其の土壤の性質と山河の形勢とを觀察考究すると、爰に人文が煥發して國家が建設し得らべき處は殆ど五ヶ處に過ぎないことが看取せられる。即ち其の一はアム河の下流域で今のキヴァ汗國であり、一は此の河の中筋から葱嶺に至る灌區で、今のアフガニスタンの北部即ち中世のトカレスタンの地であり、一は Zarafšan 河と Kaška 河との流域で、殆ど今のボカーラ汗國であり、一はコーヂェンド以東に屬するシル河の流域で今の Fergana である。尚此の外に Murg-ab 河の下流域をなす水草地即ちメルヴがその一に加へられる。此の如く露領トルキスタンが面積の廣大なのに比して村落都會の僅少なのは、畢竟するに此の區域の大半が全く不毛の沙漠であつて、地味の豐饒肥沃な部分が東方と南方との山脈から流れてくる河水が灌漑の用に供せられる處に限られてゐるからである。それ故に今假に此の沙漠を海洋と想像するならば、キヴァとメルヴとは恰も大海の中にある孤島であり、ボカーラ汗國は葱嶺から沙海に突出し、その南北の縁邊が過半高山になつてゐる半島である。而してその北に於いて赤沙漠はシル河に沿うてフェルガナの盆地を侵し、その南に於いて黑沙漠はアム河に沿うてトカレスタンの內部に喰ひ込んでゐる。然るに此の兩域が不毛の地にならず豐肥の國となつてゐるのは、殆どその四面を繞る山岳から無數の溪流を出して之を灌漑するからであつて、苟も此の便利を缺いてゐる處は悉く磽确の瘠地で沙漠の光景を呈してゐる。だから此の沙漠を已に海水と見做せば、フルガナとトカレスタンとは一種の江灣に譬へて差支はない。かやうに以上五ヶ處の地理を考察すると、メルヴとキヴァとが四方に平野を繞らしてゐても、自餘の三ヶ處が西方に打ち開いた平野を控へてゐても、此の平野が沙漠で交通に不便を與へる點に於いては高山峻岳に劣らないとすれば、此の五の地帶は案外に懸け離れて往來に不便な處になつてゐる。それ故に假令此の處が同一の人種に占領せられても、長い年月の間には風俗は變り言語は訛まり、自然と別箇の國家を形成するやうになり、又同一の君主に支配せられても、その各を行政の一區劃として取扱はねばならぬやうになる。

露領トルキスタンの地で人類が土着して耕作の民となり、城郭國を形成し得る處は上に述べた五ヶ處に過ぎないが、その餘の部分といへども、人間が住んでゐないといふのではない。例へば海洋の中で海賊が小さい島に據つて大陸の沿岸を掠めるのを職業とするやうに、此砂漠の中には慓悍な民族が無數の小さい水草地を根據として游牧の生活を營み、機會を窺つては城郭諸國を侵しその財產を奪ふのである。又何れの國でも深山幽谷には山賊が出沒して旅客を惱ますが如く、露領トルキスタンの東境と南境とを繞る山脈の溪谷には古來數多の游牧民が據つてゐて、絕えず平地の城郭諸國に伐ち入つて殺戮掠奪を恣にするのである。此等の山賊と草賊とが住居する地域が廣大である爲に、古から今日に至るまで此の災害を全く除去することが出來ないでゐる。此の事情は亦五ヶ處の城郭國の交通に大なる障礙を與へたものである。

以上は露領トルキスタンに於ける地理の大觀である。歴史は地理に支配されるといふ通則に誤がないとすれば、此の地域の經過した閲歴は其の地理によつて過半は想像せられる。たゞ此の處は亞細亞の中央には位するものの文化の本源地たる Babylon や Assyria から懸け離れてゐるから、此等の國の古記錄にも此の地に關しては何等記載する所はなく、從つてその太古の歴史は全く滅絕して今から之を知るよしはない。然し此の處はイラン民族の發祥地であるから、上代の地名などは幽かにも此の民族の抱懷した宗教信仰と共に口碑傳說によつて長く後世に言ひ傳へられ、それがやがて Avesta 種の中に包容せられることになつた。例へば此の經文の中に現はれた Quairizim といふ處は Darius 王の Bexistun の銘文に Uwarazmia, Persepolis の銘文に Uvarazmiya, Nakši-Rustum の銘文に Uvarazmis とあり、又 Herodotus の歴史に Xorasmia とあるのと同名であつて、後世の Xorazm. 今日の Khiva である。また其に Môuru とあるのはギリシャの文献にいふ Margiana と同名であつて、今日の Merw であり、又その Sughdha は Bexistun の銘文に Sugude・Persepolis の銘文に Sugda・Nakš-Rustum の銘文に Suguda とあり、ヘロドトスの歴史に Soghdo とあるのと同名で、其の地は大體に於いて今のボカーラ汗國に當る。またその Bakhdi はダリウス王の上の三碑銘文に Bactris とあり、ヘロドタウスの歴史に Bactria とあるのと同名で、中世のトカレスタンの地に當ると見れば大過はない。今日のフェルガナに當る地名はアヴェスタ經の中にもまたギリシャの古い記錄にも見ないが、余輩が大宛國考と題した論文を草したときに Ptolemaeus の地圖に Tapura とあるのは、此の方面に據つた民族であらうと說いたことがある。此の考の可否は別として、Darius 王の時代に此の地に當る特別の名稱が無いのを見ると、當時此の處は Sogdiana の中に含まれてゐたものか、然うでないならば、其の四方の山地に據つてゐた游牧民に占領せられてゐたものか、その邊の事は全く不明である。

漢代以前に此の地方と支那との間に何等かの交通があつたであらうと思はれるのは、漢文化の中には其の起原を西域に求めねば解說の出來ないもののあるので推されるが、未だ直接に頻繁の交涉が無かつたものと見えて、葱嶺以西の國名などは漢以前の記錄に現はれてゐない。然るに漢の武帝が張騫を西域に遣はしてから、葱嶺以西の邦國文物等は始めて漢人に知られることになり、爾來使節の往復、軍隊の派遣、學僧の旅行、商人の媒介等によつて西域に關する知識は益〻漢人の間に擴まつたのである。代々の朝廷は此の方面との交通にも重きを置いてゐたから、正史の外國列傳の中には西域列傳の一篇を設けて其の事情の大要は記載せられてある。今日世界の學者が葱嶺以西の古史を研究するに當つて、漢史の提供する資料は甚だ貴重なものとなつてゐる。露領トルキスタンの地に存在した國々の事なども勿論漢史に載つてゐるから、其の文面と西方の記錄とを對照比較することは此の地域の歷史研究には甚だ肝要な事業である。さて然らば上に陳べた此の地方の五ヶ國は如何なる名稱を以て漢土の史籍に記されてあるか、先づ此の問題から考察を進めて見たい。漢代から晉代までの歷史に大夏とあるのが西史の Bactria を指したことは、世界の學者が一般に認める所で、其に就いて何等疑を容るべき餘地はない。たゞ大夏の名稱は何によつて起つたか、其には議論が區々になつてゐて未だ定説を見るに至らない。然し魏書の西域傳に薄知國とあるは明かに Bakhdi の對音に相違ないから、此の名は南北朝の頃から漢人の間に知られたのである。又 χwarizm の名は唐書に略して火尋とも過利とも書き、尙精しくは貨利習彌と記してあるのと同じであるが、魏書の西域傳に呼似密とあるのも、その對音と思はれるから、此の國が南北朝の時代に漢人に知られてゐたのは確かである。更に史記の大宛傳を案ずると、その中に驩潛と云ふ國がある。余輩の考察によると、これは火尋などゝ同じ様に χwarizm の略譯であるから、若しも此の推定が許されるならば、此の國の名は已に漢代から支那に傳つたのである。後漢書の西域傳にある木鹿城は Hirth 氏の考定した如く今の Merw であるから、その古名 Môuru は漢代に知られたのである。大宛國の名は何に起つたか、今に定説はない。然し此の國は南北朝の頃から破洛那、鏺汗などの名は正史に散見し、其が Fergana の音譯であるのは學者の一般に認める所である。先づかやうに露領トルキスタンの地に存在した五國の中四國だけは確かに漢土の史籍に記されてあるのに拘はらず、Sughda の名稱のみが全くその形跡を現はさないのは甚だ怪むべきことではないか。アヴェスタ經によると、此の地はイラン民族がその本地 Aryana vaijo を出發して最初に定住した處と信ぜられ、殆ど此の民族の第二の發祥地とも云ふべき處である。從つて波斯教の精神は深く此の國民の腦裏に浸潤してゐるから、佛教耶蘇教回教の三大教が或は同時に或は時を異にして此の地方を風靡したる際に最も頑强なる抵抗を行ひ、久しく波斯氣質の命脉を維持したのは是の國民であつた。かほどに精神的に有名であり、且つその國土は亞細亞大陸に於ける交通の要處に位するが故に、南北朝の時代になると此處に榮えたサマルカンド、ボカーラ、ケシ等の如き著名な都會は殆ど悉く漢人に知られたのにも拘はらず、その地の總稱であつて、而も古から世界に鳴り響いた Soghda の名が、獨り支那に聞えなかつたとは如何にも思惟せられない。因つて余輩は幾度となく正史の西域傳を精讀して之を考究した結果、遂に其の中から此の國名に該當するものを探し得たと信ずる。尤も此の發見の一端は已に余輩が本誌に於いて康居大宛等の地理を論じた時に附隨的に發表せられてゐるが、其の精細な考證に至つては未だ之を公にする機會を得なかつた。故に今粟特國考と題する一篇を提出して論旨の存する所を開陳して見たいと思ふ。

一　康居と Sogdiana との同異

現今泰西の東洋學者は多く漢史に康居といふ名が見えると、其が如何なる時代に屬するかを顧ないで、直に之を Sogdiana と信じて疑はない。是は畢竟隋唐二書の如き後世の編纂物に何等の批判を加へないで之を妄信し、而して康居が實際存立してゐた時に出來た史記や漢書の記事を深く考察しないからの謬見である。康居の本地が果して Sogdiana であるか無いか、試にまづ史記（卷百二十三）の大宛列傳に「康居在大宛西北可二千里、行國、與大月氏同俗、控弦者八九萬人、與大宛鄰國、南羈事月氏、東羈事匈奴」とある一節を冷靜に考察するがよい。漢代の大宛は今の Fergana 州と殆ど境域を均しうする國であるから、其の都城から西北二千里の處に位したとある康居國は何う見てもシル河の北に據つたとしか思はれない。之をいかでかフェルガナから西南、シル河から南に位したソグヂアナと考定することが出來ようぞ。更に漢書卷九十六の西域傳に「康居國王冬治樂越匿地、到卑闐城、去長安二千三百里、不屬都護、至越匿地、馬行七日、至王夏所治蕃內九千一百四里、口六十萬、勝兵十二萬人、東至都護治所五千五百五十里、與大月氏同俗、東羈事匈奴」とある文面を玩味して、尙康居は Sogdiana と考へられるであらうか。Sogdiana は漢書にいふ城郭國で、農作商業を營むイラン人であるのに、康居は史記に行國と書いてあつて、水草を逐ふ游牧の民である。康居が夏冬の二季に住居を變更するのは漢書の文面に自ら現はれてゐる事實であるが、是は全く今日 Kirghiz の曠野に游牧する Kasak Kirghiz 人の習俗と一致する。此の原野は冬期の寒氣が烈しく畜類の生息に適しないので Kasak 人は秋風の吹き始まる頃になると、其の穹廬を解いて南方の溫暖で食料を求めるに容易な場所を選んで、其處に移轉するのが常である。此の條件に合する地は多く河澤湖水の沿岸で、Saxaul 木の叢生する處でなくてはならぬから、シル河の沿畔などは彼等が最も好んで聚合する處であるといふ (Schwarz. Turkestan pp. 82-83)。漢書の文を案ずると樂越匿の地は康居人が冬期の住所であつて、Kasak 人のいふ Kišlak であり、又その蕃內の地は康居人が夏期に游牧する住所であつてカサック人のいふ Yailak である。さてかやうに史記と漢書とが康居に就いて記す所を考へて見ると、漢時代の康居はその住地に於いても又その習俗に於いても、今日の Kasak-Kirghiz 人と少しも異るところはない。

民族の風俗習慣はその住む處の境遇に依つて生じてくる場合が多いから、Kirghiz の曠野に據つてゐた康居がよしんば今日の Kasak 人と習俗を同じうするからと云つて、直に之を Kasak の如きトルコ人であつたと斷定することは許されぬかも知れない。然しながら若しも尚此の外に康居がトルコ種たるを證する事實が擧げられるとすれば、余輩の推定は必しも無謀の臆見でないことになる。で、民族の種類を決定する有力な證據の一はその言語であるから、爰に康居語の解釋を試みて、此の問題の解決に一歩を進めて見たいと思ふ。

康居の二字は今の漢音で Kang-Kü と發音するが、漢代に於いても殆ど之と同樣に響いたと見て差支はなからう。然らば古來トルコ民族の中で之と類似の名稱をもつてゐたものがあるかといふに、余輩は先づ第一に突厥の碑文に現はれた Kängäres といふ部落の名稱を擧げることが出來る。Vámbéry 氏によると、露領の Trans-Kaukasus 州に住むトルコ種の部落に Kenger といふのがあり、中央亞細亞の Tekke Turkman 部族の中に Köngör と呼ぶ部落があり、又 Kökčai Kuba の管區にも Teheran 州にも Kengerlu といふトルコ種の部落があるといふ (Das Turkenvolk. pp. 572. 576)。Ibn Chordâdhbih の文をよむと、Sailun 河は Čač 國の始まる邊から Kankar と呼ばれるとある (Marquart, Die Chronologie der alttürkischen Inschriften. p. 5)。即ち今日のシル河は今の Taškend 城から以下は Kankar 河と呼ばれるといふ文句であるが、此の河水がKankarの名を得たのは、その流域に此の名を稱した民族が住居してゐたからではあるまいか。 此の地方の海泊河川が其の畔岸にゐた民族の名によつて呼ばれた例は決して乏しくない。 此の場合に最も適切な一二の例を擧げて見ると、今のシル河が中古にČač 河と稱へられたのは、此の河がČač 國の南界を流れたからであり、今の裏海が亦その頃に Khazar 海と呼ばれたのは、その北岸に Khazar といふ民族が住んでゐたからである。 此等の例から考へると、シル河がその中流域から以下 Kankar 河と稱へられたのは、その左右に Kankar といふ民族が據つてゐたからではあるまいか。 東ローマ皇帝 Constantin Porphyrogenetus の編纂に係る De Administrando Imperio といふ書物を讀むと、其の中に Pečeneg 族が首長と仰いだ三部落は Kangar (或は Kankar) と稱へられたと書いてある。 Marquart 氏は此の Kangar-Pečeneg 部族の移遷史を研究して、此の部族は八世紀の頃には尚 Jaxartes 河(今のシル河)の下流域から Aral 海の沿岸に據つてゐたと考定してゐる (Die Chronologie. p 10)。 中央亞細亞に於ける民族の移遷史を稽へると、上代から近世までは東方から次第に西方に押し出された形勢になつてゐるから、八世紀の頃にシル河の下流域と Aral 海の岸畔とに游牧した Kangar 人は多分其の以前には尚東方に住居したものと見て差支はあるまい。 さすれば漢の時代にシル河の中流域から北は Kirgiz の曠野を含む地域に據つた康居と此の Kangar と比較して、此の二者を同一の民族と見做しても、必しも無謀の臆斷とは謂はれまい。 Pečeneg 人がトルコ種に屬することは學界の一樣に認める所であるから、此の民族の三部落をいふ Kangar が愈ゝ漢史の康居に相違ないとすれば、康居はトルコ種であると斷定すべきである。

漢の時代に今の Kirghiz の曠野に據つてゐた康居が九世紀十世紀に歐洲の西部に突出して、勇名を西史に留めた Pečeneg の祖先だと一決すれば、康居即ち Kangar の名は無論トルコ語に相違ない。Tomaschek 氏は康居の名をイラン語で解釋したけれども、是は畢竟同氏が康居を Sogdiana と誤解したからであつて、その正鵠を得ないのは當然である。(Centralasiatische Studien p. 135)。Vámbéry 氏は康居の康 (Kang) を Uigur 語で廣を意味する Käng. Čagatai 語で同義の Kän と比較し、又 Abulgazi 氏は Kangkar の Kang をトルコ語で車をいふ kangk と說いてゐる。此等は何れも音聲の類似によつて漫然と想像をのべたまでのことで、それに何等確乎たる根據のあるのではない。然し康居が已に Pečeneg 族の Kangar に相違ないとすれば、其の名義は明かに Constantin 皇帝が說いてゐる(Vámbéry, Ursprung der Magyaren. p. 109)。此の皇帝の與へた解釋によると、Kangar といふのは Pečeneg の言で勇武、高貴の義であるといふ。Čagatai 語では勇武を kongar といひ、Osman 語では之を kingir といふ所から之を察すると、ローマ皇帝の解釋は決して杜撰なものでない。Pečeneg 語の kangar が他のトルコ語で kongar kingir と訛り、また Pečeneg 族の Kangar 部落の名が他のトルコ部落の kangäres, köngör, kenger などと同名だとすれば、漢史の康居は Kangar の對音で、その意味はペチェネーグ族の Kangar と同樣に勇武とか高貴とかいふことであらう。

康居の都城を卑闐といふ。卑闐の二字は今 peitien と音じ、その古音も之と大した差異は無かつたであらう。その名義は何であるか固より之を的確に知るよしは無いが、ペチェネーグ人の戴いた Kungur 部落の名が已に康居と同名だとすれば、康居の首府卑闐の名は Pečeneg と全く關係が無いとも謂はれまい。Pečeneg の名をアラビヤ人は Bočenek ギリシヤ人は Patzinaki-tai 露國人は Pečeneg. Magyar 人は Besenyö と書く。ヴーンベーリ氏は之を Osman-Azerbajǰan 語で義兄弟の義を有する bäǰinak と比較してゐるが、それが果して正鵠を得てゐるか何うかは分からない (Ursprung der Magyaren. p. 112)。Čagatai 語で城を bičin といひ、Osmn 語で之を bizan, といふ (Sejx Sulejman Efendi, Čagatai-Osmanisches Wörter-buch. p. 26)。康居の卑闐城 (pei-tien.pi-ten) が若しも此の語と同一だとすれば、Pečeneg の名も亦此の意味に解すべきではあるまいか。

漢書の西域傳によると、康居王が冬期の住地を樂越匿といひ、卑闐城は此の中に在つた趣に見える。樂越匿の意義を解説するに方つては、まづ此の三字が漢の時代に何と發音したかを確かめる必要がある。樂の現音は Lo であるが、その廣東音は Lok 安南音は Lak 國字音は Laku であり、越の現音は yüeh であるが、その廣東音は yüt 朝鮮音は yör(yöt) 國字音は yetu 或いは otu であり、匿の現音は ni でありその廣東音は nik 安南音は nak であり、さうして唐代の記錄に西域の Küšanik を屈霜儞迦とも、貴霜匿とも譯した例を見ると、唐の時代に匿の字に nik nak の音があつたことは確かである。然るに集韻に匿は惕得切音忒とあるばかりでなく、國字音は toku であるから、此の字の古音が tok に響いたことなどが推される。然らば漢の時代に匿が nak tok の中何れに發音したかを判定するには、他の方面から確證を擧げる外はない。史記の蘇武列傳に「於靬王愛之（蘇武）給其衣食、三歲餘、王病、賜武馬畜服匿穹廬」とある一節に服匿といふものが見える。漢儒の解釋によると、之は匈奴の語で缶の一種であるといふ。そこで宮崎博士は之を國語で缶をいふ hotogi (fotogi) 朝鮮語の patangi と考定した（史學雜誌第十七編第七號六六一頁）。若しも此の考察に誤がないとすれば、匈奴語の服匿は butok の對音であつて、匿字が前漢時代に tok と音じたことが知られる。さてさうなると、樂越匿の三字は漢代に Lak-üt-tok 或は Lok ot-tok とひゞいたと見て差支はない。トルコ語族の中で Teleut 語では部落を Ottok といひ（Radloff. Versuch eines Wörterbuches der Türk-Dialekte I. 1116）、蒙古の文語で之を Otok といふ（Kowalewsk, Dictionnaire Mongol-Russe Francais I. p. 387）。康居語の樂越匿の越匿（Ot-tok）はトルコ語の Ottork 蒙古語の otok の對音で部落の義ではあるまいか。此の Ottok, Otok の制度に就いては、西陲總統事略（卷十二）の「厄魯特舊俗紀聞の條に「昔準噶爾厄魯特未滅時、分統四衞拉特、皆有大台吉主之、亦稱汗、餘小臺吉皆汗之宗屬爲之、其臣下謂之宰桑、大臣稱圖墨什、其次稱札爾扈齊、佐圖墨什理事者、其汗所屬人戶曰鄂拓克、臺吉所屬曰昂吉、猶部分也、鄂拓克游牧環其汗所居、昂吉游牧環諸鄂拓克」とあり、又三州輯略（卷之七）にも此の制度につき「至準噶爾舊制、有四衞拉特、二十四鄂托克、二十一昂吉之名、四衞拉特分統準噶爾全部、皆有大臺吉主之、亦稱汗、餘小臺吉皆汗之宗屬爲之、鄂托克爲汗之屬、昂吉爲各臺吉之屬、鄂托克游牧之地環於伊犂、昂吉游牧又環諸鄂托克、視八旗都統、昂吉視外者督撫、昂吉準語部分也、集賽專理喇嘛事、亦各領以宰桑、當芟夷蘊崇之後、制度一新、其事皆不復做行也」と記してある。西陲總統事略の厄魯特と三州輯略にある衞拉特とは、共に Oirat の對音で、西人のいふ Kalmuck 蒙古であるから、此等の記事に現はれた言は何れも蒙古語である。卽ち上の鄂拓克或は鄂托克は蒙古語の Otok・臺吉はその taiǰi 宰桑はその Zaisang 昂吉はその Anggi 札爾扈齊はその Žarghuči の音譯である。だから此の二書にいふ所、は蒙古人の間に行はれた鄂拓克の制度を記したものに相違ないが、西陲總統事略(卷十一)の哈薩古源流(Kasak)の條には、此の種族の部落に鄂托克の名のついたものが多く擧げられてあり、又準語の鄂托克をトルコ語で Ottok といひ、その宰桑をトルコ語で Zaisan といひ、その札爾扈齊をトルコ語で Žarghuci Yarguci といひ、その圖墨什をトルコ語で Temeči といふ所から之を見ると、此の制度は蒙古とトルコとに共通なものと思惟せざるを得ない。又更に進んで之を考へると、同じ蒙古の中でも此の制度の行はれたのは、獨りトルコに隣接した衞拉特のみに限られてゐるから、其の本家は寧ろトルコであつて、蒙古は之を採用したものであらう。余輩がトルコ種と假定する康居の越匿がもしも Teleut トルコ語の Ottok の音譯に相違ないとすれば、鄂托克制度の起原に就いて余輩の考察する所は、更に有力な確證を得たわけである。さて康居語の樂越匿の越匿が已にトルコ語 Ottok の對音だと一致すれば、樂の一字はあるトルコ語の略譯と思はれる。此の國語では大を ulu. ulug といふが故に、樂(Lak.Lok)は此の ulug の音譯ではあるまいか。漢人が外國の名稱を音譯するときに一語の頭首に起る母音は、往々省略せられることがある。例へば梵語のArahatを羅漢(La-Xan)と譯し、契丹語のAtirkanを忒兒蹇と譯し、突厥語のAstemiを瑟帝迷と譯する類である。だからトルコ語のulugのu音が省かれて、樂の一字で表はされたと見ても何等怪むに及ぶまい。さすれば康居語の樂越匿の地といふのは、卽ち大鄂托克の地と解せられるわけである。康居傳によると、此の國には五の外に亦之に隷屬した五小王があつた、それは恰も準噶爾に大臺吉の下に小臺吉があつたのと同じ事で、たゞ此處では大臺吉の所屬を鄂托克といひ小臺吉のそれを昂吉と稱へたのであるが、康居では多分大王の所屬を大鄂托克と呼び、小王のそれを單に鄂托克と云つたのであらう。かやうに康居傳の文を解釋すれば、鄂托克制度の由來が久しいのが知られると共に、康居がトルコ種であつたことも益々確實になるわけである。

康居語がトルコ語である證據として尙一例擧げることが出來る。其は晉書卷九十七の康居傳の中に其の國王の那鼻が晉に使者を遣はして、入朝させたといふ事實である。此の王の名は烏孫の泥靡と比較すべきものである。泥は廣東音でnaiであるから、泥靡の二字は漢代にnaibiと音じ、晉代に於ける康居王の那鼻(na-bi)と音聲の上に酷似するものがある。烏孫王の名稱の末尾には靡の字を附したものが多い。此の靡は今biと音ずるが、漢代にはbiとひゞき、トルコ語で君主をいふ敬稱である。此の敬稱が漢の時代に烏孫以外の國にも行はれたと見えて、漢書卷六十一の李廣利傳に大宛國貴人勇將煎靡とある處に唐の顏師古は「宛之貴人爲將而勇者名煎靡」と注してゐる。余輩は嘗て此の煎靡の煎を突厥語で戰をSöngis

といひ Čagatai 語で Ženzel といひ Osman 語で Ženk といひ Uigur 語で Suguš といひ Kuznezk 語で Sag といふのと比較して見たことがある。 然し更に考へると、ペルシャ語で戰爭を Ženg といふから、大宛語の煎は寧ろ此の語に擬すべきものであらう。 Osman 語や Krim-tatar 語で戰を Zenk といふのは (Radloff. Versuch eines Wörterbuches der Türkdialekte. IV. 70) その土言でなくペルシャ語を採用したものである。 大宛國の土人が Iran 種の白晳人であつたのは史記卷百二十三の大宛傳に「自大宛以西至安息國、雖頗異言、然大同俗相知言、其人皆深眼多鬚髯」とある文面から察せられるから、大宛語の煎靡の煎がペルシャ語で解けるのは當然のことであるが、此の靡は烏孫語の靡、康居語の鼻と同樣に、トルコ語の bi を音譯したものと見做すべきである。

漢の時代に康居が據つてゐた所は、今日のシル河の北方に連るキルギス曠野の中に含まれ、その風俗制度には Kasak-Kirghiz のそれに類似する所があり、さうして又その言語がトルコ語で解けるとすれば、康居はトルコ種の屬する民族であつて、之をシル河の南に位するイラン種の Sogdiana に擬すべきでない。

三　康居の五小王の領域

前段に論證した所によつて、康居の本地がシル河の北キルギスの曠野にあつたことは、殆ど疑を容れないと思はれるが、其の屬地は尙この河の南に位する Sogdiana を包容したと見做さんければ、張騫が西域に趣いた時に通過した道程に充分了解せられない事情がある。其は漢書〔卷六十一〕の張騫傳に「大宛以爲然、遣騫爲發譯道、抵康居、康居傳致大月氏」とある文面である。當時大宛の都は貴山城で今日の Kasan に當り、康居の都城は卑闐城で今日の Turkestan 或は Čimkend の附近に位し、さうして大月氏の王庭は嬀水の北、鐵門の南恐くは中世の Termid の邊にあつたものと想像される。そこで張騫は大宛の都城から大月氏の王庭に往かうとするのであるから、其の道程は始め西を指し Khožend、Ura-tüpä を經て Tamerlan 峠に至り、此處から方向を南に轉じ Samarkand、Kešš を通つて鐵門即ち Derbend に着し、更に南行を續けてアム河の北岸 Termid 邊に達したのであらう。それ故に若しも Sogdiana の地が大宛の領土であつたか、或は大月氏の版圖に屬したとすれば、康居が現はれて張騫の案內をする道理はない。然るに漢書の文面には正しく大宛が張騫の爲に驛馬を發して康居に連れてゆき、康居は更に張騫を導いて大月氏に傳送したことになつてゐるから、當時大宛と大月氏との間に介在した Sogdiana は必ず康居の屬國であつたと斷定せざるを得ない。Zarafšan 河の流域が已に康居の支配地だとすれば、康居はその重要な都會に貴人を封じて之を治めさせたと想像するも無理はない。唐時代の學者が康居の五小王の中三王の領土を此の地域に考定したのは、多分斯樣な考から起つたのではあるまいか。此の五小國の地は漢書の西域傳に左の如くに記載せられてある。

一曰蘇䪥王治蘇䪥城、去都護五千七百七十六里、去陽關八千二十五里、

二曰附墨王治附墨城、去都護五千七百六十七里、去陽關八千二十五里、
三曰窳匿王治窳匿城、去都護五千二百六十六里、去陽關七千五百二十五里、
四曰罽王治罽城、去都護六千二百九十六里、去陽關八千五十五里、
五曰奧鞬王治奧鞬城、去都護六千九百六里、去陽關八千三百五十五里、凡五王屬康居。

單に此の文面の上からでは五小王の領地が果して那邊にあつたか、これを推定する途はないが、唐書の編者は如何にしてか、此の五小王の領地を一々其の時代に知られた西域の國々に考定してゐる。即ち蘇薤城に就いては「史或曰佉沙、曰羯霜那、居獨莫水南、康居小王蘇薤城故地」と斷じてゐる。佉沙國はアラビヤ人のいふ Keš で今の Šahr-i-Sabz である。附墨城に就いては「何或曰屈霜你迦、曰貴霜匿、即康居小王附墨城故地」と斷じてゐる。屈霜你迦はアラビヤ人のいふ Kušaniya、イラン人のいふ Kušanik で、Samarkand の西に位する處である。窳匿城に就いては「石或曰柘支、曰柘折、曰赭支、治柘折城、故康居小王窳匿城故地」と斷じてゐる。柘支はアラビア人のいふ Čač ペルシヤ人のいふ Šaš で今の Taškend である。罽城に就いては「安一曰布豁、又曰捕喝、西瀕烏滸水、治阿濫謐城、即康居小君長罽王故地」と斷じてゐる。布豁は Buχara の對音である。次に奧鞬城に就いては「火尋或貨利習彌、曰過利、居烏滸水陽、康居小王奧鞬城故地」と斷じてゐる。貨利習彌は χwarizm の音譯で、今の Khiva に當る。此の記載によると康居の五小王の中一王は Taškend、一王は Khiva、三王は Sogdiana に據つてゐたことになる。余輩は Sogdiana を康居の屬國と見る論者であるから、康居の三小王の領土が Sogdiana

にあつたとする考定に對して何等疑問を懷くべき筈はないが、たゞ問題は唐書の此の記事が果して漢代から傳へられた信據すべき記錄に據つたものか何うかといふ點にある。

唐書の此の考定が杜撰なのは種々の點から之を證することが出來るが、先づ第一にその反證となるべき事實は、史記の大宛傳に「宛西小國驩潛大益、宛東姑師扜罙蘇薤之屬、皆隨漢使獻見天子」とある一節である。さて此の文にある蘇薤が、康居の五小王國の一なる蘇薤と同一なのは明かである。史記の文によると、蘇薤は大宛から東方にあつた國の一となつてゐるが、大宛の東は烏孫であるから、蘇薤は實際その東北か北方に位してゐたのであらう。然るに唐書の西域傳には之を Samarkand の南に當る Keš に斷定してあるのは甚しい間違ではないか。又史記の驩潛 (χuan Sim) は唐書の火尋 (χua Sim) の如く χwarizm の略譯で、大益 (Dae, と共にシル河の下流域に據つて康居と區別せられた國であるのに、唐書が之を康居の奧鞬城と斷定したのは、大なる謬見である。又隋書の西域傳を通覽すると、Sogdiana の地にあつた都城の中康國 (Samarkand) を始め米國 (Maimargh) 史國 (Keš) 曹國 (Ištikan) 何國 (Kušanik) の如き、此の地の北部に據つた國に就いては、何れも康居の故地と斷定してゐるが、其の南部に位する安國 (Boχāra) 烏曷國穆國 (Amol) に就いては安息の故地と明言してゐる。だから隋書の編者は Sogdiana の北部は康居で、南部は安息だと考察したのである。然し Sogdiana の地が此の如く南北に分割せられて二大國の部分となるべき地勢のものであるか、甚だ疑はしい次第である。更に奇怪なのは、隋書に安國即ち Boχāra は漢代の安息國だとあるに反して、唐書に此の國は康居の屬城となつてゐる。又隋書を見ると石國即ち Taškend の條には此の國と康居との關係に就いて何等の記事はないが、唐書には之を康居の窳匿城の故地と考定してゐる。更に溯つて魏書の西域傳を點檢すると、康國即ち Samarkand の條には康居の後だといひ、者舌國即ち Taškend の條には故の康居國だと云つてゐるのみで、其の餘の國々に就いては何等康居との關係を述べてない。此の如くに南北朝から唐代に亘る正史を批判して見ると、漢代の康居に就いては、史記漢書の外に尙有力な史料が存在してゐたのではないから、唐書が此の國の五小王に就いての考定は、全く唐時代の學者が机上で捺へた妄斷に過ぎないと云つてよろしい。

康居の五小王の事は史記の大宛傳に載つてないから、是は張騫が西域で聞いた事實でなく、多分その後に傳つたものが、漢書に記されたのであらう。若しも是が張騫のもたらした事實だとすれば、第一に此の事が史記に見えないのは解し難い。第二に漢代に於いても彼が親しく踏破した Sogdiana の地には、Samarkand、Kešš などの如き有名な都會は存在してゐたのに相違ないが、康居の五小王國の名稱には一として此等に類似するもののないのは甚だ怪むべきことである。かやうに考へると、漢書が康居の五小王に就いての記事は、張騫の見聞に基いた事實でないのが推される。然らば此の新事實は果して何時如何なる場合に漢國に傳つたかといふに、其は恐らく漢國と康居國との間に最も密接な接觸關係を生じた時であらう。張騫が西域から歸てから王莽の代に至るまでの間に、漢人が康居と接觸する好機會を有したのは、元帝の建昭三年に陳湯が都護の甘延壽と共に康居の東界に伐ち入つて郅支單于を誅戮した時であらう。此の時陳湯が驅り集めた軍勢は漢卒胡兵を合せて四萬餘人になつたのを六校に分ち、其の三校は南道に由り葱嶺を越えて大宛に出で、他の三校は北道に由り烏孫を經て康居の東境に進み、東南の兩方面から都頼水卽ち今の Talas 河上に郅支が建築した郅支城に押し寄せたのである。漢軍の味方は城郭諸國の發した十五王で、敵の單于の應援者は康居王であつたから、漢の方では單に郅支の擧動を偵察するのみでなく、亦その與國たる康居の虛實を探知する必要があつたに相違ない。康居王の都城を卑闐城といふことや、此の國人が夏冬に住處を變へるといふ習俗や、國王に隷屬した諸侯に五國あつたことなどは、恐く此の間に知られた事實であらう。かやうに當時の事情を想像すると、康居の五小王の領地は唐代の學者が考へたやうに、之を Sogdiana の方面に置くべきでなく、却つて之をシル河以北の康居の本地に索むべきではあるまいか。此の見解を確める有力な一例は、唐書が Kess に當てた蘇薤城の方位である。已に前にも述べた如く史記の大宛傳によると蘇薤は大宛から東方に位した國の一となつてゐる。此の方向は必しも正確のものとは思はれないが、之を大宛から南にあたる Sogdiana の Kess と見ることは如何にも無謀な話である。晉書卷九十七の西戎傳に「康居在大宛西北可二千里、與粟弋伊列隣接、其王居蘇薤城」とある一節は、明かに余輩の考察の誤らないのを證するものである。此の文中にある粟弋は後に考證する如く Sugdak の對音であり、伊列は今の伊犁河の下流域に據つた國であるから、此の二國と隣接した康居の蘇薤城がSogdianaの地に無いことは甚だ明白であつて、よしやその方位は的確に知られないにしても、其がシル河以北の康居の本國にあつたのは確かである。此の一例から推しても、康居の五小王がシル河以北に封ぜられた諸侯であつたことが知られる。五小王の領土が何處にあつたか、固より之を推測すべき何等の材料は無いが、シル河の北からKara Tauに至る地域には今日Turkestan, Čimkend, Taškend等の都會があり、又十三四世紀の頃に此の方面にはSairam, Otrar, Buřčin, Yangi-kand等の都會が繁昌してゐたのを觀ても、康居の都城は多く此の間に建設せられたであらうと想像される。Alexander山脈の北麓にも肥沃の地があり、現に郅支單于がTalas河の上流域に郅支城を築いた例もあるから、此の邊にも康居の都會が建設せられる餘地はある。

四 粟弋國は卽ち Sogdiana

露領トルキスタンに於いて國家を形成し得べき處は、前にも述べた如く殆ど五ヶ處に過ぎないが、その中に於いて最も著名なのはBactriaとSogdianaとである。然るに此の二國の名は張騫の報告にも見えないのみか、前漢の一代を通じて其の名は全く漢人に聞えないで了つたやうである。是は此の時代に於ける此の方面の歷史を研究する學者の必ず奇異に感ずることであらう。想ふに紀元前二世紀の後半から約百年ばかりの間は、中央亞細亞に北狄が侵入して、文物を破壞し國家を顚覆し、社會を根本的に攪亂した大革命の時運に際會したのである。それ故に當時此の地域に於ける國々の主權者は大概トルコ種の戎狄で、その臣民は土着のイラン人であつた。此の關係から國名の如きも在來のものは廢せられて、新規のものが命名せられたに相違ない。此の時に方つて漢土の使節が彼の地に於いて接觸交渉するのは、大都上流の主權者であつたと思はれるから、漢人が此等のものから聞く國名は舊來のものでなく、必ず新しく制定せられたものであらう。かやうに考へると、漢代にシル河の上流域が大宛と呼ばれ、Bactria が大夏と稱へられ、Sogdiana が康居の名で押通された事情もよく了解せられるやうである。是と殆ど同樣に其の頃北狄 Saka が Gandhāra を占領して之を罽賓と改めた爲に、漢代を通じて此の地方は專ら罽賓の名で漢人に知られ、Gardhāra の名は久しく漢史に現はれなかつた。然しながら Gandhāra の如き Bactria, Sogdiana の如き、其等の國々の開闢と共に生れ出でた歴史的の地名が、假令政治の變動に抑壓されて、一時現はれないことがあるとしても、之を永遠に堙滅することは出來ない。その證據に Gandhāra は晉の時代から乾陀羅と記され、Bactria は南北朝の時代に薄知と譯されてゐるではないか。さすれば Sogdiana の如き古來西域に有名な國名が、漢土の史上に現はれないで終るべき道理はない。此の考を以て正史の西域傳を仔細に檢索涉獵した處が、果して Sogdiana の國名と思はれるものを後漢書の西域傳の中に見出した。その文は「栗弋國屬康居、出名馬牛羊蒲萄衆果、其水美故、蒲萄酒特有名焉」とある一節である。栗弋二字の現音は Li-i で古音は Lit-yok であるから、此の名稱は Sughda と何等の類似がない。然し此の國が康居の屬國であるといふ一事から考へても、其が康居の南に位した國であらうといふ想像は浮ぶ。何故かなれば、史記や漢書の文によると、康居の東は烏孫、東北は伊列、西北は奄蔡で、何れも游牧を業とする行國であり、その北は殆ど漢土の史籍に現はれない絶遠の地であるからである。栗弋國の水土が豐美で葡萄酒の名所である事實から見ても、其がシル河以南に位する國であるのが推される。Sogdiana 地方が漢代から唐代に至るまで葡萄酒の産地として名高いことは、漢史の西域傳の中から證據が擧げられる。例へば漢書卷九十六上の西域傳大宛國の條に「宛左右以蒲萄爲酒、富人藏酒至萬餘石、久者至數十歲不敗、俗耆酒、馬耆目宿、宛別邑七十餘城、多善馬、馬汗血、言其先天馬子也」とあるのは、此の場合に最も適切な例證である。大宛は今日の Fergana であるから、其の左右の國と稱するのは、Sogdiana 地方を一般に指したものと解して差支はない。又北史卷九十七の西域傳康國の條に「多蒲桃酒、富家或致千石、連年不敗」とある。康國は Samarkand を呼ぶ當時の名で、此の地が Sogdiana に於ける重要の都會であるのは、爰に説くまでの必要もない。又唐書卷二百二十一下の西域傳康國の條に「土沃宜禾、出善馬、兵彊諸國、人嗜酒」とある。康國人は唐の時代に於ても盛に蒲萄酒を釀造したのに違ない。かくの如く Sogdiana の地は漢代から葡萄酒の産地として有名であつたから、後漢の時代に康居の屬國で蒲萄酒の名所であつた栗弋國は、此の地を措いて外に之を求めることは許されない。又後漢書が栗弋國を記すに「水美故」の三字を使用したのは、Sogdiana の特色を最も簡單に又最も適切に言ひ表はした文句である。この土地の肥沃で産物の豐富なのは、ギリシャ人の間にも有名なことになつてゐる。殊にアラビャの地理學者が Soghd の地を叙するときには、必ず口を極めてその風光の美を讃嘆し、彼等は之を Fars の Biwān、Damaskus の Blawtah、Obullah の谷と相並べて世界の四樂園と稱へてゐる。Maqadassi の言に「Soghd は Samarkand を首府とする華麗な土地で、此の市から Boxira の邊に至るまで、村落は樹木に裹まれ田園に圍まれてひと續きになつてゐる。その何れの村落も樹木に埋れて、內に入るまでは外から之を窺ふことができない。此處では到る處に草木は茂り河水は溢れ、小鳥の囀るのが聞かれる。神の造られた世界の中で最も美しい國である」とたゞへてゐる。又これと同じやうに Istachri の言にも「Soghd は Boxira から Buttam に至る八日路の間、Soghd 河の左右に沿うて斷間なく打ち續いた土地である。牧場と田園とは其の間に滿ち、溝渠と泉水とは到るところに見られる。Soghd の全體は宛然青い線と流れる河水に縫はれ、城郭と家屋の白で飾られた綠地の錦の如き國である」と賞めてゐる。又現代になつて親しく此の地方を踏査した Radloff 氏は、此の土地の豐肥、草木の繁茂、產物の饒多、風景の佳麗なのを激賞し、さて其の最後に「此の壯觀と勝景とは全く曠野を銀線の如くに流れる河水の賜であつて、之に依つて淨土世界がこゝに造られた。地球上何處に行くも、水の効力が此の如く著しく發揮せられた處はないと云つてゐる(Tomaschek, Central-asiatische Studien. I. p. 126. 118)。Tomaschek 氏の說によると、Sughda の名はイラン語で光明、清淨の意を表はした言であるといふから、この名は元來この土地を灌漑する河水をたゞへて呼んだものらしい。又ギリシャ人が Zarafšan 河を Polytimetos 即ち貴き水と稱へたのを觀ても、此の河が如何に尊重されてゐたかが窺はれる。まづ斯樣に論證して見ると、後漢書が粟弋國を記述する文章に「其水美」の三字を用ゐたのは、全くこの國の特色を云ひ盡したもので、之に依つても粟弋國が Soghd を指したに相違ないのが察せられる。

後漢書の粟弋國が Sogdiana であるのは、此まで述べて來た所によつても殆ど明白になつたと思はれるが、こゝに又此の假定說を一層確實にする一例を擧げることができる。其は晉書卷九十七の西戎傳康居國の條に「康居國在大宛西北可二千里、與粟弋伊列隣接、其王居蘇薤城、風俗及人貌衣服略同大宛、地和暖、饒桐柳蒲萄、多牛羊、出好馬、泰始中其王那鼻遣使上封事、幷獻善馬」とある一節である。後漢書の粟弋は此處の粟弋と同名で何れかに誤寫があると思はれるが、杜氏の通典卷一百九に「粟弋後魏通焉、……一名粟特」とあつて、粟弋と粟特とを同名と見てゐるから、後漢書の粟弋は粟弋の誤寫に相違ない。晉書の粟弋を Sugdak の對音と見た最初の學者は Hirth 氏であつた。然るに同氏も亦他の東洋學者のやうに康居を Sogdiana とする論者の一人であるから、晉書の西戎傳を讀んで康居は粟弋と伊列とに隣接するとある文に逢着し、此の粟弋は如何にも Sogdak と思はれたから、康居を從來の通りに Sogdiana と見做しては、晉書の文は解せないことになつた。そこで考へたのに、康居の都蘇薤の名は Sogdak と音聲の上に類似はあるが、此は Zarafšan 河の流域を指したのではない。晉時代の康居は以前よりも南方に移つて來て、Zarafšan 河と Derbend との間即ち Kešš に據つたのであらうと說

いてゐる (Nachworte Zur Inschrift des Tonjukuk. p. 85-86 Anm. 2)。此の解釋によると粟弋は如何にも正當に Sugdak と認められても、康居は Kaska 河の流域に押し込められて、伊列即ち Ili 國と隣接することができなくなる。此の如く Hirth 氏の論法に矛盾が生じてくるのは、康居を Sogdiana から引き離さないで、粟弋と融和を謀らうとする無理な注文から起る必然の結果である。然るに其の後間もなく同氏は Über Wolga Hunnen und Hiong-nu と題する論文を發表して、晉書の粟戈は魏書の粟特と同名で共に Sugdak の對音に相違ないが、是は Sogdiana を指したのでなく、實は黑海の北岸に位するクリーム半島にあつた Sugdak であると主張し、遂に前說を撤回したから、中央亞細亞の Sogdiana は結局漢史に其の名を留めないことになつた。然し晉書の粟弋魏書の粟特はかやうに遼遠の地に持ち行かるべきものであるか何うか。まづ此の點を明かにせねばならぬ。

後漢書が粟弋國に就いて云ふ所と晉書が康居國と粟弋國とを區別する記事とを見ると、之を Sugdak 卽ち Sogdiana と考定するに何等の障礙を感じないが、魏書(卷一百二)の西域傳と周書(卷五十下)の異域傳とが粟弋の別稱粟特について語る所は、一見此の推定を許さないやうに聞え、ヒルト氏をして最初の說をひるがへさせたのは、全く此の記載にあるから、余輩は玆に兩書の本文を掲げて、之に嚴密な批判を加へて見たいと思ふ。

魏書　粟特國在葱嶺之西、古之奄蔡(北史作古庵祭)、一名溫那沙、居於大澤、在康居西北、去代一萬六千里、先是匈奴殺其王、而有其國、至王忽倪已三世矣、其國商人先多詣涼土販貨、及克姑臧、悉見廢高宗初(北史作文成初)粟特王遣使請贖之、詔聽焉、自後無使朝獻。

周書　粟特國在葱嶺之西、蓋古之奄蔡、一名溫那沙、居於大澤、在康居西北、保定四年其王遣使獻方物。

粟特二字の古音は Suk-dok, Suk-dok と思はれるから、これで Sughdauk, Sughdak の名を表はしたのに少しの無理はないが、後漢書と晉書との粟弋は通常 Suk-yok と讀いたものと信ぜられてゐるから、これで Sughdak を譯したとすれば、聊か故障のあるやうにも考へられないでもない。然し弋字は安南音で dok であるから、粟弋二字の古音は Sukdok で粟特と全く同音だとすれば、此等の困難は忽ち除去されるわけである。唐代の碩學杜佑も亦同樣の意見を懷いてゐたから、通典(卷一百九)に「粟弋後魏通焉、在葱嶺大國、一名粟特」と書いてゐる。然し粟弋が已に粟特だとなれば、魏書と周書との文は甚だ解し難いことになる。此の二書の云ふが如く粟特が古の奄蔡國だとすれば、漢書、後漢書、三國志などが記す所と衝突する。此の奄蔡の事は漢書(卷九十六)の西域傳に「康居西北可二千里、有奄蔡國、控弦者十餘萬人、與康居同俗、臨大澤、無涯、蓋北海也」とあり、又後漢書(卷八十八)の西域傳に「奄蔡改名阿蘭聊國、居地城、屬康居、土氣溫和、多楨松白草、民俗衣服與康居同」とあり、又魏志(卷三十)に引用した魏略に「又有奄蔡國、一名阿蘭、皆與康居同俗、西大秦、東南與康居接、其國多名貂、畜牧逐水草、臨大澤、故時羈屬康居、今不屬也」とある。此等の記事によると奄蔡或は阿蘭は西史の Alan で今の Aral 海と裏海との北に橫はる曠野に住居した游牧民である。さうして此の奄蔡は後漢書の西域傳に粟弋國と儼然區別せられてあるから、之を混同すべきでない。三國時代に奄蔡が阿蘭とも稱して漢人に知られてゐたのは、上に引用した魏略の文面からも明かであるが、此の書によると粟弋國は屬繇の名で漢土に傳へられたやうである。其の徵は此の書の中に「流沙西有₌大夏國堅沙國、屬繇國、月氏國四國₋」とある文である。さて此處に擧げた四國の中で大夏は Toχāra 月氏は月氏の誤字 Kušān であるのは甚だ明白なことであるが、堅沙と屬繇とは果して何國を指したものであらうか。三國時代から唐代に亘つて、西域の地で堅沙と音聲の類似するものを求めると、唐書、西域記によると今の Kašgar を佉沙といひ、水經注によれば、今の Taškurgun を迦舍といひ、唐書によれば今の Šahr-i Sabz を佉沙と云つてゐる。魏略の堅沙は此の三國の何れかに該當するのでなくてはならぬ。然るに魏略には已に Kašgar を疏勒と書いてあるから、之が堅沙でないのは明かである。また余輩が本誌に揭げた西域史上の新研究と題した論文に於いて、魏略に疏勒の屬國の一として擧げてある竭石は、今の Taškurgan であると考定したから、これ亦堅沙と比較するを許さない。かやうに論じてくると、此の堅沙は Samarkand の南 Kaška 河の流域に據つた唐代の佉沙に擬するが、最も穩當な見方であるまいか。或はまた此の堅沙は χwarizm の略譯で、今の Khiva を指したものではあるまいかと說く者があるかも知らないが、此の名は史記に驩潛、唐書に火尋とあるやうに zim の音が譯される例證から之を見ると、魏略の堅沙は此の名の對譯と見るよりも寧ろ佉沙即ち Kešš の音譯と解した方が穩健なやうに思はれる。まづかやうに魏略が流沙の西に位した四國として擧げた大夏、月氏、堅沙の三國が、已に葱嶺の西に存在したものになるから、属繇の一國もやはり此の方面に求めるのが至當であらう。属繇二字の古音は Suk-yo であるが、繇の安南音が tr.ɪ(chou) であり、また粟弋(Suk-yok)の弋が dok と音じた例から察すると、属繇は三國時代に Suk-do と音じたか、左なくも之と類似の發音を有したものと見て差支はなからう。属繇が已に Suk-do と音じたとすれば、其が Zarafšan 河の流域をいふ Sugdok、Sugdo の對音と見做すことができ、從つて此の名が三國時代にも漢人に知られてゐたのが推されるわけである。

後漢書の西域傳には粟弋國と奄蔡とに別に傳を立てゝあり、魏略には奄蔡の外に属繇國が記されてあるのを見れば、粟弋即ち粟特と奄蔡とは決して混同すべきでない。且つまた元史類編に引用した十三州志には「奄蔡粟特各有君長」といふ文句があるから、此の二國は自ら別國であつたに違ない。然るに魏書と周書とに於いて、南北朝時代の粟特が古の奄蔡と同一だとあるのは、何かその間に誤解がなくてはならぬ。此の二書に「粟特國居於大澤在康居西北」とある一句は、已に粟特を古の奄蔡と誤解したから、漢書が奄蔡に就いて記載した文を剽窃したに過ぎない。又史記正義に引用した括地志に「奄蔡酒國也」とあるのは魏書周書が葡萄酒の産地として有名な粟弋國と奄蔡國とを混同したのを悟らなかつた誤解である。

五　九姓及び六姓昭武

漢代から南北朝に至る歴代の正史を案ずれば、粟弋と奄蔡とは劃然と區別せられてあろにも拘はらず、魏書が之を混同して同一國と見做したのは何が故であらうか。それには何か原因する所がなくては叶はぬ。想ふに粟特國の一名を溫那沙といひ、その音聲が稍〻奄蔡と類似する所から粗忽にも此の二國を同一國と誤解したのであらう。若しもかやうな風にでも考へないと、此の混同の生じてきた理由は殆ど得られない。然らば此の溫那沙とは果して何國を指し、又其は何語の對音であるか。此等の疑問を解説するに必要な史料は、隋書（卷八十三）の西域傳に見える康國の傳であるから、左に其の文を摘出する。

康國者康居之後也、遷徙無常、不恒故地、然自漢以來相承不絶、其王本姓溫月氏人也、舊居祁連山北昭武城、因被匈奴所破、西踰葱嶺、遂有其國、支庶各分王、故康國左右諸國並以昭武爲姓、示不忘本也、王字代失畢、爲人寛厚、甚得衆心、其妻突厥達頭可汗女也、都於薩寶水上阿祿迪城、城多衆居、大臣三人共掌國事、其王索髮、冠七寶金花、衣綾羅錦繡白疊、其妻有髻、幪以皂巾、丈夫剪髮錦袍、名爲强國、而西域諸國多歸之、米國史國曹國何國安國（小安國）那色波國烏那曷國、穆國皆歸附之、有胡律、置於祆祠、決罰則取而斷之、重罪者族、次重者死、賊盜截其足、人皆深目高鼻、多鬚髯、善於商賈、諸夷交易多湊其國、

此の文の劈出しに康國は康居の後だとあるから、此の國は漢代の康居の本國でシル河の北に據つたかと思ふと、その實これは Sogdiana の大都會 Samarkand を指したのである。何故かとなれば唐書（卷二百二十一下）の西域傳に「康者一曰薩秣鞬、亦曰颯秣建、元魏所謂悉萬斤者」とあつて、此の薩秣鞬、颯秣建、悉萬斤の三稱は何れも Samarkand の對音に外ならぬからである。泰西の學

者の中には此の康國の名を土言と心得て、種々と考證を試み臆説を立てゝゐる者もあるが、康國とは單に康居の漢譯を省略したもので完名でない。さて此の康國が已にSamarkandに相違ないとすれば、是は漢代の粟弋國に當り康居に擬すべきものでない。然しながら前にも已に述べた如く隋唐の學者は無謀にも Sogdiana を康居の本土と誤解したので、此の國の大都府サマルカンドを康國と稱へたのである。

隋書は假令誤解とは云ふものの已に康國を康居の後だと斷言して置きながら、其の後で直ちに國王は月氏の人であるといふのは、如何にも解し難い事である。漢代に於いて康居と月氏とは判然と區別せられてあるから、康國人が已に康居の苗裔だとあれば、それが亦月氏の子孫であるとは如何にも奇怪な談である。且つまた此の書の記す所によれば、月氏はもと祁連山の北に位する昭武城に據つてゐたのであるが、それが匈奴に攻められて西に遁がれ、葱嶺を越えて康國卽ち今のサマルカンドを占領し、其の子孫は連綿と打ち續いて隋の時代に及んだとある。しかしかやうなことは何を根據として述べたのであるか。史記や漢書の文によると、月氏が漢代に祁連山と敦煌との間に國を建てゝゐたのは確かであるが、昭武城に據つてゐたことは絕えて何物にも記してない。且つまた月氏が匈奴に逐はれ西に走つて大夏の國卽ち西史の Bactria 王國を滅ぼしたのは事實であるが、隋唐時代の康國卽ち漢代の粟弋國を倒してその子孫が永く此處に據つてゐたことを聞かない。既に前にも論じた如くに、月氏が西域に遁れたときに、粟弋卽ち Sogdiana は康居の屬國になつてゐたので、月氏はその南に位する大夏即ち Bactria に伐ち入つて遂に之を領有したのである。かやうに隋書の文を批判してくると、此の書に康國の王が月氏の人であるといふのは全く證據のない虛談と見做すの外はない。然しながら何が故にかやうな虛談が捏造せられたのであらうか。祁連山といひ昭武城といひ、何れも漢土の記錄にのみ傳つた處であるから、此の談が土人の間に生じたものでなく、必ず漢人の手に成つたものに違ない。漢人は昔から外國の由來を自國或は自國の古書に見えるものに附會して、種々の虛說を製造する習癖がある。例へば匈奴は夏后氏の苗裔だといひ、倭は吳太伯の後だといひ、大秦は中國人の子孫だといひ鏺汗國は禹貢に見える渠搜國だといふの類である。かやうな習癖を持つてゐる漢人が康國の起原に就いて之に類似の說を作らうと思つたときに、適、その君主の姓は漢代に月氏が據つたことのある酒泉郡の昭武縣の名に音聲の似寄があるので、其が本となつて隋書にいふやうな虛談が作られたものと見える。

康國王の祖先が昭武から遷つて來たといふのは架空な談にしても、此の王の姓が實際昭武と音聲が類似したのは事實と見なければならぬ。然らばその原名は果して何と響いたのか、是に關しては學者の間に種々と意見があつて今に定說はない。Cunningham 氏は此の昭武を大月氏の Kaniška 王の貨幣に刻した Šao と比較したことがある、(Num. Chron. p. 65)。余輩も曾て之と同樣の考を懷いたことがあつて、之を拙著烏孫考に述べたのであつた (Revue Orientale, 1902, p. 122-123)。然し今から之を顧ると、此の說は決して正鵠を得たものでない。何故かといへば、Šao といふのはイラン語で王の義であるから、之を姓とみるのは穩でない。且つまた昭武二字の現音は Šao-wu であるが、古音は Šao-bu であるから、音聲の上からも差異がある。漢人がイラン語の Šah を譯する際には多く殺或は沙の一字を使用する例はあるが、二字にする例は見當らない。此等の理由から昭武の姓を Šao の對音と見るのはむづかしい。次に Tomaschek 氏は此の姓を古來イラン民族の間に持囃された勇士 Siyāwuš の名から起つたものと說いてゐる。その要旨をいへば、Avesta 經の文に Vourukaša といふ湖水の東に Kanha と呼ぶ處があり、Šah-Nama に Turan 種の Afrāsiāb 王の都城を Kang といひ、又東方に Čin といふ海があつて、その背後に Gau Kangdiz といふ仙鄉があり、其處に Siyāwuš 王の築いた石城があるといふ。此等は何れも神仙談中のものであるが、其の中に現はれる地名などには多少歷史上の事實に根柢を有するものがある。且つまたイラン人は此等の神仙談中の名稱を實際東方や北方の地名に使用したこともある。Rawlinson 氏の說によると今日の Taškurgan は昔 Kang と呼ばれたといふことであり、アラビヤ人の地理書には Jaxartes 河の北、Ispiňg-āb と Fār-āb との間に Kang-dih といふ名が記されてあり、Šah-Nama によると、Boχāra の Baikand と χwarizm も Kang-diž と呼ばれ、世界の四仙鄉の一に數へられた Sogd も實に Kang と稱へられた。Samarkand がイランの傳說中に Kang と呼ばれてゐるとすれば、康國王の昭武姓と勇士 Siyāwuš との間に緣故があると見ても決して無謀のことではあるまい。想ふに Sogd の王は自家の門閥を飾りたいが爲に、イラン民族が崇拜する Siyāwuš の名を取つて、昭武の姓を冒したのであらうと說いてゐる(Centralasiatische Studien)。此の解釋は如何にも尤のやうに聞えるであらうが、已に前にも述べた如くに、康國の名はもと漢人がSamarkandを漢代の康居と誤解し、更にその名を省略したもので、土人には全く知られなかつた稱呼であるから、トマシェク氏の此の解釋はその根本に於いて誤謬があるから、その枝葉が如何に美しく飾り立てられても、結局附會の說たるを免かれない。更に隋書の文を玩味すると、康國の土人はイラン種であつても、其の君主はトルコ種のやうに察せられる。漢人が此の國を康居の後だといひ、その君主を月氏の人だといふのは、全く根據のない談であるが、此の國の由來を說きその王の系統を論ずるのに漢代の行國を持出して來たのは、畢竟康國の君主がその臣民の如くにイラン人でなく、北方から爰に侵入して來た游牧民であつたことを承知してゐたからの事と思はれる。その證據に康國土人の習俗では、男子は他の城郭國の如くに剪髮であるのに、その君主は當時の突厥のやうに索髮であるではないか。尤も風俗習慣の如きは環境の事情によつて變化するもので、決して一定不變のものでない。殊に此の地方に於ける歷史上の大勢から考へると、康國は無論西突厥の臣下であつたに相違なく、又現に隋書にもある通りに、此の王の妃は突厥の達頭可汗の女である。さすれば康國の王はイラン人であつても、此等の關係から自然と突厥の習俗を採用しないとは限らない。だから今假りに一步を讓つて此の辯疏に從ふとしたところで、康國王の名がトルコ語のやうに思はれるのは如何に見るべきか。隋書の文によると當時康國を支配してゐた王の名を代失畢といふ。此の代失畢はトルコ語 taš iš の對音（taš は石、iš は君主の敬稱であるから「石の君」といふ意味の言である。此の畢は前に記した康居王の那鼻の鼻、烏孫語の靡と同じ言で、太古から現代に至るまで天山の左右 Kirgiz の曠野に住居するトルコ人の一方言である。突厥語で之を bäg と云つたことは突厥の碑文によつて證せられるから、康國王の君主と仰いだ西突厥の達頭可汗の言では多分 bäg と音じたのであらう。だから康國の君主が使つた言語は多分大昔から天山や Kirgiz の曠野に據つてゐたトルコ人の言語と系統を同じうするもので、Altai 山脈や Orχon 河の流域に行はれた突厥語とは稍〻異つた方言と察せられる。北史卷九十七の西域傳に載つてゐる康國の記事は全然隋書の文を轉載したに過ぎないが、たゞ國王の名が隋書に代失畢とあるのに、北史には世夫畢となつてゐる。是は隋書の文を傳寫する際に、聯想の心理によつて代と書くべきを世と誤り、字形の類似によつて失と記すべきを夫と誤つたものと見られる。さてかやうに康國王の名がトルコ語であり、その頭髮が辮髮であり、その祖先が康居や大月氏の如き行國人であつたとすれば、當時康國では君主を始め上流に屬するものは、大概トルコ人であつたと見て差支はなからう。康國王の祖先が已に北方から此の國に伐ち入つて土人を臣民としたトルコ人であり、隋代に此の國を支配してゐた代失畢が君主と仰いで尊敬してゐるのが西突厥だとすれば、康國王は何の必要があつてイランの勇士 Siyāwuš の名を採つて自家の姓としたのであらうか。此の點から考へても Tomaschek 氏の説には賛成ができない。

次に考察を加へて見たいのは、Marquart 氏の說である。此の學者の論旨をのべると、大月氏王の貨幣に Kusana Javugasa の二語が刻まれてある。Javugasa は Javuga の生格であるから、Kusana Javugasa とは Kasana の Javuga 姓の」といふ意味である。さうして、此の Javuga は康國王の姓昭武 (gawu) に該當する言であらうから、Kaniška 王の時代に Samarkand の王家は正しく Čan-wu (ga-wu) といふ姓を稱してゐたのであらう。その後數百年を經ると、Kušan 人の間には此の姓は廢れてしまつたけれど、Sogdiana には其が依然と遺つてゐて、之を漢人が昭武の二字で譯したのであらうといふのである (Die Chronologie der alttürkischen Inschriften. p. 70-71)。マルクワルト氏がかやうな說を立てたのは、畢竟大月氏の歷史に就いて根本的に誤解を懷いてゐたからであらう。同氏は、大月氏が大夏卽ち Toχára を滅ぼす前に Sogdiana を占領して Samarkand に據つてゐたと考へたから、自然とかやうな說もでるのであるが、此の考察の誤なのは前にも述べた如くであつて、爰に再び之を繰り返す必要はない。同氏は後漢書卷四十七の班超傳に大月氏が康居と婚姻を結んだといふ記事があるのによつて、康居が昭武姓を冒したのは、多分此の際にあつたのであらうと想像してゐるが、是れまた何等の根據もない談である。同氏は康國の昭武と大月氏の Javuga とを同一の言と見てゐるが、Javuga が漢書の翖侯で突厥の Jabgu (葉護)に該當する一種の官爵であることは、已に Hirth 氏の說いた如くであるから、之を康國の昭武姓と同一視すべきものでない。

次に此の昭武姓に就いて新規の說を提出した學者は、Chavannes 氏である。Tabari によると、Khosrou Anoûschirvān の嗣王 Hormizd 第四世の十一年にトルコ大王に Schâba といふのがあつて、三十萬の兵を率ゐて Bâdhaghis と Herat まで進んで來たのを、ペルシャの大將 Bahrâm Tchoûbin は邀へ伐つて敵王を殺し、更にその子の Barmoûdha を Baïkand 城に攻めて之を生擒にし、此の城に藏してあつた珍寶を收めて之を Hormizd に獻じたとある。また Thâalibî によると Schâba-Schâh と稱する可汗はイラン國を伐ち取らうとして十萬の騎兵を率ゐて、Balkh 城に押し寄せたとある。Chavannes 氏は此等の記事を解釋して、Tabari は此の Schâba をトルコの總王と記してゐるが、その實をいふと此の人はトルコに隸屬した Sogdiana の君主で Abel-Rémusat 氏の說いた如く漢史の昭武に當る名である。Arabia 語では之を Schâba といひ Persia 語では之を Schâwa といふと說いてゐる (Documents sur les Tou-kiue Occidentaux, pp. 242-243)。これは最も傾聽するに足る說であるが、たゞ此だけの例證では未だ漢史の昭武がこの Schâba であるかないかを決するに至らない。

最後に最も有力の說と思はれるのは、此の昭武を突厥の闕特勤の碑文にある Čub とする見解である。此の言は碑文に「alty Čub Sogdyq tapa sülädimiz」とある文句の中に現はれてゐる。で、この alty Čub Sogdyq 三語の讀方と解釋とに就いて學者の意見が區々になつてゐる。Radloff 氏は之を Sogdyq の六姓 Čub とよみ (Die alttürkischen Inschriften der Mongolei, Neue Theile, p. 177)、Marquart 氏は之を六姓 Čub の Sogdyq とよんでゐる (Die Chronol. p. 71-72)。是は何れにしても實際には大した差異はないが、此等と全然讀方の異るのは Thomsen 氏の說である。同氏は

之を六姓 Čub と Sogdyq とを引き分けて全く關係のない二稱と見たのである。その理由とする所を聞くと、alty-Čub は Sogdyq よりも突厥に近い地方の名稱で、多分今の Čhu 河、唐代の素葉水の上流域に位し、Ishik-Kul 湖の附近で Türghes 部落の南に當り、突厥が Sogdyq に攻め入るときには必ず通過すべき處であると説いてゐる (Inscription de l' Orkhon. p. 154. n. 38)。此の説に從ふと、碑文の Čub と昭武とは全く關係のないものになるが、この Čub と Ču 河とを比較するのは、果して正當の考察であらうか。今の Ču 河は唐の時代に Sui-äb といひ、西域記などには之を素葉の二字で表はしてゐる。此の名は Sui- の固有名詞とイラン語で川をいふ äb との二語から構成せられた複稱であるから、之を Čub といふ單稱と同一に見做すのは、聊か無理の感がある。又 Bartholdt 氏は alty Čub Sogdyq の三語の讀方に就いて、之を六姓 Čub の Sogdyq と讀んでも、之を六姓 Čub と Sogdyq と讀んでも、其は何れにしても差支ないと云つてゐるが、此の Čub を大月氏の Javuga と見るマルクワールト氏の説には贊成を表してゐない (Die alttürkischen Inschriften und die arabischen Quellen. pp. 16-17)。

以上列擧した諸説の外に、余輩は別に新規の説を提出することはできないが、突厥の碑文にある alti-Čub 即ち六姓の Čub は他の類例から康國の昭武に當つべき理由がある。 alti-Čub の名は唐の玄宗の頃に Sogdiana の全域が昭武姓の六國に分かれてゐた事實に基く名稱と思はれるから、alti Čub Sogdyq の三語は六姓の昭武の Sogdyq と讀むのが正しいのであらう。Sogdyq 即ち Sogdiana の地が昭武姓の九國に分かれてゐたことは、唐書卷二百二十一下の西域傳に康者一曰薩末鞬、亦曰颯秣建、元魏所謂悉萬斤者、其南距史百五十里、西北距曹百餘里、東南屬米百里、北中曹五十里、在那密水南大城三十、小堡三百、君姓溫本月氏人、始居祁連北昭武城、爲突厥所破、稍南依葱嶺、卽有其地、枝庶分王、曰安、曰曹、曰石、曰米、曰何、曰火尋、曰戊地、曰史、世謂九姓、皆氏昭武」とある文面から知られる。之によると、唐書が九姓の昭武とする國々は康安、曹、石、米、何、火尋、戊地、史の九國であるが、隋書の西域傳に此の姓を冒す國を檢すれば、康、安、鏺汗、米、史、何、烏那曷、穆、漕の九國になつてゐて、唐書がいふものと一致しない。隋唐二代の間に已に昭武姓の國に相違があるとすれば、その以前南北朝時代に此の姓を名告る國は果して何國であらうか。而して此の九姓國は何時如何にして六姓に變じたか。此等の問題を解決するに方つては、先づ各時代に於ける昭武姓の國を考究する必要がある。

一、康國　康國の君主が昭武姓の本家本元であつたのは、前に引用した隋唐二書の文によつて明白である。唐書に康國の別稱として薩末鞬、颯秣建の名が記されてあり、且つ元魏の時の悉萬斤に當ると考定してあるから、其が今のサマルカンドを指したのは云ふまでもない。悉萬斤國が魏に入朝したことは、魏書の本紀に散見し、又その西域傳(卷百二)には特に傳を立て、「悉萬斤國都悉萬斤城、在悉密西、去代一萬二千七百二十里、其國南有山、名伽色那山、出師子、每使朝貢」と記してある。サマルカンドの南Keššの北に山脈がある、Keššの一名を Kaššini といふから、上の伽色那山とあるのは此の國名から起つた名稱であらう。南北朝の末から隋唐にかけて、サマルカンドを康國と稱するのは康居の省略で、土人の知る所でない。唐の高宗の永徽年間に此處に康居都督府を置いたのも、當時の學者がサマルカンドを漢代の康居と誤解してゐたからである。

隋書によると、康國王は薩寶水上の阿祿迪城に都すとあるが、唐書に此の國は那密水の南にあると記してある。薩寶水も那密水も均しく今の Zarafšan 川を指したのである。Tomaschek 氏の説に、唐書の那密水の名はイラン語 namidh 或は namiq の音譯で榮譽、著名、尊重等の意味を含むといふ。アレキサンドル大王時代のギリシャ人は此の河を Polytimetos と云つて、是れにも亦崇拜尊貴等の義があるのを觀ると、此のギリシャ名はその本稱たる namidh を反譯したのに過ぎないかとも思はれる。若しさうであれば那密は古くから言ひ慣れた名で、薩寶はその後ある事情からサマルカンド附近に行はれた地方名ではあるまいか。

故 Chavannes 氏は康國の薩寶水の名に逢着したときに唐の時代に西域の祆神を祀る神主を薩寶といふことに氣が付かれた(Documents sur les Tou Kine Occidentaux. p. 132, N. 5)。なるほど宋敏求の長安志に「布政司西南隅胡祆祠、武德四年立、西域胡天神也、祠有薩寶府官、主祠祆神、亦以胡祝、稱其職」とある。Sogdiane, Bactria などは波斯教の發祥地であるから、隋唐の時代にも此の地方に祆教の流行した有樣は漢史の上からも證據が擧げられる。例へば唐書の康國の條に「祠祆神」とあり、隋書の同傳にも「有胡律、置於祆祠」と見え、又通典(卷百九十三)康居國の條に引いてある韋節の西蕃記に「俗事天神、崇甚重云、神兒七月死、失骸骨、事神之人、每至其月、俱著黑疊衣、徒跣撫胸、號哭、涕淚交流、丈夫婦人三五百人、散在草野、求天兒骸骨、七日便止、國城外別有二百餘戶、專知喪事、別築一院、其院内養狗、毎有人死、卽取屍置此院内、令狗食之、盡收骸骨埋殯、無棺槨」とある。人の屍骸を狗や鳥に食はすのは祆教の命ずる所で、此の奇習は世界に名高くなつてゐる。Onesikritos に Sogdiana や Bactria では人が老耄して何の役に立たない年になると、之を狗に投げて喰はす習があつて、之が爲に特に狗を飼養するとあるから、祆教に此の風俗があつたのは隨分古いことである。又通典に引いてある杜環の經行記を見ると「康國在米國西南三百里、一名薩末建、土沃人富、國小、有神祠、名拔」とある。波斯語では玉座を bât, pât といふが故に、文中に拔とあるのは此の言の對音であらう。Zarafšan 河が薩寶水の名を得たのは、或はその畔岸に有名な祆教の神祠があつたからではあるまいか。

二、米國　隋書云、米國都那密水西、舊康居之地也、無王、其城主姓昭武、康國王之支庶、字閉拙、都城方二里、勝兵數百人、西北去康百里、東去蘇對沙那國五百里、西南至史國二百里、東去瓜州六千四百里、大業中頻貢方物。

唐書云、米曰彌末、曰弭秣賀、北百里距康、其君治鉢息德城。

米國の完名はアラビヤ人の所謂る Mâmarg 或は Mâimurg である。米は已に Abel-Rémusat 氏の説いたやうに、Maimarg の mai を表はした漢人の略稱に違ない。Tomaschek 氏の考定によると、此の國は今の Ǧumâ a-Bazar の地に當る (Centralasiatische Studien. I. p. 145)。

三、曹國　隋書云、曹國都那密水南數里、舊是康居之地也、國無主、康國王令子烏建領之、都城方三里、勝兵千餘人、國中有得悉神、自西海以東諸國並敬事之、其神有金人焉、金波羅闊丈有五尺、高下相稱、每日以駝五頭馬十四羊一百口祭之、常有千人食之、不盡、東南去康國百里、西去何國百五十里、東去瓜州六千六百里大業中遣使貢方物。

唐書云、東曹或曰率都沙那、蘇對沙那、劫布呾那、蘇都識匿、凡四名、居波悉山之陰、漢貳師城也、東北距俱戰提二百里、北至石國、西至康、東北寧遠、皆四百里許、南至吐火羅五百里……西曹者隋時曹也、南接史及波覽、治瑟底痕城、東北越于底城有得悉神祠、國人事之、……中曹者居西曹東康之北、王治迦底眞城。

唐書には東曹の異稱として率都沙那、蘇對沙那、劫布呾那、蘇都識匿の四名を擧げてあるが、劫布呾那を除いた外の三稱は玄奘の西域記にある窣堵利瑟那と同名で、アラビヤ人の所謂Ossru-Šana, Sutrušana である。　Baber 王が之を今の Ura-tūpä と考定したのは、全く正鵠を得たものである。　此の東曹國の君主が昭武姓なのは明文はないが、唐の西曹は隋の曹國だとあるから、東曹の君主もやはり康國王の一族と見て差支はなからう。 西曹の都城を瑟底痕城と呼ぶのは、アラビヤ人の Ištechan Ištechanǧ の對音で頭音の省かれた形に違ない。トマシェク氏によると、此の都は多分 Zarafšan 河の大支流 Ak-darya 河の沿岸にあつたらしく、今 Kattah Kurgan と Čilāk の間に Ištīkhan と呼ぶ繁華な都會があり、又 Ptolemaeus の地圖に Astakan と記してあるのは、正しく此の地を指したものである。アラビヤ人の紀行をよむと、此處は曾て Sogd の首府であつた (Tomaschek, Central. St. pp. 152-153)。 南北朝の時代に此の都城は漢人に傳つたと見えて、魏書の西域傳に「色知顯國都色知顯城、在悉萬斤西北、去代一萬二千九百四十里、土平多、五果」とある。 此の色知顯は Istekhan の漢流に少しく訛つた形である。

唐書には東曹の一稱として劫布呾那を擧げてあるが、西域記には東曹卽ち窣堵悉那と劫布呾那とを截然と區別してあるから、是は唐書の誤りと思はれる。劫布呾那はアラビヤ人の所謂る Kapūtana に當る。サマルカンドから正北に Kodym Tau 山脈の麓、Bulanghyr 河の流域に今 Gubdan, Gubdun と呼ぶ處がある。古の Kapūtana の遺跡であらう(Tomaschek, Centralasiatische Stud. S. 144)。 魏書の西域傳に「伽不單國都伽不單城、在悉萬斤西北、去代一萬二千七百八十里、土平宜稻麥、有五果」と見え、此の伽不單は明かに Kapūtana に違ないから、此の都城は早くも南北朝の頃から漢人に知られたのである。

此の地方の土人が當時一般に崇拜した得悉神に關しては未だ學者の間に定說は無い。ヒルト氏は曾て Vámbéry 氏がアルタイ人の信仰を叙したときに Pallas 氏の言を引用し、此處の人は天幕の東側に一種の偶像を安置し、之を tös とも töstör (tös の複數)とも云ふとあるに注意し、此の tös は卽ち曹國人などの信仰する得悉神であらうと說いたことがある (Fromde Einflüsse in der Chinesischen Kunst. p. 33. Anm. 1; Vámbéry, Das Turkenvolk. p. 123)。 シャヴンヌ氏は此の說に對して滿足しなかつたと見えて、得悉神の解釋は未定の問題であると謂つてゐる (Docum. 139. N. 3)。 トマシェク氏はヒルト氏よりも十九年前に此の神のことを考究して、之を波斯教の Teštar (或は Tištrya) 神にあてゝゐる (Centralasiat. Stud. p. 152)。 得悉神に就いて已に此の二學者の說明があるのにも拘はらず、未だ充分に學界の注意を惹かないのは、其に徹底しない所があるからではあるまいか。余輩から見ると、ヒルト氏の töstör もトマシェク氏の Teštar も畢竟するに同一の神で其の稱呼が少しく異つてゐるに過ぎない。尤もヒルト氏の提出した töstör 神はトルコ種に屬するアルタイ人の信仰するものなのに反して Teštar 神はイラン人の崇拜するものなので、或は之を同一の神と見做すのは如何がかと疑團を懷く者が無いとも限らない。然しイランの文化の中でも殊に宗敎信念に關するものがトルコ人の間に傳播したのはたゞに得悉神の一事に限らない。例へばトルコ、蒙古人などの間に行はれた魔法の一種 Jada の名が波斯語であるが如き、蒙古、トルコ人が天を Hormuzda と呼ぶが如きは、何れもイラン人から傳へたものである。さすればトルコ種に屬するアルタイ人の間にイラン人の神 Teštar が信仰せられたと見ても、何等怪むべきものでない。淡史の得悉神が愈イラン人の Teštar に相違ないとすれば、此の神は如何なる性質のもので、如何なる功德利益を信者に與へるものであるか。Spiegel 氏が此の神に就いて説明する所を爰に引用するのは、決して無益の業であるまい (Eranische Alterthumskunde. I. pp. 71-72)。

Zend 經の文によつて此の神の性質を考へると、最初は確かに一の星の神に過ぎなかつたが、その後漸く水を供給する神と變つてきて、日月と同じやうに此の世界に廣大の功德を施すものと成つた。だから、此の神は、Avesta の經文には一切の星の監視者と稱へられ、又 Vedidâd の經文には此が金の爪或は金の角を持つ牡牛に現はれもするが、時には星になり光明莊嚴などの形容詞が用ひられる。又 Yacht の經文では Teštar は水の精を保つ神と現はれ、其の爲に人間は勿論一切の畜類からも渇仰せられ、Daeva, Pairika 等の惡神が旱魃、不作を起すのを懲罰する善神と信ぜられた。惡神の一ッ Daeva Apasha は Teštar の怨敵で、此の神が水を與へようとするを途中で妨害するのが其の任務になつてゐる。Teštar は毎月十日に相形を變へるが、初は青年の男子となり、次に牡牛となり、終に馬となる。人間からは haoma 酒と肉類の供養を享け、その代りに男子牛馬の生産を増殖し、特に靈魂を清淨にする約束を守る。此等の供物は Apasha と奮鬪する精力を養ふに必要なものとなつてゐる。此の惡神は Teštar が水を汲まうと Voūruka 湖水に往くのを、途中に待ち受けて妨害する。この時惡神は醜き黑馬となつて戰を挑む。戰は激烈に進み行く中に人間の供へる犧牲の不足な爲に善神の勢力も漸く減じて一時は殆ど惡神に押し挫かれやうとする形勢に陷る。雨の降らないのは、卽ち此の苦戰の結果である。然るに此の時幸に Ahura Mazuda の神の擁護に依つて Teštar は元氣を恢復し、其の神の武器になつてゐる電光をかりて惡神をしたゝかに打ちつける。此の時 Apasha は嗅叫の聲をあげて退却する。其が卽ち雷鳴となつて下界に聞えるのである。

此の神話から見ると Teštar の神は雨水の供給者である。中央亞細亞の如く水が無ければ如何なる肥沃の土地も忽に地獄となり、水が有れば如何なる不毛の沙漠も直に樂園となる。水力の顯著な地方に於いて此の神が無上の尊敬を受けるのは決して怪むに及ばない。曹國などで得悉神に駱駝馬羊を多量に供養するのは、それが Teštar の神たるが故であつて、波斯教を奉ずる中央亞細亞で此の神の信仰が盛なのは決して偶然の事でない。アルタイ人の崇拝するTöstörが此のTeštarと同一の神であるのは、其の名稱の類似するのでも推されるが、また此の土人がTöstör神を必ず家の東方に安置する風習も、此の神がTeštarたるを證するものであらう。シピーゲル氏の説によると、Teštar神は雨水の精を懐いて人類に幸福を賦與すると共に天地四方を守護し、その中でも最も重要な方位卽ち東方を司る神と信ぜられてゐるといふ(Eranische Alterthumskunde, I. p. 73)。アルタイ人がTöstörの神像を家屋の東側に安置するのは、此の神の司る方向が主として此の方角であるが故であらう。果して然らば、此の一事も亦アルタイ人のTöstörはイラン人のTeštarなることを語る一證と見做される。

隋書に記す金波羅は曹國人などが最も尊信する得悉神を像る銅像に相違ない。此の國の人が此の尊像に毎日駱駝五匹、馬十匹、羊百匹といふ多數の畜類を供養するのは、Teštar神が惡魔Apashaと奮闘する勢力を養ふ爲だと見てこそ此の風習の意義もよく了解せられる。若しも此供養を怠れば得悉仲は惡神に壓倒せられ、その結果、雨は降らなくなり、草木は枯れ畜類は倒れ災害は立ちどころに至ると信ぜられたからであらう。金波羅の長は一丈五尺とあるから、我が國などにある丈六の佛像と殆ど同じ大さの巨像である。その容相と態度とは固より斷言のできる限でないが、それが得悉神を表はしたものとすれば、佛像の如く端正溫雅の坐像でなく快活勇武の立像であらうと想像せられる。此の銅像が何時の作であり、又曹國では何時頃から銅像などを鑄造する技術を心得てゐたか、その邊のことは固より知るよしも無いが、シベリヤの西南部で中央亞細亞に接近した地方から銅器時代の人物像が發掘せられるのを考へると、露領トルキスタン地方でも鑄造術が隨分古い時から行はれたと見て差支はあるまい。若しも此の想像が許されるならば、匈奴の休屠王が信仰した祭天の金人と曹國人の崇拜した金波羅とは、よしや時代にへだたりがあり、場所が懸け離れてゐても、其間に一縷の連絡が通ずるのではあるまいか。是まで休屠王の金人は佛像だと信ぜられた。然し佛陀の銅像はその本國印度に於いてすらまだ其の當時には鑄造せられなかつたのであるから、その銅像が外國に傳はる筈は斷じて無い。休屠王の領地は河西の東部に位し西域から中國にはいる唯一の門戸になつてゐる。張騫が西域交通の道を開いてから、遠土の商客が休屠王の故都かと思ふ姑臧に集つて來たのは、史上に明證があつて、爰に之を説く必要もないが、武帝以前といへども中國と西域との間に全く交通連絡は無かつたか何うか、支那の文化は多種多様であるが、その中には西域との交通を假定するでなければ、その起原を解けないものがあるではないか。殊に紀元前三世紀の中頃にギリシャ人が中央亞細亞にバクトリア王國を建設してから、世界の文明は此處に集中し、その王の領土は一時Seresにまで達したと言ひ傳へられた程である。かゝる時代に極東の文化國たる中華と葱嶺以西の國々との間に全く交渉が無かつたとは、到底考へられぬことである。當時、西域の商人が東方に齎した文物貨品は専ら中國人の購買を目的としたのであらうから、その中には游牧の生活を營んでゐた匈奴人の嗜好には投じないものは有つたに違ひない。然しその胡客の信ずる神の中に駱駝牛羊馬の如き行國民の最も必要とする畜類を繁殖さする神があつたとすれば、如何に宗教に冷淡な匈奴人といへども、渇仰の念を起さずには居られまい。斯やうな事情から波斯教のTeštar神は東西交通の要衝に當る匈奴帝國の一角に傳播せられ、その表章として休屠王の金人は建立せられたのであらう。

匈奴の休屠王の時から六七十年も前に秦の始皇帝は金人十二體を鑄造して之を宮中に安置したことがある。そこで余輩は始め休屠王の金人は漢土の風を眞似たのでは無いかと疑つたが、斯くては事情に於いて穩かでないものがある。何故かなれば、始皇帝が金人を鑄たのは臨洮に長狄十二人が現はれたので、之に象つて金人十二を作つたと云はれてゐる。當時の思潮から考へると、西方に長狄の出現は一種の祥徵と信ぜられたのである。西方は五行の中で金行に屬するので、始皇帝は天下から取り上げた兵器を鎔かして金人十二を造り、金德を以て天下を威壓しようと考へたのであらう。然るに休屠王の金人は此の如き五行思想から造られたものとは思はれない。漢書の文面には祭天の金人とあるから、その天神の何物かは分からないとしても、天ッ神に屬するものには違なく、從つて其が始皇帝の金人と全く性質を異にするものであつたのは察するに難くない。且つまた若しも匈奴の金人が漢習の摸倣だとすれば、單于の龍庭などには眞先に安置さるべきものであるのに、版圖の廣大な匈奴帝國の中で、獨り漢國と西域との交通の樞要に當る休屠王の領土に於いてのみ金人が祭られたとすれば、此の銅像はもと〱西域に淵源したもので、中國から輸出したものでないのが推される。

四　何國　隋書云、何國都那密水南數里、舊康居之地也、其王姓昭武、亦康國王之族類、都城方二里、勝兵千人、其王坐金羊座、東去曹國百五十里、西去小安國三百里、東去瓜州六千七百五十里、大業中遣使貢方物。

唐書云、何或曰屈霜儞迦、曰貴霜匿、即康居小王附墨城故地、城左有重樓、北繪中華古帝、東突厥波羅門、西波斯拂菻等君主、其君旦詣拜則退、貞觀十五年遣使者入朝、永徽時上言、聞唐出師西討、願輸糧於軍、俄以其地爲貴霜州、授其君昭武達地刺史、遣使者鉢底失入謝。

唐書の屈霜儞迦は土言を梵語風に訛つた Kušānika の對音である。アラビヤ人は之を Kušānika といひ波斯語で Kušāni, 中古イラン語で Kušānik といふ。唐書の貴霜匿はその音譯である。Istachri によると、Kušāni は Sogd の中で最もよく開けた處で Sogd 諸城の中樞に位するといふ (Marquart, Die Chronol. p. 59-60)。

隋書に此の國を何といふのは漢人が土稱を省略したのに違ないが、その完名はなんとひゞいたか。隋書が西域の地名を省略するに二種の方法がある。其の一は漢人が呼びなれた複稱を單稱に改めること、卽ち康居といふのを康と略し、安息といふのを安と略した類である。今一は原名の一音を取つて單稱とすること、例へば Maimarg の mai を取つて米國といひ、Amol の mo を取つて穆國とび Kešš の šš を取つて史と呼ぶの類である。然らば Kušāni

を漢人が何と云ふのは、此の二法の中何れに依つた略稱であらうか。Kušani の Ku と何 (Xa) とは音聲に差異があるから、此の名は原語の頭音を取つたものとは思はれない。Tomaschek 氏は此の何國の名を Avesta 經にある Gao と考定した (Centralasiatische Studien.I. SBWA. Ba. 87. 160)。Marquart 氏は Ibn Hanqal に Sogd の心臟とも云ふべき一州に Qai といふのがあるから、隋書の何國をばその對音と見做してゐる (Die Chron. p. 60)。何國が唐の時代に Kušani の外に亦 Gao と稱へられたことは、漢土の記錄からも證明せられるやうである。其は酉陽雜爼(卷四、三丁)にある左の記事である。

孝億國界周三千餘里、在平川中、以木爲柵、周十餘里、柵內百姓二千餘家、周國大柵五百餘所、氣候常暖、冬不凋落、宜羊馬、無馳牛、性質直好客侶、軀貌長大、褰鼻黃髮、綠眼赤髭、面如血色、戰具唯矟一色、宜五穀、出金鐵、衣麻布、俗事妖、不識佛法、有妖祠三百一日千餘所、馬步甲兵一萬、不尙商販、自稱孝億、人丈夫婦人俱帶、每一日造食、一月食之、常喫宿食。

此の文の中に妖とあるのは明かに祆の誤字で唐人が波斯教を呼ぶ名である。此の國に祆祠三百ヶ所もあつたといふ處から見ると、此の宗教が當時盛に行はれた程も窺はれる。唐の時代に葱嶺以西に於いて此の宗教の行はれた處は波斯と露領トルキスタンに據つたイラン民族の國家とである。さうしてペルシャは漢人に波斯或は波剌斯の名で呼ばれてゐるから、此の孝億國は多分露領トルキスタンの地に求むべきであらう。孝億の二字は唐時代に ɣau-ok hau-ok と音じたと思はれるから、此の國は Zend 語の Gau 或は Gava の對音で貴霜匿の一稱と思はれる。孝億國が已にKušanikだとすれば、上文に平川とあるのは唐書の那密水で今のZarafšan河と見ないければならぬ。前にも說いた如くIbn Hauqal に Qai（正しくは Gai）とあるのも Kušani の別稱と思はれるから、此の國は隋唐の時代に Kušani とも Gai, Gava とも呼ばれたに相違ない、それで Kušani の音譯は唐書の屈霜儞迦、貴霜匿であり、Gau Gava の對音は酉陽雜俎の孝億であつて、その略稱は隋唐二書の何國であらう。

全體が酉陽雜俎に見えた孝億國を唐代の Kušanik 國と考定したるのは上に述べた如く、孝億の名が Gau, Gava に類似するのと、その國中を流れる平川が Zarafšan 河に擬せられるのと、此の國に行はれた祆敎が波斯敎であるのとの三點に根據を有するのであるが、その餘の文句は必しも悉く Sogdiana の事情と吻合しない。例へば此の國に駱駝と牛とが無いといふ文の如きはそれである。然し葱嶺より以西の國で、此の二畜の無い國が果して實際にあつたか何うか、甚だ怪まざるを得ない。前にも述べた如く露領トルキスタンの城郭諸國は、四通八達の要衝に位する地理上の關係から、其の住民は古來商業に從事し、通商貿易を以て國是としたのである。其の證據として最も適切なものを擧げれば、史記卷百二十三の大宛傳大夏國の條に「大夏在大宛西南二千餘里嬀水南、其俗土著、有城屋、與大宛同俗、無大王長、往々城邑置小長、其兵弱畏戰、善賈市、及大月氏西徙、攻敗之、皆臣畜大夏、大夏民多可百餘萬、其都曰藍市城、販賈諸物」とあるなどはその一例である。大夏は西史のバクトリヤであるから、大昔より此の地に據つてゐた土著のイラン人であり、大月氏は支那の甘肅省の西部から新に移つてきたトルコ種の游牧民である。大月氏が慓悍な好戰的の民族であるのに反して、大夏が平和を好む商人氣質の國民であるのは、叙上の文面から充分に認められる。又唐書(卷二百二十一上下)の西域傳康國の條に「善商賈、好利、丈夫年二十、去傍國、利所在無不至」とある。康國は今のサマルカンドであり、此の國民が唐の時代に如何に手廣く商業を營んでゐたかが窺はれる。又魏書(卷百二)の西域傳粟特國の條に「其國商人先多詣涼土販貨、及克姑臧悉見虜」とある。此の粟特は前にも述べた如く、Sugdak の對音であるが、南北朝の頃に其は Sogdiana 全部を呼ぶ總稱でなく、實はその中の一國 Kušanik 即ち隋唐時代の何國を指したのである。此の事は後に精しく論證するから爰には省略する。それは兎もかく魏の時代に粟特國即ち何國の商人が、その頃の姑臧即ち只今の涼州に商店を構へて漢人と貿易を行つてゐたことは確かである。だから孝億國が果して隋唐時代の何國だとすれば、その住人は康國人の如くに商業に從事したと思はれるのに、酉陽雜俎の文面には正しく「不尚商販」とあるのは、余輩の考察に故障を與へるやうに思はれる。然らば是もまた傳聞の誤で事實に反したものと見做して排斥べきかと云ふに、必しもさうとも考へられない。といふのは同じ此の文の中に「馬歩甲兵一萬」とあつて、孝億國が武備を重んじた趣も窺はれ、隨つて商人が輕ぜられた代りに武人が尊ばれたことも推される。また此の文の最後に「丈夫婦人俱帶、毎一日造食、一月食之、常喫宿食」とある一節を玩味するに、是は沙漠や曠野を往來する游牧民或は掠奪鬪爭を事とする民族の間に行はれさうな風習で、農作商賈に從事する國家に存するものとは思はれないからである。

先づ斯やうに酉陽雜俎の文を考察して見ると、孝億國の住民が尙武の氣性を懷いてゐた樣子も窺はれるから、此の國で商販を尙ばないといふ記事は一概に無根の虛談と斷定する譯にはゆかない。然し此の國の人が已に商賈を尙ばないと云ふのに誤がないとし、さうして孝億國が古來商業を重ずる Sogdiana だといふに間違がないとすれば、此處に大なる矛盾が現出することになるが、之を如何に融合して說明せられるであらうか。是は一見甚だ難解の問題のやうにも考へられるが、之を歷史に徵すれば左程困難なことはない。文獻の徵すべきものがない太古のことはいざ知らず、歷史時代になつてから、Bactria, Sogdiana などには常に二種の民族があつて、上下の階級を爲してゐた。卽ち其の上流は外國から侵入して此の地を橫領した勇武の民族であり、その下流は農工商業に從事する土著のイラン人である。尙之を事實に就いて云へば、支那の戰國時代から前後の中頃まで此の地方を領してゐたのは勇武なギリシャ人であつたが、その王國が仆れてから、つぎ〳〵に此の地を支配したのは、トルコ種の大月氏、康居、嚈噠、突厥であつて、突厥の勢力は唐の高宗の頃まで此處に維持せられたのである。然るに玄宗の代になると、大食の大將 Kotaiba は兩トルキスタンを經略し、シル河以南の地は悉く大食の版國に屬することになり、酉陽雜俎の編作せられた九世紀の前半頃に及んでも、Bactria, Sogdiana は依然として大食の命令を奉じたのである。此の書の卷十には倶德建國の祆祠に銅馬が祀られてあつて、その靈驗の顯著なのを大食王が聞いて之を毀たうとしたことが記されてある。此の倶德建國は已に Chavannes 氏が考定した如く、唐書四十三下の地理志に見える久越得犍國と同名で、アラビヤ人の所謂る Kowadhijan に當りアム河の北支流 Kafirnagân 河の下流域に位した國である (Documents sur les Tou-Kiue Occidentaux pp. 71. 201. 279)。當時大食人が Bactria を鎭壓し、土人の崇拜する波斯教を撲滅しようとした形跡は、叙上の斷篇によつても充分に窺はれる。殆ど之と同樣の狀態は Sogdiana にも存在したと見て差支ないから、孝億國卽ち漢史の何國に於いても其の王侯貴人軍卒は大概大食人であつて、治者の位置を占めてゐたのであらう。かやうに考へて見ると、孝億國で商販を尙ばないといふのは、此の國の上流階級にゐた武人氣質のアラビヤ人を語つたもので、其の下流をなす商人氣質のイラン人をのべたものでない。若しも此の考察が許されるならば、上に提出した撞著は除去せられることになり、從つて孝億の名は卽ち Gao, Gava の對音で、隋唐二書の何國はその省略に過ぎないと見做して差支はない。

五　安國　隋書云、安國漢時安息國也、王姓昭武氏、與康國王同族、字設力登、妻康國王女也、都在那密水南、城有五重、環之以流水。

唐書云、安者一曰布豁、又曰捕喝、元魏所謂忸密者、東北至東安、西南至畢、皆百里所、西瀕烏滸水、治阿濫謐城、卽康居小君長罽王故地、大城四十、小堡千餘、、、其王訶陵迦又獻名馬、自言一姓相承二十二世云、是歲東安國亦入獻、言子姓相承十世云、東安或曰小國、曰喝汗、在那密水陽、東距何二百里許、西南至大安四百里、治喝汗城、亦曰𩞯斤、大城二十、小堡百、顯慶時以阿濫爲安息州、卽以其王昭武殺爲刺史、𩞯斤爲木鹿州、以其王昭武閉息爲刺史。

隋書の西域傳に安國は漢代の安息だとあるから、安の名は安息の省略であつて土言でない。それは恰もサマルカンドが康居の後裔だと云ふので、之を康國と呼んだのと同樣の稱呼である。唐書には安國の別稱として、布豁、捕喝の名が擧げてある。これはアラビヤ人の Buxâra, 中古イラン語の Boχaraq, 突厥語の Buqaraq の對音である (Marquart, Chronol. p. 61)。隋書に此の原名は擧げてないが、此の名が中國に知られたのは、已に南北朝の頃にあつたと見えて、魏書(卷百二)と北史(卷九十七)との西域傳に「副貨國去代一萬七千里、東至阿副使且國(北史作阿富使且國)西至沒誰、相去一千五百里、南有連山、不知名、北至奇沙國、相去一千五百里、國中有副貨城」とあるのは、Puχâra 國の事を敍した文である。又此處に見える沒誰は魏書の牟知、唐書の戊地と同名らしく、奇沙は史國の原名 Keš と思はれ、此の國の南に連亘する山脈はヒンドゥクーシを指したのであらう。魏書の西域傳にはまた忸密國といふのがあつて「忸密國都忸密城、在悉萬斤西、去代二萬二千八百二十八里」と記してある。アラビヤ人は Buxâra を亦 Nûmiǧ-Kat ともいふから此の忸密は nûmiǧ の對音に相違ない。さすれば忸密も副貨も均しく Buxâra をいふ二稱に過ぎないが、魏書が之が爲に別々に傳を立てたのを見ると、之を二國と誤解したのであらう。

隋唐の二書が隋唐の時代に西域に存在した諸國を漢代のそれと比較考定したものには隨分誤謬が多いが、その中にも矛盾の最も甚しいのは、安國の場合に見られるから、茲にその例證を示すのも、決して徒勞の業であるまい。隋書によると、當時の安國即ち Boxâra は漢代の安息國だとあるが、何の根據があつて斯の如き斷定を下したのであらうか。漢代の安息國は西史の Parthia であつて、その疆域は大體に於いて後の波斯國のそれと見れば大過はない。唐代の Boxāra は漢代の粟弋で武帝の頃まではギリシャ人の建設したバクトリヤ王國に屬し、それから後は康居の領する所となり、曾て安息國に支配せられたことを聞かない。隋書の編者が之を安息國と考定したのは、虛妄の甚しいものである。唐書は隋書の誤を承けて捕喝國を呼ぶに安國の稱を採用するのみか、顯慶年間に安國の阿濫謐城を安息州と命名した處から之を察すると、唐代の史官も亦 Boxāra を漢代の安息國と誤解してゐたものと謂はざるを得ない。然るに唐書が此の阿濫謐城を康居の小君長罽王の故地と斷定したのは、矛盾の甚しいものである。漢代に於いて康居と安息とは別箇の二國で、之を混同すべきでない。又唐書が小安國の鎭斤城を木鹿州と命名したのも漢代の西域の地理を辨へないからの誤である。この時代の木鹿城は今の Merv で安息國の東界となつてゐた處であるから、之を粟弋國の西南部に當る小安國に擬すべきでない。隋唐の學者が漢代に於ける西域の地理に暗いことは、大概此の類である。

魏書と隋書との西域傳康國の條下に昭武姓の國名を列擧した處には安國と小安國との名が見えてゐるが、北史の康國の條下には獨り小安國の名があつて、安國の名は記されてない。然し魏書の西域傳は北史に據り、北史は隋書に據つたのであるから、北史に安國のないのは傳寫の際に書き落したものと見做さぬければならぬ。隋書の西域傳には安國の爲に傳を立てゝゐるが小安國は名のみ擧げられてあつて、その國に就いては何等記載する所はない。然るに唐書の西域傳には安國を大安國ともいひ、小安國と共に傳が立てられてあるから、安國は隋の時から大小二國に分かれてゐたことが知られる。たゞ唐書に於いてちよと怪まれるのは、小安國の一名を東安國と云つて居りながら、西安國の名は遂に現はれてゐないことである。東安は西安に對しての名稱に相違ないから、此の時代に西安國の無い筈はないと思はれるのである。そこで西域記を繙いて見ると、此の書の第一卷伐地國の註に「唐言西安國」とあるから、果せるかな唐人は喝汗を東安と云ふに對して伐地を西安と稱へたのである。而してこの伐地國の事は西域記に「伐地國周四百餘里、土宜風俗同颯秣建國、從此西南五百餘里至貨利習彌伽國」とあり、貨利習彌伽は今の Khiva であるから、此の處より東南五百餘里の處に伐地國はあつたのである。唐書の西域傳火尋國(卽ち西域記の貨利習彌伽)の條に「東南六百里距戊地」とあつて、里數に西域記の記す所と百里ばかりの差異はあるが、唐書の戍地は西域記の伐地と同名の訛と見るの外はない。又唐書の西域傳康國の條に昭武姓の九國を擧げてある中に戊地とあるのは前の戍地と同名であるに相違ない。さすれば西域記の伐地は唐書の戍地、戊地と同名で、此の中の何れかが正しく、他の二は誤字と見なければならぬ。魏書の西域傳を案ずるに牟知國といふのがあつて、その傳に「牟知國都牟知城、在忸密西南、去代二萬二千九百二十里、土平禽獸草木類中國」と見えてゐる。魏代の忸密は前にも述べた如く唐代の捕喝卽ち大安國であるから、此處より西南に位した牟知は、唐書の戊地、戊地、西域記の伐地と殆どその方位を同じうしてゐると見て差支ない。然れば此の牟知と音聲の酷似するのは戊地であるから、戊地と伐地とは傳寫の誤りと斷定すべきである。魏書の西域傳によると、忸密國は代を去ること二萬二千八百二十八里で、牟知は代を去ること二萬二千九百二十里とあるから、此の兩地の距離は僅に九十二里に過ぎないことになる。然るに西域記によると捕喝國(卽ち魏の忸密國)から伐地國(魏の牟知國)までの距離は四百里とあつて、魏書の忸密と牟知との距離と吻合しないが、唐代の記錄に捕喝(Boxāra)を大安、喝汗(Garxān)を東安、戊地を西安と稱へてゐる處から之を察すると、此の三地が互に相接近してゐたことは確かである。

六　烏那曷(北史曷作過)　隋書云、烏那曷國都烏滸水西、舊安息之地也、王姓昭武、亦康國種類、字佛食、都城方二里、勝兵數百人、王坐金羊座、東北去安國四百里、西北去穆國二百餘里、東去瓜州七千五百里。

七　穆國　隋書云、穆國都烏滸河之西、亦安息之故地、與烏那曷為鄰、其王姓昭武、亦康國王之種類也、字阿濫密、都城方三里、勝兵二千人、東北去安國五百里、東去烏那曷二百餘里、西去波斯國四千餘里、東去瓜州七千七百里、大業中遣使貢方物。

昭武を姓とする九國の中で方位の最も詳でないのは戊地、烏那曷、穆の三國である。然し是の中で所在の稍〻明かに推定せられるのは穆國である。隋書(卷六十七)の裴矩の傳に敦煌から西海に至る西域の三道が記されてあつて、その中道の順路として「其中道從高昌、焉耆、龜茲、疏勒、度葱嶺、又經鏺汗、蘇對沙那、康國、曹國、何國、大小安國、穆國、至波斯、達于西海」と書いてある。此の道程を今日の地圖に當てゝ見るとまづ沙州を發足して天山の南に出で Turfan, Kara-šahr, Kuča, Kashgar を經て葱嶺に登り、Alai の高原を下つて Fergana の谿谷に入り、更に西に轉じ Khedjend, Ura-tüpä, Samarkand, Boxāra を通つて、アム河を渉り Čardjui に達し、此處から波斯領の Merv, Mešed 等を經由して波斯灣に至つたのである。穆國が沙州から波斯に至る道程の末端に位するのは、注意すべき點である。隋書によると、穆國は安國即ち Boxāra から五百里とあつて殆ど五日程の距離である。Byrūny の里程表によると、Boxāra から Paikend までは五 farasang. Baikand から Ferebr までは十二 Farajung. Ferebr から Āmūye までは二 farasang であるから、Baxāra と Āmūye との間は都合十九 farasang であつて、大約支那の五百里に當る (Sprenger. Reiserouten des Orients. No. 1)。Abel R'emusat 氏は穆國を今日の Merv と見做したけれど、斯くては隋書に擧げた里數にも合はないのみか、亦此の方面の歴史にも矛盾する。已に Marquart 氏が論證した如く、只今の Merv 即ち當時の marwi-šahagān は Sassan 王朝の領土 Xorassan の首府であるから、之を昭武氏の穆國と考定することは出來ない。そこで同氏は此の國を今の Čardjui, 中古の Amul, Amui に當てたのである。Āmul は中古の波斯語で Amrda と呼ばれたというから、穆國の名は蓋しその省略であらう。(Marquart. Eran Šahr. S. 311)。

西域記によると捕喝の西四百里に伐地があつて、此の伐地は前に論證した如く伐地の誤寫である。此の里數は隋書が安國(西域記の捕喝)から穆國に至る里數に比して百里即ち一日程少ない。然し漢人が西域の地理に與へた里數は必しも常に正確でないから、此の位の差異は此の兩國の同異を決定するものでない。西域記の伐地に就いては Vivien de St-Martin 氏は之を Betik に擬し (Mémoire Analytique. p. 282)、Marquart 氏は之を Wardān に考定し (Die Chronol. p. 62) 何れも之をアム河の右岸に置いてゐる。然し此の伐地は戊地の誤であり、さうして此の戊地はまた魏書北史の牟知だとすれば、戊地と牟知とは穆國と同樣に Āmul を指したのであらう。Marquart 氏の說によると Āmul は元と Amrda と呼ばれたとあるから、牟知と伐地とは Amrda の略譯であつて、之を穆國と稱するのは、唐書が康居を康國、安息を安國と省略したと同樣に漢人の作つた略稱と思はれる。尤も北史の西域傳には穆國と牟知とが二國のやうになつて、各傳が立てられてあるから、之を同一の國と見るのは無理と思惟する者があるかも知れぬ。然し北史の西域傳は魏の時に出來た眞の西域傳と隋書の西域傳とを資料として編述せられたのであるから、魏の記錄に牟知とあり隋書に穆國とあるのを別箇の國と誤解し、さては此の二稱を別々に書き記したのであらう。其は恰も北史の西域傳に安國と副貨國との爲めに各自に傳が作られてゐるやうなものである。これは畢竟するに魏書には西域の國名が原名で記されてあつたのに反して、隋書には之を漢人の呼ぶ名稱で表はされたからである。

烏那曷國の位置は之を推定するに最も困難を感ずる。隋書に從ふと此の國は烏滸水の西に位すとあるから、穆國と同樣にアム河の左岸に在つたのである。此の國は安國即ち Boxāna から南四百里、穆國卽ち Čardjui から東南二百餘里の處に位すとある。又同書が穆國の條に記す處を見ると、此の國は安國から西南五百里、烏那曷から西二百餘里となつてゐる。だから烏那曷は安國からは穆國よりも百里ほど近い距離になるわけである。此の里數は必しも正確とは見做されぬ。何故かなれば、穆國卽ち今日の Čardjui の邊から上の方にアム河は少しく南に傾いてゐるので、此の國から東方で而もアム河の左岸に烏那曷があつたとすれば、此の國は安國から穆國よりも少しく遠くなくてはならぬ譯であるから。其はともかく穆國と烏那曷國とが昭武を姓とする九國の中で、アム河の左岸に位してたことゝ、其が安國から何れも四五日程の距離にあつたことゝは、動かされない事と解しなければならぬ。Marquart 氏は此の烏那曷國を今日の Andchui に擬定してゐるが(Die Chron. p. 65)、かくては安國からの里數と吻合しないことゝなる。

八　史國　隋書云、史國都獨莫水南十里、舊康居之地也、其王姓昭武、字逖遮、亦康國王之支庶也、都城方二里、勝兵千餘人、俗同康國、北去康國二百四十里、南去吐火羅五百里、西去那色波國二百里、東北去米國二百里、東去瓜州六千五百里、大業中遣使貢方物。

唐書云、史或曰佉沙、曰羯霜那、居獨莫水南、康居小王蘇薤城故地、西百五十里距那色波、北二百里屬米、南四百里吐火羅也、、、隋大業中其君逖遮始通中國、號爲强盛、築乞史城、地方數千里、貞觀十六年君沙瑟畢献方物、顯慶時以其地爲佉沙州、授君昭武失阿喝刺史。

唐書の羯霜那はアラビヤ人の所謂 Kaššana Kaššāniya の對音である。また之を Kess ともいふ。唐書の乞史、佉沙は共にその音譯に過ぎない。さうして隋唐の二書に之を史國と稱するものは、此の乞史、佉沙の末音を漢流に省略したものと思はれる。Tomaschek 氏の說によると、Kašūna は土言で冬の住處といふ意味だといふ (Centralasiatische Studien. p. 184)。史國を流れる獨莫水は今の Kaška-rud で、Zarafšan 河に次ぐ大河である。此の河は Sultan-Hazret Tagh 山に源を發し、西方に流れ行いて沙中に沒する。其の大支流を Khazar 河といひ、Karši に至て Kaška-rud 河と會合する。Kešš と Nasaf とが Sogd の屬地として、その繁榮が Boxāra や Samarkand に次ぐ程であるのは、全く此の河水の賜と謂はねばならぬ。Tomaschek 氏の說によると獨莫水の名はイラン語で有力、暴漲の意味だといふから、此の河水が常に涸れないで、水量の多い所から得た名であらう。その支流たる Kaška 河の名は、土言で乾くといふ意義だといふ。想ふに此の河水は夏期になると涸濁するから、本流の獨莫水に對して命名せられたものであらう (Tomaschek, Cent. Stud. p. 85–86)。

唐書によると、史國は漢の時代に康居の侯國蘇薤城の故地だと斷定せられてあるが、是は前にも述べた如く唐代の學者の臆說で何等の根據を有するものでない。然るに泰西の東洋學者は此の書のいふ所を信じて疑はない。Marquart 氏は此の蘇薤が史記の大宛傳に此の國の東方にあつた國の中に數へられてゐるのを承知してをりながら、尚蘇薤を史國と斷定した唐書の文を信用してゐる (Eran Šahr. p. 304)。Chavannes も亦蘇薤を Soghd の對音と見做して居り、其れに唐書が史國を康居の蘇薤城の故地と斷定してゐるのと、Marquart 氏がアラビヤの記錄に依つて、Kešš が曾て Soghd の首府であつたのを論證してあるので、益〻自己の推定の誤らないのを信じてゐる (Documents Sur Les Turcs Occidentaux. p. 146. Note 3)。然し蘇薤の二字は漢代には多分 Su-χai, So χai と音じ、Soghd Sugda とは音聲の上に稍〻差異があるばかりでなく、Soghd の本地は寧ろ Zarafšan 河の灌域にあつて、Kaška 河の流域はその附屬地たるに過ぎないのである。已に前にも論證した通りに魏略に葱嶺の西に據つた四國として大夏、大月氏、屬繇、堅沙の四國が擧げられてあり、さてその中屬繇が Sugda (Soghd)、堅沙が Kešš 卽ち史國だとすれば、三國時代に Zarafšan 河の流域が屬繇（卽ち Soghd）、Kaška 河の流域が Kešš Kešš と呼ばれたのである。此の理由に依つても漢代の蘇薤を Soghd の對音と見るのは困難である。

Kašina の名は魏の時代から已に漢人に知られたと見えて、魏書の西域傳に伽色尼國の傳が記されてある。其の文は「伽色尼國都伽色尼城、在悉萬斤南、去代一萬二千九百里、出赤鹽、多五果」とあり、悉萬斤は Samarkand であるから、伽色尼はその南に接屬した國である。又同傳に「薄知國都薄知城、在伽色尼南、去代一萬三千三百二十里、多五果」となり、薄知は Bakdi の對音で西史の Bactria 今の Balx であるから、伽色尼は其の北に位した國である。されば伽色尼國は今の Samarkand と Balx との間に介在した國に相違ないから、Specht 氏が早くも之を Kešš と考定したのは、全く正鵠を得た解釋である (Etudes sur l'Asie centrale I. 15)。Tomaschek 氏の記す所によると、Khuzâr から南に當り Kâlif の方に向つて北東から南西に連亘する Bašgur-

Dagh山脈の內に山鹽を産し、之をSoghd人が採掘しSamarkand鹽と稱して販賣する。Ibn Khordadbih は Soghd の稅目の中に山鹽を擧げてゐる(Centralasiatische Stud. p. 180)。上に引用した魏書の中に伽色尼國は赤鹽を出すとあるのは、即ち此の山鹽を指したのであらう。

九 那色波國 唐書云、那色波亦曰小史、蓋爲史所役屬、居吐火羅故地、東阨葱嶺、西接波刺斯、南雪山、循縛芻水、北有咀密種。

隋書には昭武を姓とする九國の中に那色波の名を擧げてゐるが、之が爲に別に傳を記してない。那色波はアラビヤ人の所謂るNachšabの對音で、また之を訛つてNasafともいふ。アラビヤの戰史などには多くKeššに伴隨して現はれて出る地名である。其の都城はKhuzar河とKaška河とが會合する點に位し、蒙古隆盛の時代からはKaršiの名で知られてゐる。Yâqûtはいふ、Nasafは人口の稠密な田園の多い大都會で、Ǧaihun河(今のアム河)とSamarkandとの間に位し、Nakhšabとも呼ぶと。されば此の國の疆域をいへば西はBoχâra、北はSamarkandに接し、東南は鐵門の險を有するBašgur-dagh山脈を以てToχarestanのČaganiianと界したのである。然るに唐書には此の國を吐火羅の故地と爲し、東は葱嶺を阨し、西は波刺斯(Persia)に接し、南は雪山(Hindo-Kush)で、縛芻河(今のAmu河)に循ひ、北は咀密(Termid)であると記してある。此の四至は西域記一卷に覩貨邏の疆域を叙して「其地南北千餘里、東西三千里、東阨葱嶺、西接波刺斯、南大雪山、北據鐵門、縛芻大河、中境西流……順縛芻河北、下流至咀密國」とある文を殆ど其の儘に剽窃したものであるから、Nasafの四至を記したものと認めることは出來ない。

以上列擧して逐一考證した康、米、史、曹、何、安、那色波、烏那曷、穆の九國は隋書の西域傳康國の條にその屬國と記してある昭武姓の國々である。此の中北史の西域傳には小安國が擧げてあつて安國が缺けて居り、魏書の西域傳には小安國と安國とが記されてある。此等の九國は何れも Soghd 即ち Sogdiana の地に據つたものであるから、唐書に九姓とあるのは、元來此等を指したのではあるまいか。然るに隋書の西域傳に正しく昭武を姓とする國々は漕國、穆國、烏那曷國、何國、史國、米國、鏺汗國、安國の八國であつて、之に宗家康國を加へると都合九國となる。此の書の西域傳には那色波國の爲めには別に傳がなく、又曹國の條には「國無主、康國王令子烏建領之」とあるから、固より之を一國と認めないのである。だから隋書の西域傳康國の條には上に記した九國が擧げられてあつても、曹國と那色波とは昭武姓の國家としては除外せられ、其の代りに鏺汗國と漕國とが加へられて都合九國となつてゐる。然らば此の二國が果して眞實昭武姓の國であつたであらうか。先づ此の點を考究して見たい。

鏺汗國　隋書云、鏺汗國、都葱嶺之西五百餘里、古渠搜國也、王姓昭武、字阿利柒、都城四里、勝兵數千人……東去疏勒千里、西去蘇對沙那國五百里、東去瓜州五千五百里。

唐書云、寧遠者本拔汗那、或曰鏺汗、元魏時破洛那、去京師八千里、居西鞬城、在眞珠河之北、有大城六小城百、人多壽、其王自魏晉相承不絶。

唐書によると隋の鏺汗は元魏の破洛那だといふ。而して魏書の西域傳を案ずると「破洛那國故大宛國也、都貴山城、在疏勒西北、去代一萬四千四百五十里」とあるから、破洛那或は鏺汗は魏の時から漢人に知られた名で、その以前は大宛と呼ばれたのである。隋書に之を古の渠搜國と考定してあるが、是は大なる誤解である。渠搜の名は書經の禹貢の篇に現はれ、支那の甘肅省の西部に據つてゐた西戎の一種である。唐書の西域傳にはまた怖悍國といふのがあつて、その傳に「石東南千餘里、有怖悍者、山四環之、地膏腴、多馬羊、西千里距堵利瑟那、東臨葉々水、水出葱嶺北原、色濁、西北流入大磧、無水草、望大山尋遺骨知所指、五百餘里康也」とある。此の堵利瑟那は西域記卷一の窣堵利瑟那の略稱で、アラビヤ人の所謂る Osrušna に該當し、今の Ura-tüpä なのは論ずるまでもない。葉々水は西域記の葉河で今のシル河を指し、その名は Šaš 或は Čač の對音で、石國の原名から起つた稱呼と思はれる。かやうに地名を考定して見ると、怖悍國は西域記の怖悍國と同名で隋書の鏺汗、唐書の拔汗那、魏書の破洛那と同樣に Fargana の音譯に過ぎない。唐書の西域傳には此の怖悍國と拔汗那國とに傳を立てゝゐるのは、之を別國と見たからであらう。上に引用した唐書にある如く、拔汗那國の王家は魏晉の時代から子孫連綿と繼續して唐代に至るまでその血統は絕えないといふ。魏志卷三十に引用した魏略に「自是以西大宛、安息、條支、烏弋、烏弋一名排持、此四國次在西、本國也、無增減」とあるから、魏の頃に鏺汗國は尙大宛國であつた。更に晉書卷六十七の西戎傳を讀むと、大宛國の傳があつて、汗血馬の產地として有名になつてゐるから、晉の時代に至つても大宛國は依然と存在してゐたのである。然るに魏の時になつて破洛那國が魏に入朝したことが魏書に記されてあるから、大宛は此の時代に Fargana と改名したのである。唐書のいふ所によると、拔汗那國の王家は魏晉の代から唐代まで連綿と續いてゐたとあるが、さすれば隋唐の時代に康居或は大月氏の苗裔だと稱する昭武姓の王家は、此等の二國と全然區別せられた大宛國の王家と同一のものとなる譯である。此の如き矛盾を生ずる所から考へても、隋書に鏺汗國の王家を昭武姓とする文は甚だ疑はしいのである。且つまた唐書の西域傳康國の條に昭武姓の九國が擧げられてあつて、而もその中に鏺汗國の見えないのでも、此の國の王家が昭武姓でないことが推される。

Fargāna 國の名は魏の時代には專ら破洛那の三字で譯出せられてゐるが、其の國の山の名には潘賀那の三字で音譯せられてゐるやうである。其の徵は魏書の西域傳に「者至拔國都、者至拔城、在疏勒西、去代一萬一千六百二十里、其國東有潘賀那山、出美鐵師子」とある文である。此の者至拔は Čač-balik の對音で今日の Taškend を指したのであらう。Marquart 氏は之を Čač bar と讀んで之をイラン語 'Čač の岸'と解してゐる (Marquart und De Groot, Das Reich Zābul und der Gott Žūn vom 6–9 Jahrhundert. p. 252)。Taškend は Čač 河即ちシル河の沿岸を遠く離れた處に位するから、之を Čač の岸と解するは如何であらうか。南北朝時代に Taškend はトルコ人に支配せられてゐたから、Čač 城はトルコ語で Čač balik 即ち Čač 城と呼ばれたのを漢人は之を者至拔の三字で譯したのではあるまいか。それは何れにせよ者至拔が Taškend であるのに疑はないから、此の國の東界に連亘する潘賀那山は Fargāna の對音で、破洛那國の名から起つた名稱に相違ない。紀元二世紀に生存した Ptolemeus の地圖と見ると、恰も此の潘

賀那山に當る邊に ταπουροι といふ山名を標出してあつて其の住民を ταπουροι と記してある。Tomaschek氏の考察によると、此の山は Taškend の南に位する Murama tau から Čatqul tau に至るまでの山脈を指したもので、その名稱はイラン語で斧といふことだといふ(Kritik der ältesten Nachrichten der Skythischen Norden. II. p. 51)。波斯語では斧を tawar といふから Fargana の舊名大宛は此の Tawar の對音ではあるまいか。

漕國　隋書云、漕國在葱嶺之北、漢時罽賓國也、其王姓昭武、字順達、康國王之宗族、都城方四里、勝兵者萬餘人…… 北去帆延七百里、東北劫國六百里、東北去瓜州六千六百里。

唐書云、罽賓隋時漕國也、居葱嶺南、距京師萬二千里而贏、南距舍衞三千里、王居脩鮮城、常役屬大月氏、……國人共傳王始祖馨孽、至曷擷支十二世、顯慶三年、以其地爲脩鮮都督府、神龍初、拜其王脩鮮等十一州諸軍事脩鮮都督、開元七年、遣使獻天文及秘方奇藥、天子冊其王爲葛邏達支特勒、後爲散特勒灑年老、請以其子拂菻罽婆嗣、聽之、天寶四年、冊其子勃匐準爲襲罽賓及烏萇國王、乾元初、使者朝貢。

隋書に漕國は漢の罽賓だとあり、唐書に罽賓は隋の漕國だとあるから、罽賓は漢代の稱呼で漕は當時の實稱に相違ない。隋書に漕國は葱嶺の北にあると書き出しながらその後に北、帆延を去る七百里とあるのは已に事實矛盾であり、且つ唐書に罽賓を葱嶺の南に置いてあるから、此の國がヒンドゥクーシ山脈の南側に位したのは明かである。Lévy氏は唐代の罽賓が當時の Kapiça なのを三ヶ條の理由に依つて確めてゐる。第一は梵語雜名に罽賓を劫比舍也即ち Kapiça と釋いてあること、第二は玄奘と吳悾の紀行を對照すると、玄奘に Kapiça の王は夏の間は迦畢試に住すとあるのを吳悾には罽賓とあり、冬の間は二書ともに Gandhâra に居るとあること、第三に唐書の突厥傳に突厥の統葉護の勢力は罽賓まで達したとあり、さうして慈恩寺傳によると、玄奘が此の可汗の處を辭したときに、王は使者をつけて玄奘を迦畢試まで送り屆けたとあること、是の三の理由によつて Lévy 氏は唐代の罽賓が迦畢試なのを斷定してゐる(Chavannes, Documents sur les Turcs Occidentaux, p. 52. Note 1)。

隋唐二書にいふ所の罽賓が當時の Kapiça であるのは、レヴィ氏の考證に依つて決定せられたのであるが、漢籍に現はれる罽賓は常に Kapiça を指すものと解してはならぬ。唐の時代に於いてすら玄奘は西域記迦濕彌羅國(Kašmir)の條に「舊曰罽賓訛也」と註してゐる處を見ると、當時にあつても罽賓を Kapiça に擬する者と Kašmir に當てる者とがあつたのである。此の國の事を始めて記載したのは漢書の西域傳であるが、不幸にもその敍述が甚だ曖昧なので、後世の學者は其の方位を正確に知るに困難を感じたのである。然し余輩の考察によると、漢代から晉代までの罽賓は Gandhâra、南北朝のは Kašmir で、唐代になつてからは、或るものは之を Kapiça とし、或るものは之を Kašmir と見たのである。さるが故に唐書の西域傳罽賓の條に「王居脩鮮城、常役屬大月氏、地暑濕、人乘象、俗治浮屠」とある文は大體は漢書の罽賓傳によつて之に多少の私意を加へたのに過ぎないからこの地理風俗は Gandhâra のものであつて Kapiça のものでない。然らば何が故に唐代の學者の或るものは罽賓を Kapiça に擬定したかといふに、漢書の文を一寸と讀むと此の方面を指すやうにも見られるが上に、罽賓(Kapin)の音聲がKapiçaのそれに類似するからであらう。此等の事は拙著罽賓國考に述べて置いたから、玆には之を省略する。

隋唐の二書が罽賓と考定した地方が當時Kapiçaと呼ばれたのは確かであるが、之を隋の時に漕國と稱へたのは何故か。此の事に就いては余輩はMarquart氏の說に贊成せざるを得ない。此の學者の考によると、漕國の名は西域記にある漕矩吒或漕利の頭音漕であつてその原名はZabulである。Zabulの首府はAfghanistanのGaznaであるが、當時此の國の版圖はGandhâraの方からKapiçaの邊まで擴がつてゐたので、南北朝の頃にGandhâraが業波羅即ちZabulと呼ばれたと同じやうに、隋唐の時代にKapiçaの地も亦漕利即ちZabul (Zawul Zaul)と云はれたのであるといふ(Eran Šahr, p. 285)。漕國の本地がGaznaだとすれば、其の王家は昭武姓のものとは思はれないが、隋の時代のKapiçaがSoghdの君主昭武氏を戴いてゐたか何うか、甚だ疑はしい次第である。唐書によると、此の王家の始祖を馨孽といひ、當時の君王曷擷支の代に至るまでに十二世を經たといふ。Marquart氏は此の馨孽を大月氏王寄多羅(Kidara)の子Kunggasと考定してゐるが、此の說の當否はさて措き、Kapiçaの王家が大月氏と緣故のあつたのは信ぜられる事實であらう。然し此の王家が康國王の一族であつたとは到底思惟せられないのである。その證據に唐書が昭武姓の九國を擧げてゐる中に漕國の名は見えないではないか。

以上の論證に依つて隋書が漕國と鏺汗國とを昭武姓の王國とする記事に誤謬があつて信ずることが出來ないとすれば、隋の時代に實際此の姓を稱したのは康、米、何、安、史、穆、烏那曷の七國となる譯である。然るに唐書には上に引用してある通りに昭武姓の國として康、安、曹、石、米、何、火尋、戊地の九國が擧げられてある。此の名稱を檢すると、隋書に見えない曹國は現はれたが、烏那曷と那色波とは省かれ、その代りに石、火尋、戊地の三國が數へられてゐる。然し此の三國は果して昭武姓のものであるか無いか。之を事實に徴して見たい。

石國　唐書云、石或曰柘支、曰柘折、曰赭時、漢大宛北鄙也、去京師九千里、東北距突厥、西北波臘南二百里所抵俱戰提、西南五百里康也、圓千餘里、右涯素葉河、王姓石、治柘折城、故康居小王窳匿城地、西南有藥殺水、入中國謂之眞珠河、亦曰質河、……顯慶三年、以瞰羯城爲大宛都督府。

唐書の此の文を精讀すると、事實の前後矛盾するものが容易に看破せられる。此の書は已に石國を昭武姓の國の中に數へて居りながら、石國の條に其の王の姓を石と記してあるのは大なる撞著ではないか。尤も此の文は隋書の西域傳に「石國居於藥殺水、都城方十餘里、其王姓石、名涅」とあるに據つたのであるが、已に石國を石姓と認めてゐる以上、更に之を昭武姓の國とするのは甚だ解し難いことである。又此の書は石國を漢代の大宛國の北鄙と見做して居り、朝廷では顯慶三年に此の國の瞰羯城を大宛都督府と定めた事から之を察すると、當時の學者は石國即ち今日の Taškend を大宛國の一部と信じてゐたのである。然るに此の唐書が一方に於いて石國を康居の小君長窳匿王の故地だと明言してゐるのは、是れまた大なる矛盾ではないか。漢代に於いて大宛と康居とは截然と區別せられた二國であつて之を同一の國家と見ることは出來ない。已に本論の始めに論じた如く、漢代の康居は今のコーヂェンド以北キルギス曠野の大半を包容した大國であるから、唐代の石國卽ち今の Taškend 邊は無論康居の一地方であつたに相違ない。だから唐書が石國を康居の一部分と見做すのに對しては何等異議をさし挾むべき理由はないが、たゞ此の國を康居の窳匿王の故地だと斷定する點に於いては、他に確證の無い限り之を事實と認める譯にはゆかない。之を要するに唐書が石國に關する記事には如上の誤謬があるから、之を昭武姓の國に數へたのにも到底信頼することは出來ない。

魏書の西域傳に「者舌國故康居國、在破洛那西北、去代一萬五千四百里、太延三年遣使朝貢、自是不絕」といふ一節がある。此の者舌は唐書の柘折、柘支、赭時と同じくアラビヤ人の Šaš ペルシヤ人の Čač の對音で今日の Taškend であるから、此の國が漢人に知られたのは隋の代に始つたのではない。シル河を葉々河と呼ぶのは Šaš 國の南界を流れる處から得た名に違ない。唐書石國の條にある素葉河はシル河を指したものと思はれるから、素葉は葉河或は葉葉河の誤寫と見るの外はない。西域記に素葉水とあるのは Sujab の對音で今日の Ču 河をいふ名であるから、シル河が此の名で呼ばるべき理はない。隋唐の二書が此の國を石國といふのは柘支(Šaš)の略音か、但しは其の王の姓が石なるが故に、かくは呼んだものか、其の邊の事は判然しない。今日此の都市を Taškend といふ Taš はトルコ語で石の義 Kend はイラン語で城の義であるから、或は此の名と石國との間に關係があるやうに考へられるかも知らないが、Taš-Kend の Taš は Šaš 或は Čač の轉音で、トルコ語と何等の緣故も無い言である。然るに Marquart 氏は余輩と全く異る解釋を立てゝゐる。その云ふ所によると、Saka 語で石を Sil といひ梵語で之を Silā と云ひ、今日の Syr-darya 河の Syr は元來その義であると思はれるから、石國とその王家の石姓との名は此の原稱を譯したに過ぎない。トルコ人が今此の都市を Tāš-kend と呼ぶのは、Čač の轉訛ではあるが、また其と共に Sil 即ち石の原義をも表したものであるといふ(Marquart und De Groot, Das Reich Zābul und der Gott Žun vom 6-9 Jahrhundert. Festschrift. Eduard Sachau zum Siebzigsten Geburtstage. p. 252。

此の說は如何にも巧妙であるが、それが爲めに却て正鵠を脫れてゐるやうに思はれる。同氏は石國と石姓との名を漢の譯名と見てゐるが、漢史が外國の人名地名を記すときに漢譯を出すことは甚だ稀である。此の場合に最も適切な一例を云へば隋書が Soghd に據つた昭武姓の國を擧げて康、米、史、何、安、穆といふのは、何れも原名の省略で漢譯でない。だから石國に於いても之と同樣に原名 Čač の省略で之を漢譯と見做すべきものでない。今のアム河が昔 Yaxartes とも Jängcü とも Sil とも呼ばれたのは事實であつて、唐書に之を藥殺とも眞珠とも質ともいふのは、それ〳〵如上の原名に該當する名稱である。此の三稱の中 Yaxartes の名は Marquart 氏などの說いた如くイラン語であるが、Jängčü は明かに突厥語である。

唯問題となるのは、Sil 卽ち質河の名義である。Marquart 氏が之をイラン種の Saka 語で石の義であると說いたのは、適ゝ Taškend が石國と呼ばれたのを漢譯と誤解したからの思付で、其の外何等根據のあることでない。トルコ語族の中 Čagatai 語で淸潔を silig、突厥語 Uigur 語で之を silik といふから、シル河の古稱 Sil, Silis は、寧ろ此等のトルコ語で解くべきものとも思はれる (Radloff.-Versuch eines Wörterbuches der Türk-dialekte. 712)。

火尋國　唐書云、火尋或貨利習彌曰、過利、居烏滸水之陽、東南六百里、距戍地、西南與波斯接、西北抵突厥曷薩、乃康居小王奧鞬城故地。

此の貨利習彌は西域記^{第一}の貨利習彌迦と同名で梵語 Hörismika の對音である。中古イラン語で之を Khwärizmik といひ、Armenia 語で χorozm といひ、火尋と過利とは共に其の略稱で、今日の Khiva に當る地である。已に前にも述べた如く此の國はギリシヤ人には Xorásmia と知られ、Bactria, Sogdiana などとは劃然と區別せられた處である。漢代の史籍には驩潛と見え、大益と共に大宛の西方に位した國と記され、大夏、大宛、大月氏、康居、粟弋と區別せられた一國である。されば唐書に火尋國を康居の小君長奧鞬王の故地と斷定してあるのは、例の臆測で何等信憑するものがあるのでない。此の國が昭武姓の王家を奉じてゐたことは隋書に見えないのに、唐書に至つて突然昭武九姓の一國となつてゐるのは甚だ怪むべきことである。此の國は南北朝の頃にも知られてゐたと見え、魏書の西域傳に「呼似密國都呼似密城、在阿弗太汗西、去代二萬四千七百里、土平、出銀琥珀、有師子、多五果」とある一節は、正しく Khīwarizmik 國の記述である。 阿弗太汗の名は詳かでないが、魏書の西域傳に「阿弗太汗國都阿弗太汗城、在忸密西、去代二萬三千七百二十里、土平、多五果」とあり、忸密國は今の Boχāra である。呼似密國が此の國の西に位する點から考へても、其が Kwarizmik 國なのに疑はない。

戊地國 此の國は前にも説いた如く唐書の西域傳には戍地に作り、西域記には伐地となつてゐるが、魏書の西域傳にある牟知と同名と思はれるから、戊地とあるのが正しいのである。 魏書の牟知が同書の穆國と同國であり、又此の二國が唐書の戊地と同じき事は、前段に詳説して置いたから、更に之を述べる必要はない。 唐書の戊地が已に魏書隋書の穆國だとすれば、唐書が戊地を昭武姓の一に數へたのは事實の上から云へば誤でないが、隋唐時代の學者は穆、牟知、戊地の三國を異國と見做してゐたから、其の點から考へると唐書が戊地を昭武姓の九國の中に加へたのは、魏書や隋書が穆國を九姓昭武の一國と見たのと、自ら其精神を異にしてゐると謂はねばならぬ。 若しも此までの考察に誤がないとすれば、唐書がいふ昭武姓の九國の中で實際の昭武國は康、安、曹、米、何、史の六國であつて、眞の昭武姓の國たる烏那曷、那色波、穆國の三國は除かれて、その代りに火尋、石、戊地の三國が補充せられた事になる。隋書と唐書とが昭武姓の九國として擧げたものに差異があるのみでなく、若しも余輩の論證に誤がないとすれば、隋書の九國の中には實際昭武姓でない二國が含まれて居り、唐書には昭武姓でない三國が入れられてゐる。 然らば元來眞の昭武姓の九國とは果して何國であるか。 余輩の説によると、此の九國は隋書の西域傳康國の條にその屬國として擧げてある米、史、曹、何、安、穆、烏那曷、那色波の八國と康國とであらう。此の九國は南北朝の頃から西域地方に於て九姓昭武として喧傳せられ、それがやがて中國にまで聞えたのであらう。然るに隋の頃になると曹國と那色波とは獨立を失ひ、曹國は康國に那色波は史國に併合せられたのであらう。漢士の史官は此の事情を知らず西域に於ては依然と昭武姓の九國は存在してゐたものと信じたから、彼の國の事を叙する際に九姓の數に拘泥し無理に其の數を具備させようと苦心し、その結果實際昭武姓でない漕國と鏺汗國とを擔いで來て、昭武姓の仲間に入れたのであらう。又之と同樣に唐代になると、穆國と烏那曷とは安國に併合せられ、那色波は史國に隸屬して實際は獨立を失ひ六國になつてゐたのを、此の時代の史官は只管九姓の數に拘泥した結果昭武姓でない石國と火尋とを取り入れ、又當時已に安國の一部となつてゐた戊地を南北朝頃の穆國と思ひつかないで昭武姓の中へ加へたのであらう。若しも此の推測が正鵠を失はないとすれば、唐の時代に於いて露領トルキスタンの地に昭武を姓とする國は、最早九國でなく實は六國に減じてゐたものと斷定して差支はなからう。

唐代の昭武氏を六國とする余輩の推定は、また他の方面から證據立てられる。其は前にも述べた如く唐の開元年間に撰ばれた闕特勤の碑文に見える alty čub Sogdyq の文句である。是は六姓 Čub の Sogdyq と訓むべきもので、當時 Sogdiana の地が六國の昭武氏に分かれてゐたことを證するのである。然らばその六國とは何々であるかといふにそれは云ふまでもなく康、米、曹、安、何、史の六國に相違ない。此の考察はまた慧超の往五天竺傳からも應援を得るやうである。此の新羅の學僧が此の地方を巡歴した紀行に「又從大寔國已東、並是胡國、即是安國、曹國、史國、石騾國、米國、康國、中雖各有王、並屬大寔所管、爲國狹小、兵馬不多、而能自護、、言音不同諸國、又此六國總事火祆、不識佛法、唯康國有一寺、有一僧、又不解敬也」とある。さて此の文面によれば、當時の胡國即ちSoghdの地は實に六國に分かれてゐたのである。慧超が渡天を思ひ立つて發足した年は詳かでないが、彼が大旅行を了へて安西都護府に還つて來たのは、開元十年の十一月の上旬であつたことが慧超傳考に記されてある（大日本佛教全書一頁）。一方突厥の闕特勤が六姓 Čub の Sogdyq を攻めたのは、Marquart 氏の考證によると紀元七百一年即ち唐の則天武后の長安元年であるから、（Die Chronol. p. 15）慧超が安西に歸着した時から二十六年前の出來事である。此の短年月の間に Soghd の形勢に大變動は無かつたものと思はれるから、突厥碑文の六姓 Čub は即ち慧超の所謂る胡國の六國と見て差支はない。さうして慧超の六國は即ち上に記した昭武姓の六國であると考へられる。たゞ唐代の六姓昭武の國と慧超の六國と異る點は、唐書の何國とあるべき處が往五天竺傳には石騾國となつてゐることである。然らば此の石騾國とは果して如何なる國を指したものであるか。

我が藤田博士と支那の羅振玉氏とは此の國を隋唐書の石國即ち今の Taškend に擬してゐるが、其に何等の確證があるとは思はれない。石國の名義に就いては已に前にも述べて置いた通りに、此の國の本名が Čač, Šaš であるから、石國の名はその省略か、但しはその王の姓が石であるから、其を取つて國名としたものか、其は何れにせよ、石騾國の名と關係があるも

のとは見られない。唐の武后の時から玄宗の代に至る間に Soghd の地に六國が並立して
ゐたことは事實であつて、その六國の中康、米、史、安、曹の五國が已に慧超の五國と吻合する以
上、唐書の何國が慧超の石騾國に相違ないとは、何人の頭にも必然的に起つて來る推定であ
る。然し何國の原名は前にも說いた如くに、一つは Kūšānik で之を唐書には貴霜匿の三字で
譯してあり、今一つは Gao 或は Gava であつて、之を酉陽雜俎には孝億の二字で表はしてゐる。
此の二稱は何れも慧超の石騾と音響の類似がない。然らば石騾の二字で譯された原名は
果して何であるか、是れ大に考究を要する問題である。アラビヤの史家が Qotaiba の中亞
細亞征伐の事蹟を記したものの中に「Baikand (畢) Boχāra (安) Keš̌ (史) Soghd, Šāš (石) 等の諸國
が突厥と支那とに服屬して臣と稱したといふことが記されてある(Tomaschek, Centralasiatische
Stud. p. 143)。さて此等の諸國の中 Baikand, Boχāra, Keš̌ の三國が Soghd の中にあつたのは
勿論であるが、此等と同格に列擧せられた Soghd 國は如何にも奇異に感ぜられる。然し此
の Soghd 國が Soghd 卽ち Sogdiana の全域を指したのでないのは明白であるから、當時此の方
面にあつた一國が Soghd の名を冒したものと推定せざるを得ない。而して此の一國は
Kūšānik 國卽ち唐書の何國であらう。Istachri の言によると、Kūšāni は Soghd の中で最も開け
た都會で Soghd の中心になつてゐるといひ、又 Ibn Hauqal は此の土地は Soghd 全域の中で最
も開けた處であつて、人口は最も稠密で、又最も堅固な城堡を有すと云つてゐる。又 Mokad-
assî, Istachri, Bîrûni 等は何れも Kūšāni を Soghd の首府の一としてゐる (Tomaschek, Centralasiat.

Stud. p 162; Marquart, Die Chronol. p. 59–60)。 斯やうに何國が Soghd の地域に於いて重要の位置を占めてゐたとすれば、此の國が Kūšāni と呼ばれた外に、亦 Soghd の稱を專有したこともあつたと考へられる。 若しも此の考察に誤がないとすれば、隋唐二書の何國が慧超の紀行に石騾となつてゐる理由は了解せられるやうである。 何となれば石騾の名は Soghd の轉音 Sūrik, Suli の對音と思はれるからである。 Soghd が Sūli と呼ばれたのは、漢土の記錄からも其の例證を擧げることができる。 例へば西域記に之を窣利といひ、梵語雜名に之を蘇哩といひ、智度論に之を修利といひ、南海寄歸傳に之を速利といふの類である。 思ふに Sugdak は Sudak, Suda と訛り、更に Sūlak, Sūrak, Suli など〻變じたものに相違ない。 今之を說き明かすに最も適切な一例は今の Krim 半島に存在した互市場に Sugdak といふのがあつて、其が後に訛つて Sudak, Soldaia, Solak となつたことである。 l d 二音は往々互に轉換するもので、其の例は枚擧するに遑が無い程であるが、中亞細亞に於いて其の現象は著しく多いやうである。紅玉を balax といふのが、その產地 Badaxšan の訛りであるのは、よく人の知る所である。 此等の例證から見れば、Sugdak が訛つて Sulak, Suli となるのは毫も怪むに及ばない。 Kūšāni 國が Sula, Suli 即ち石騾と稱へられたのは、此の都城が曾て Soghd 全土の首府となつて重要の位置を占めてゐたからであらう。 慧超が胡國として擧げた六國がシル河以北に出ない證據は往五天竺傳に「又從康國已東、卽跋賀舵國、又兩王、縛叉大河當中西流、河南一王屬大寔、河北一王屬突厥所管」とある文である。 此處の跋賀舵は Fargana を指したに相違なく、縛叉河は羅氏が指摘した如く縛叉の誤字で、慧超はシル河とアム河とを混同したのである。當時跋賀舵國はシル河を界とし、その以南は大寔即ちアラビヤに屬し、以北は突厥の領土であつたのは確かであるから、石國即ち今の Taškend が唐時代の所謂る胡國の中に含まれなかつたのは明かである。斯く考證して見ると、突厥の闕特勤が此の地に伐ち入つた年即ち紀元七百一年から、慧超が此の方面を遊歴した年即ち紀元七百二十七年頃までは確かに Soghd の地に六國が並立して、何れも昭武即ち Čub を姓としてゐたことは爭はれない。

唐書の西域傳康國の條に「世謂九姓」とあるから、昭武氏が九國に分かれてゐたのは隨分長い間の事に相違ないが、何時の頃にその九國が減少して六國になつたのか、之を明白に書き記したものはない。然し隋書によると、昭武姓の國は實際の處をいふと前に論證した如く七國になつてゐる譯であるから、此の時代から九國の數が缺損し始めたものであらう。而して唐代になると眞實の昭武姓の國は六國になつてゐる。此の變動の起つた年は的確に知られないが、突厥の闕特勤が Sogdyq に伐ち入つた年即ち紀元七百一年より前にあつたことだけは確かである。昭武姓が六國になつてからその土地は突厥人などの外國人から六姓 Čub 即ち六姓昭武の Sogdyq と稱へられたのは、突厥の碑文に依つて證明せられたのであるが、此の地が九國に分裂してゐた南北朝の時代にトルコ人などは之を何と呼んだのであらうか。突厥人が六姓昭武を Alty-Čub と稱へた例から推すと、九姓昭武は toquz Čub と呼ばれたと見なければならぬ。前に引用した通典の文によると、粟特の一名を特拘夢といふ、

Hirth 氏は之を Turkoman の對音と説いてゐるが是は畢竟同氏が粟特國をクリーム半島のSugdak と見て、Hun 人の支配した國と誤解しての解釋であるから、その正鵠を得ないのは當然である。粟特國の事は魏書に見え、其が昭武を姓とする九國に分かてれゐたのが南北朝の頃だとすれば、特拘夢の特拘はトルコ語 toquz の對音で九の義であらう。又此の國語の中Kasak-Kirgiz 方語で Vámbéry 氏によると、王公貴族を manap といひ (Etymologisches Wörterbuch, No. 233)、Sejχ Sulejman Efendi 氏によると Čagatai 方語で貴族を manab といひ (Čagatai-Osmanisches Wörterbuch, p. 143)、Budogoff 氏によると Kirgiz 方語で貴族、或は古代の Kirgiz 人の祖先を manab といひ (Srabnitjesnij Slobar Turecko-Tatarskiχ Narječij. II. p. 200)、Radloff 氏によると、Čagatai 語で貴族を manap といひ、Kasak Kirgiz 語で黒 Kirgiz 人の祖先を manap といひ、アラビヤ語の Sultan に當る語であるといふ (Versuch eines Wörterbuches der Turk.-Dialecte. I. 2017)。そこで思ふに、通典にある特拘夢の夢 (mang) は上の manap, manab の對音で Kirgiz 語や Čagatai 語で王公貴人を呼ぶ敬稱であつて、イラン語の Šah、アラビヤ語の Sultan に該當する語であらう。若し此の解釋が許されるならば、特拘夢の三字はトルコ語 Toquz manab の對音で九王の義であらう。附余輩の此の見解は亦粟特國の一名溫那沙の解釋に依つて益々確かめられるやうである。隋書の西域傳によると、康國王の姓は溫であるから溫那沙の溫は此の王家の姓であらう。又イラン語では王を Šah といひ、北方からイラン人の土地を横領したトルコ人が此の土言を採用して Šah の敬語を稱したことは、大月氏、嚈噠の貨幣の表に刻した文に依つても證せられる。南北朝から唐代に亘る間にTurkestanやAfghanistanに君臨したトルコ種の君長がŠahの尊號を稱したのは、亦漢史の中からも例證を示すことができる。例へば唐書の西域傳康國の條を見ると、顯慶年間に安國の君主に昭武殺といふのがあつて、此の殺は多分Šahの對音であらうし、また此の罽賓國の條に、此の國の王に烏散特勒灑といふのが見え、此の特勒灑は特勤灑の誤で、tegin Šahの對音と思はれる。已に前に引用した如くChavannes氏の考證によると、Boχāraを支配したトルコ種の君長で波斯のŠapur王の軍と戰つた人にShāba Šahといふのがある。此の人は或は安國の君主昭武殺と同名であるかも知れぬ。又漢人はイラン語のŠahを沙の字で譯した例もある。例へば文献通考(卷三百三十九)拂菻國の條に「拂菻國南至滅力沙」とある滅力沙はSeldjuk トルコの君長Melik Šahの對音である。此等の例證に依つて、余輩は溫那沙の沙をイラン語で五をいふŠahの音譯と解するのである。さて溫那沙の溫は康國王の姓であり、沙はイラン語のŠahであるとすれば、此の二語の間にある那は果して何の義であるか。イラン語族の中Waχan語Šignan語で九をnao, Sanglīči語Mingīan語でnao, Yagnob語でnau, Sari-kol語でnew, Bactria語でnava, ペルシャ語でnuh, Afghan語でnoh, Osset語でnouといふ(Tomaschek, Centralasiatische Studien. II. p. 821)。想ふに溫那沙の那は上のnao, navaなどの訛りでSoghd語で九の義であらう。さすれば溫那沙の三字は溫姓の九王といふことで、此の那沙はトルコ語の特拘夢と全く同じ意味の言と見られる。

隋書の西域傳康國の條に「其王本姓溫」とあるから、康國の王家が溫姓であつたことは確かである。またその後に「康國左右諸國、並以昭武爲姓」とあるから、康國王の一族が昭武姓であつたことも確かである。唐書の西域傳を讀んで行くと、小安國の君主に昭武殺といふのがあり、米國の君主に昭武閉拙といふのがあり、何國の君主に昭武婆達地といふのがあり、史國の君主に昭武失阿喝といふのがあるから、康國の一族が昭武の姓を持つてゐたことは明かである。が、之に反して溫姓を稱へた例は一度も見えて居らぬ。元來一族が同時に兩姓を有するのは如何にも奇異の事でもあり、又隋唐の二書に康國の一族で正しく溫姓を稱した君主が記してないとすれば、溫氏は此の一族の舊姓で、昭武は後に改めた新姓と見るのは甚だ穩當の解釋と思はれるかも知らぬ。然し周書と通典とに粟特國の一名を溫那沙といふと記す處から之を察すると、溫姓は必しも廢れて了つたとは思はれぬ。若しも溫姓が唐の時代になつても尙行はれたとすれば、康國王の一族は溫と昭武との二姓を同時に稱したといふことになるが、此の奇異なる事實は如何に解決すべきであらうか。然し當時に於ける中亞細亞の社會狀態を承知したならば、此の事實は必しも不思議でなく、又此の問題は決して難解のものでない。何故かといふと、南北朝の時代に Soghd の君主をはじめ凡て上流の社會はトルコ種の嚈噠人があり、此の時代の末から唐代に亘つて其の地位を襲うて治者となつたのは同人種の突厥人であつて、其の臣民となつてゐたのは常に土着のイラン人であつた。之を手短に言ひ換へると、Soghd の國家は人種と言語とを異にした二民族から成立つてゐたのである。だから溫といふのはイラン人が王家の姓をいふ名で、昭武といふのはトルコ種の上流階級が王家の姓をいふ名である。其は恰も那沙がイラン人の九王を呼ぶ名であり、特拘夢がトルコ人の之を稱へた名であるのと同様の事である。それ故に粟特の一名を温那沙といふのは土着のイラン人の稱呼で、その一名を特拘夢といふのはトルコ人の稱呼であつて、尙精しくは昭武特拘夢といふべきである。

隋書の西域傳によると、康國が昭武姓の宗家で餘の八國がその分家である、さうして此の康國は魏の悉萬斤、唐の薩秣鞬で今日の Samarkand であるのに疑はなく、又後漢の粟弋、三國の屬繇、南北朝の粟特が Sugdyk の對音であるのに異論はない。だから粟特は Soghd 國の總名で、康國は其の總王の直轄の領地であると考へられるのである。然るに魏書の本紀を通覽して行くと、粟特國が大延の元年、三年、五年と大安の三年と延興の四年とに魏の國に朝貢してゐるのはよいが、此の書の第三卷太和三年の條に「吐谷渾、高麗、蠕々、地豆于、契丹、庫莫奚、龜茲、粟特、州逸、河龔、疊伏羅、員闊、悉萬斤等國、各遣使朝貢」とあつて、粟特國が悉萬斤と區別せられた國となつてゐるのは、甚だ意外の事に思はれたのである。粟特が此の年から以後魏に入朝したことは魏書に見えないが、其の滅亡したのでないのは、北周の保定四年に此の國へ朝貢してゐるのでわかる。Soghd の總名を稱した粟特國が、悉萬斤國即ち今の Samarkand でないとしたならば、其は果して何れの國であらうか。魏書北史の西域傳を點檢すると、南北朝の時代に Soghd の地域に據つた國々としては迷密國(米國)、悉斤國(康國)、牟知國(穆國)、伽不單國、色知顯(曹國)、忸密國、副貨國(安國)、伽色尼國(史國)の傳は立てられてゐる。即ち唐代に於いて昭武を姓とする六國の中、康、米、曹、安、史の五國は擧げられてゐるが、殊に不思議なことには Soghd の全域に於いて常に重要の位置を占めてゐた Kušani 即ち何國の事は見えない。然し前記二書の西域傳には Kušani 國即ち何國が無い代りに粟特國が擧げられてゐる。其は恰も慧超の往五天竺國傳に胡國の六國の中、康、米、曹、史、安の五國があつて何國がなく、さうして此の何國が無い代りに石騾國が擧げられてゐるのと同樣である。此の石騾の名が Sugdyk の轉訛 Sulak, Suli であるのは、既に論證せられたことであるから、魏書の粟特國は即ち慧超の石騾國で、共に唐書の貴霜匿國、隋書の何國に外ならぬことが推知せられる。然らば何が故に何國のみが南北朝や唐代に Soghd の總名を稱したのであるかといふに、余輩は此の疑問の解答にトマシェク氏の言を引用するのを便宜と考へる。此の學者が何國の事を考證した處に「サマルカンドは各時代に精神活動の焦點、商客の集會所、財貨工藝の所在地であるに對して、何國は別に Kušan 國、後に Haital-Hun 國の首府として獨特の意義と光榮ある歷史とを有する」と說いてゐる (Centralasiatische Studien, I. p. 160)。 Kušan 即ち漢史の大月氏が此處に城を築めたといふトマシェク氏の說には贊成を表することはできないが、Haital-Hun 即ち漢史の嚈噠が此處に首府を置いたといふ考察は漢史の方面からも應援を得るやうに思はれる。南北朝の頃に何國が粟特の號を稱したのは、Soghd の君主が此處に據つてゐたからであらう。だから魏の國に粟特の名を以て入朝したのは今のサマルカンド人でなく、實は今の Ko-ťa Kurgan に都城を構へた何國の使節と見なければならぬ。随て魏の高宗の初年に使者を遣はして鸞に姑藏で捕虜となつた國人を贖つた粟特王は康國即ちサマルカンドの君主でなく、實は何國に都してゐた君主と謂はなければならぬ。魏書の記す所によると、此の粟特國を滅ぼして之を橫領したのは匈奴で、その當時の君主忽倪に至るまで既に二代を經たといふ。此の匈奴は漢史の嚈噠、西史の Ephthalit であつて、忽倪は多分西史の Khušnāwiz 王であらう。此の歷史上の事實に就いては、別に嚈噠考と題する論文に於いて詳說する積であるから、玆には之を省略する。さて南北朝の或る時期の間 Soghd を領した嚈噠の君主が何國即ち Kūšani 國に都城を置いたことは、以上の論證に依つて確かめられたのであるが、隋書の西域傳康國の條に記す所によると Soghd の宗家或は總王が當時の康國即ちサマルカンドに都を置いてゐたことも爭はれない。然らば何時如何なる事情によつて、Soghd の都城が何國から康國に遷されたのであるか。文獻の徵すべきものがないから、之を明言することはできない。然し魏書の本紀を檢すると、粟特國は魏の太延元年(435 A. D.)に入朝したのを始めとし、太和三年(479. A. D.)の入朝に至るまで都合九回の朝貢があつた。太和三年には前にも述べた如く粟特國は悉萬斤國と共に魏に入朝したのであるが、此の時から後、魏の滅亡に至るまで粟特國からは一回の使節も見えないのに反して、悉萬斤國は太和三年の前には延興三年(473. A. D.)と承明元年(476. A. D.)の兩度の朝貢に過ぎないが、其の以後永平二年の(509.A.D.)入貢に至るまで前後七回の朝貢が記されてある。之を要するに粟特と悉萬斤との朝貢には僅かの間交叉重復する所はあるが、大體から之を見ると、粟特國の朝貢が絶えてから悉萬斤の入貢が打ち續いたことになつてゐる。是れには何か理由がなくてはならぬ。太和三年以後に粟特國即ち何國が滅びたと見るよりも、Soghd の君主が粟特國から都を悉萬斤國に移したと解する方が穩當ではあるまいか。之と同樣の形跡が亦悉萬斤と嚈噠との朝貢に於いても現はれてゐる。悉萬斤國は永平二年の朝貢が最後であつて、其の以後此の國の入朝は魏書に記されてないが、其の代りに嚈噠は正始四年(507 A.D.)から西魏の大統十二年(546. A.D.)まで十一回入朝してゐる。思ふに Soghd の君主であつた嚈噠は、永平年間までは悉萬斤に據つてゐたのであるが、その領土を南方に擴張した結果、都を Bactria 即ち拔底延城に遷したのであらう。若しも斯やうに當時の事情を了解しないと、悉萬斤の朝貢が無くなつてから嚈噠の入朝が連りに有つた理由を說くに困難がある。南北朝の末に突厥が起り、嚈噠は遂に西突厥に滅ぼされ、中亞細亞の形勢は大に變動したのであるが、Soghd の諸侯は其の臣下となつて、南北朝以來の封土を領有し、中にも康國の君主代失畢の如きは突厥の達頭可汗の女を娶り、昭武姓の宗家として Soghd 全域の覇權を握つてゐたのである。されば サマルカンド は Soghd の首府とも云ふべき地位を占めて隆盛を極めたのであるから、當時の何國即ち粟特國は最早之と對抗し得る程の勢力を持つてゐなかつたに相違ない。さうして此の形勢は唐代になつてからも大した變化は無かつたやうに思はれるから、慧超が胡國に遊んだ頃に何國が石騾の號を稱してゐたのは、必しも此の國がその頃 Soghd の首府であつたからとは考へられない。北周の保定四年(565 A.D.)即ち嚈噠が殆ど突厥に滅された年に、粟特國が北周に入朝してゐる處から之を見ると、何國は魏の頃に首府たる位置を失つてからも、尙相換らず、粟特と稱してゐたのが知られる。且つまたサマルカンドが魏の末から隋唐の頃に Soghd 全域の首府になつても敢て Soghd の名を專有しなかつた一の理由は、多分その舊都何國が粟特と呼びならされてゐたからでもあらう。

以上 Soghd に就いて考證した所を總括すると、後漢書と晉書との粟弋、魏略の屬繇は Sog-hd の全域をいふ名であり、又魏書の粟特も亦之と同樣であるが、後にはその首府となつてゐた Küšani 卽ち漢史の何國をも此の名で呼ぶことになつた。唐代になると Soghd の地はその轉音 Suli の名で知られ、時には漢名で胡國と稱へたのである。而してその疆域は已に考證した如く昭武氏の六國卽ち今日のアム、シル兩河の間に挾まれた Zarafšan 河と Kaška 河との流域を包容したのである。然るに玄奘の西域記卷一に窣利の範圍を示した文に「自素葉水城至羯霜那國地、名窣利、人亦謂焉、文字語言、卽隨稱矣」とある。此の素葉水は Suj-ab の對音で今日の Ču 河であり、羯霜那は Ka Šaniya の對音で今日の Šahr-i Sabz である。西域記羯霜那の條に鐵門の險を敍した後に「出鐵門至覩貨邏國、其地南北千餘里、東西三千餘里、東阨葱嶺、西接波剌斯、南大雪山、北據鐵門、縛芻大河、中境西流、自數百年王族絕嗣、酋豪力競、各擅君長、依川據險、分爲二十七國」とあるから、西域記に窣利と稱する區域は Ču 河からシル河に至る地域に於いてはアレキサンドル山脈の北麓、Fergana, Taškend, Khodjend 等を包容し、シル河から以南シル河に至る地域に於いては Zarafšan 河と Kaška 河との流域を包含し、今の Derbend 卽ち鐵門の險を有する山脈を以てToχara（覩貨邏）と接したのである。鐵門以南アム河に至る當時の呾密を始めSurχab, Panja等の流域に據つた拘謎陁,珂咄羅,愉漫,赤鄂衍那,鞠和衍那等の諸國は玄奘が所謂覩貨邏二十七國の中に數へられてゐるから,此の地域は窣利の域內に屬したのではない。だから西域記のいふ窣利の疆域は只に慧超の所謂胡國と吻合しないばかりでなく,また西史のSogdianaの範圍とも一致しない。Eratosthenesの言によると、Oxus河がBactriaとSogdianaとを分かつ如く、Jaxartes河はSogdianaとSakaとを分かつとあるから、ギリシャ人もシル河以北の地をばSogdianaの境內には入れなかつたのである。傳說にCyrus王はSkythia人を禦ぐ爲に今のUra-tüpäにCyropolisを築いたといひ,又アレキサンドル大王はSkythia人の押へとして今のKhodjendにアレキサンドル城を建てたのを見ても,シル河が太古からSogdianaの北界となつてゐたのが察せられる。Tomaschek氏が作製したSamanid王朝時代のMa-Wara-Inahr卽河間の地圖を見ると,此の地域はBoχāra, Soghd, Nasaf, Kašš Ošrusanah, Čaganiyān, Khuttalの七州に分たれてゐて、Farganaは化外の地となつてゐる。ギリシャ人の所謂Sogdianaの地も殆ど之と疆域を均しうしてゐるが,唯此が彼と異る點は鐵門以南アム河に至るTermidの地がSogdianaに屬しないでBactriaの境內に入れてあると、彼に除かれたFarginaの地が此にはSogdianaの一部分となつてゐることである。トマシェク氏の地圖にはFarganaをSogdianaの疆域に入れてあるが,其が果して正鵠を得てゐるか何うかは疑問である。アレキサンドル大王がソグチアナを經略した時にも,その兵は後世の

Ošrusanah に向けられてゐるが、其の軍が Khodjend の東 Fargāna の地に活動した形跡は少しも見ない。また此の地域はアラビヤ人の所謂る Ma-War-Inahr の境内に含まれてなく、漢代に粟弋國は Fargāna に當る大宛國とは全然區別せられた一國となつてゐる。此等の事實を綜合して考へると、ギリシャ人の所謂る Sogdiana の地に Fargāna は含まれないと見るのが正當ではあるまいか。

漢代に知られた粟弋國の疆域に就いては後漢書の文が甚だ簡單な爲に積極的に之を明言することはできない。然し此の時代に於いて西史の Bactria は大夏或は大月氏であり、Fargāna は大宛であり、シル河以北は康居であるから、其の間に介在した粟弋國の疆域は大體に於いて唐代に於ける六姓昭武國のそれと大差は無いと見て差支はなからう。たゞ問題は鐵門以南シル河以北の地卽ち Termid が粟弋の區域であつたか何うかである。已に前にも述べた如く、張騫が大月氏を尋ねたときに、その君主は嬀水の北に王庭を張つてゐたといふ。是は明かに後世の Termid の地であつて、ギリシャ時代に Bactria の一部を爲してゐた處である。史記の大宛傳や漢書の西域傳を何氣なく讀むと、張騫が西域に使した頃に、大月氏國と大夏國とが葱嶺の西に並立してゐたやうに見える。然し東西の史實を對照して當時の形勢を考察すると、斯やうに解することはできない。何故かとなれば、西人の研究によると、ギリシャ人が建設した Bactria 王國は紀元前百四十年頃までは確かにヒンド・クーシ山脈の北に於いて命脈を支へてゐたのである。さうして張騫が武帝の命を奉じて大月氏を嬀水の北に訪問したのは、桑原氏の考定によれば元光六年卽ち紀元百二十九年であるから、大月氏が Bactria を滅ぼしてから間もない時のことである。 Marquart 氏は漢史の大夏といふ名を Toχâra の Toχâ の對音と見て、大夏を Toχâra と考定した。 余輩も亦多年此の問題に頭を惱ましたのであるが、結局此の學者の說に贊成せざるを得ないのである。大夏が已に Toχâra と一致すれば、ギリシャ人の Bactra 王國を滅ほしたのは、何うしても Toχâra でなくてはならぬ。 史記や漢書の文面から見れば、大夏を滅ぼしたものは大月氏となつてゐるから、大夏が Bactria でないならば、前に Toχâra が侵入して Bactria を仆したのを、更に大月氏が後から來て此の Toχâra 卽ち大夏を伐ち平げたと見なければならぬ。 然し是は文面上の推論であつて歷史上の事實をいふと、Batria 王國の滅亡と大月氏の侵來とは殆ど同時の出來事であつて、その間に大月氏に異る大夏卽ち Toχâra の侵入があつたことを許さない。 余輩の研究した結果によると、月氏が元と河西の地にゐた頃から、月氏といふのは漢人が此の民族を呼んだ名であり、Toχâra といふのは月氏自ら稱へた名である。 そこで張騫が Toχâra 王を嬀水の北に訪問したときに、彼は自國の稱呼によつて之を大月氏と云つたのであるが、大月氏が新に Bactria に與へた Toχâra の國號を此の土地がもとから稱へてゐた名稱と誤解したのであらう。 斯やうな假定說を提出するでなければ此の問題は決して解釋ができないと信ずる。若しも此の考察に誤がないとすれば、大月氏の王庭が設けられた嬀水以北の地は、Toχâra の一部分に過ぎないから、當時粟弋國は唐代に於けるが如く、鐵門の險を以て Toχâra と接してゐたのであらう。漢書卷九十六上の西域傳に葱嶺の北原に據つた休循國の四至を記した文に「西北至大宛九百二十里、西至大月氏千六百一十里」とあつて、休循と大月氏とが接續するやうになつてゐるから、Oxus 河の北支流 Surkab, Panja 等の流域は大夏卽ち大月氏の領土であつて、之を粟弋國の一部分と見ることはできない。又アム河の下流域には前にも說いた如く當時驪潛、大益等の國が存在してゐたから、漢代に於ける粟弋國の疆域は殆ど唐代の粟特國卽ち六姓昭武のそれと同樣であつたと見て差支はない。（大正十三年九月廿四日）

プトレマイオスに見えたる葱嶺通過路に就いて

白鳥庫吉（1865—1942）

《蒙古學報》2，1941

プトレマイオスに見えたる葱嶺通過路に就いて

白鳥庫吉

一

東西兩トルキスタン地方が、古來陸路による東西交通の要衝に當つてゐることは、何人も知る所である。この地方の事情が正確に漢土に傳へられたのは、漢の武帝の時大月氏に使した張騫に始まり、爾來漢家の聲威が絶域を靡かし西域の經營が進捗するにつれて、その知見は漸く精しくなつた。史記の大宛傳、兩漢書の西域傳は、卽ちその精粹を記錄したものに他ならない。あたかもこの頃、西方にプトレマイオス (C. Ptolemaeus) が出でて、絹貿易の發達に伴つて得られたこの地方の人文・地文の知識を集成して、その地理志に記載してゐるから、これら東西の記錄を比較研究すれば、紀元前後に於けるトルキスタンの狀勢は或る程度明白にし得る筈である。しかしながら、漢史の記述が豐富正確であるのに反し、プトレマイオスの記事は頗る粗雜で明確を缺くばかりでなく、そこに示されてゐる地名は多く土言と異つてゐるために、それが今の何處に當るかを考定することは甚だ困難である。さればプトレマイオスの記事が漢史の缺漏を補ふ場合も少くないが、漢史の詳細な記載に俟つて始めて曖昧なプトレマイオスの叙述が正解せられる場合は、却つて甚だ多い。プトレマイオスに記された模糊たる葱嶺の交通路が漢史の記載に照して始めて正確に辿られる如きは、後者の適例である。

さてプトレマイオス (I. 12.) には、Bactra 卽ち今の Balkh から支那に向ふ道程を次の如く述べてゐる。

道は其處から東して Bactra に向ひ、Bactra から北に轉じて Komedai (Κωμῆδαι, Κωμῆδαι) の山地の登り口に至る。それからこの山地に入ると、道は南に轉じて一つの谿谷に達し、そこに平地が展開してゐる。彼はこの道の通じてゐる山地の西北端部を Byzanz と同緯度 [43°5′] に置き、東南端部を Hellespont と同緯度 [40°55′] としてゐる。[卽ち、この山地は西北から東南に走つてゐる]。それ故に彼は道は東に向ふと共に南に向つてゐると言つてゐるのである。そしてこの所から五十 Schoenes 進んで石塔 (Λίθινος Πύργος) に至るまでは北に向ふといふのも事實らしい。といふのは、[彼の]言ふ所では、この谿谷を上つて行くと石塔に達し、こゝに始まる山脈は東方に於いて Palimbothra [Patna] に始つて北走する Imaos [山脈]に接續してゐるからである。(G. Coedès, Textes d'auteurs grecs et latins, pp. 33—34)

プトレマイオスは大約紀元二世紀の中頃の人であるが、右の記事は略ゝ同じ時代の地理學者マリヌス (Marinus von Tyrus) の著書に基いたものであつて、文中に彼とあるのはマリヌスのことに他ならない。そしてマリヌスは又マケドニアの商人マエス一名チチアヌス(Maes od. Titianus)から、これを傳聞したのである。但しマエスが親しく踏破したのは右の路程の始めの一部分で、他はその手代を遣し、セレスの國に赴いて絹を買入れさせてゐたのである(I, 11)。マリヌスは何時頃の人か正確には判らない。Tomaschek 氏はこれを紀元八〇－一〇〇年頃と定めたが(Kritik d. ält. Nachrichten ü. d. Skythischen Norden, 1. Sitzungsb. d. Wiener Akad. d. Wissensch. Philosoph.-historische Classe. 1888 S. 736)、Marquart 氏はこれを根據無しとして、Nero 皇帝時代(54－68 A.D.)の人と定めた。その基く所は Masʿūdi の Kitāb al-Tambīh wa ʾl-Išraf であるが、Masʿūdi が何を典據としてゐるかは少しも明かにせられてゐない(Wehrot und Arang. Leiden, 1938, S. 59)。Herrmann, Honigmann 兩氏は紀元一一〇年頃の人としてゐる(Das Land der Seide und Tibet im Lichte der Antike, S. 55; Real-Encyclop. d. class. Altertumswissenschaft. XIV. II. 1768)。何れにしても、マリヌスが紀元一世紀の後半から二世紀の初め頃活動した人であつたことは確かであらう。更にプトレマイオスがマリヌスの記載を當時の他の旅行家の言ふ所と比較した中に(I, 17)

[他の旅行家たちは、なほかう言つてゐる]。其處[Sêres]からは石塔を經てバクトリアに至る道が出てゐるばかりでなく、Palimbothra [Patna] を通つてインドに向ふ道もある。

と見えるのを參考すると、バクトリアから Komedai の山地に入り石塔を過ぎて行く道が、この頃東西交通の幹線として東西の商人の利用する所であつたことは、極めて明かである。次にこの道が所謂石塔から如何に進むのか、プトレマイオスは明記してゐないが、同じ地理志の Saka

民族の境域を記した中に (VI, 13)

Sakai はその東境、Askatankas と名付けられる山から、東經一四〇度北緯四三度の所で Imaos 山に向つて位置してゐる Hormeterion まで引いた一線を以て Scythie に隣つてゐる。この Hormeterion は Sêra に行く人々の出發する所である。

と見え、Imaos 山の彼方(東側)にある Scythie 地方の境域を記して (VI, 15)

Imaos山の向ふ側[東側]の Scythie は、西方に於いては北走する山脈の線に傍うて[Imaos の]こちら側[西側]の Scythie と Saka とに隣り、北方は未知の地方に接續し、東は東經一五〇度、北緯六三度、東經一六〇度、北緯三五度を結ぶ直線によつて Sêrique に隣り、南方では如上の直線に接續する同じ傾きの線によつてガンジス河の北方のインドの一部に接する。中略 この Scythie の住民は、北に Scythes Abioi, その南に Scythes Hippopha があり、次に Auzakitis 地方がある。更にその南方には、前に記した Hormeterion に近く Kasia 國があり、その南に Scythes Khaitai 人、それから Akhasa 國、その又南には Êmôda の諸山に近く Scythes Khauranioi 人が居る。

とあるのから推測すると、石塔を通過した旅客は Kasia 國の近傍にある Hormeterion に當り、更に Scythie の地方を經て支那の領土に入つたものと思はれる。

所謂石塔は Λιθίνος Πύργος を譯したもので、λιθίνος は石のといふ形容詞、πύργος は塔又は塔狀のものを廣く呼ぶ名稱である。その形狀性質の詳細は、プトレマイオスの簡粗な記事からは推察すべくもないけれども、文字通り石造の塔があつたのではなく、往來の旅客からさうした名稱で呼ばれてゐた塔狀の大石があり、Imaos 卽ち Pamir 東部山地を橫斷する絹街道上の格段の標識として廣く知られてゐたことは疑ひない。石塔の近くにあつたと思はれる Hormeterion (ὁρμητήριον) は、本來武裝せられた場所・要塞等の意であるが (Menge-Güthling, Griechisches Wörterbuch, S. 499 b)、こゝでは特別な軍事施設を言つたのではなく、旅客の集合所 caravanserail を言つたものである。これはプトレマイオスに Hormeterion が Sêra に行く人々の出發點になつてゐるとあるのによつても知られるが、プトレマイオスにやゝ先行した Plinius (I, 2) に

Comedae の谿谷 (Vallis Comedarum) と石塔 (Turris Lapidea) との距離は五〇 Schoenes あつて、Imaus 山の向ふ側には東 Scythie に臨む坂の上に Statio mercatorum がある。

と見えるのによつて明かである。Statio mercatorum はプトレマイオスの Hormeterion で、其の意は「商人の宿驛」である。プトレマイオスの古いラテン譯にこれを receptaculum (ed. P. Bertio Bevero, 1618, p. 187) イタリア語譯に recettacolo (trad. M. Pietro Andrea Mattiols, Venetia 1648, p. 178 a) と譯してあるのは、よく原意を得たものと思はれる。近年 Berthelot 氏がその字義に拘はれて、これを西域都護府の所在地烏壘城と考定した如きは、最も正鵠を失つた解釋である (A. Berthelot, L'Asie ancienne centrale et sud-orientale d'après Ptolémée. Paris, 1930, p. 202)。

この石塔のことは、ローマの史家 Ammianus Marcellinus (330—? A.D.) の著 Res Gestae (XXIII, 6, 60—68) にも、次の如く記されてゐる。

［ソグディアナに］隣つてゐる Sacae 民族は、不毛の土地に廣く住んでゐる兇暴な民族であ

る。その土地では掠奪が唯一の生活手段であり、都市は存在しない。Acanimia 及び Comedus の二山が、この地方の最も高い部分を形成してゐる。更に進んで、これら諸山の麓及び Lithnos Pyrgos といふ村を通過すると、長い大道が開けてゐて、商人は其處から Sêres 人のもとへ行く。

Marcellinus はプトレマイオスより約二百年後の人であるが、少くともそのユーフラテス河から以東の記事はプトレマイオスを殆んど全く踏襲したもので、固有名詞などが多少變改せられてゐるのみであり、新資料と稱すべきものはない。右の記事も、その後半は前に掲げた諸記事に據り、前半はプトレマイオス (VI, 13) の次の記述に基いたものである。

Sakai の國は遊牧民族の住む所で、彼等は都市を有たず、森林や洞窟に住んでゐる。Sakai に沿つて、既に記した Komedoi といふ山が特立してゐるが、そのソグディアナからの登り口は、東經一二五度・北緯四三度に位する。Komedoi 山の谷に向つてゐる部分は東經一三〇度・北緯三五度であり、所謂石塔は東經一三五度・北緯四三度に位してゐる。

從つて石塔に關する Ammianus の記載は何等新しい知識を與へるものではない。たゞ彼は石塔 Lythnos Pyrgos を村落の名稱としてゐるが、これは殆んど彼自身の解釋であらう。勿論、石塔の附近に村落があり、それが旅人から石塔の名で呼ばれてゐたことは、十分有り得ることであるが、それはプトレマイオスの記事からは、知る由もない。

それではこの石塔及び Hormeterion は今日の何處にあつたのであらうか。從つて又プトレマイオスに記されてゐる葱嶺の交通路は何れに當るであらうか。既にプトレマイオスはKomedai 山地の東西兩端の緯度をそれ〴〵 Hellespont (40°55′) Byzanz (43°5′) と同じであるとし、石塔の位置を東經一三五度・北緯四三度、Hormeterion を東經一四〇度・北緯四三度と明記してゐるけれども、かゝる算定の基礎をなしてゐる地理的知識が何等科學的素養のない商客などの極めて粗雜な報告であり、且つこの地方の地理的事情が現今に於いてすら綿密な科學的探査を俟つて始めて少しづゝ知られるに過ぎない狀態であるのを考へると、何等信用を置くべき性質のものでないことは明かである。元來、プトレマイオスはマリヌスの著述を襲鈔しながら、一面獨自の見解に基いて多くの修正を施して位置を決定してゐるのである。例へばマリヌスはマエスの報導に基いて石塔から Sêra まで七ヶ月を要するとしてゐるが、プトレマイオスの計算では同緯度に於ける七ヶ月の旅程は距離にして三六、二〇〇 Stades に相當する。しかしSêra と石塔とは緯度を異にし、その途中には幾多の迂餘曲折があるし、七ヶ月と言つても、それには同一地に滯在してゐる日數も含まれてゐる筈である。そこで彼は兩地間の實際の直線距離を右の半分一八、一〇〇 Stades と定め、これは經度に直して四五度一五分であるところから、Sêra は石塔の東四五度一五分と決定してゐるのである (I, 11, 12)。そこで石塔が既に東經一三五度であるとすれば、それから更に東四五度一五分にある Sêra は當然一八〇度一五分であるべき理であるのに、彼は之を一七七度一五分 (VI, 6) としてゐる。これは恐らく少し減じた方が尤もらしいと思つたからであらう。この一例を以てしても、一見如何にも正確らしい位置の表示が、實は杜撰放恣を極めたものであることが了解せられる。從つてかゝる數字はプトレマイオスの脳中に如何なるアジア地圖が描かれてゐたかを知る參考にはなるとしても、又土地の位置の相互關係を知る多少の手がかりにはなるとしても、殆んど役に立たないことを心得うべきである。既にプトレマイオスの數字があてにならぬとすれば、問題の交通路はこれを他の記錄に照らし、現今の地理に當て嵌めて研究しなければならない。

二

先づかやうにして、プトレマイオスの本文が頗る茫漠たるものであるから、十八世紀の末年以後この方面の歷史地理の研究が盛んになると、これに對して樣々な解釋が提出せられた。その第一は石塔を Tashkend に當てる說である。これは早く十一世紀のアラビヤの地理學者 al-Bīrūnī の Ta'rīkh al-Hind の中に見える考であるが (Reinaud, Relations des voyages, p. CXLIX; Marquart, Ērānšahr, S. 155)、Hager 氏は獨立に同樣の說を出し (J. Hager, Description des médailles chinoises du Cabinet Imperial. Paris, 1805, pp. 123—124; Ditto., Pantheon chinois. Paris, 1806, pp. 73 ff)、V. de St.-Martin, M. Reinaud 等の大家は何れもこれに從つた (McCrindle, Ancient India as described by Ptolemy, p. 12, note; Reinaud, Relations des voyages. pp. CLVIII ff)。その論據は、Tashkend が Jaxartes 河の沿域に於ける重要都市で、東西の商人の集會地として好適な位置にあるといふことゝ、更にその名稱 Tash-kend はトルコ語で「石の町・石の城」等の意に解せられるから、所謂石塔の名義に吻合する所があるといふに存する。ところがF. Wilford氏が實査の結果、Oshの西方一日程の所にChalsatoonといふ名の大石崖があり、その附近が今日なほ旅商の集合地であることから、これぞプトレマイオスの石塔であると唱へ出すと(An Essay on the Sacred Isles in the West. Asiatic Researches, Vol. VIII, 1808, p. 323)、Ritter, Humboldt, Lassen の諸氏は翕然として、この説を奉じて疑はなかつた(Ritter, Die Erdkunde von Asien, VII, S. 483; Humboldt, Asie Centrale, I. p. 134; Lassen, Ind. Altertumsk., II, S. 534 III, S. 119)。これらの學者の解釋では、問題の交通路はBalkhからSamarkandに至り、更にTashkend又はOshを經てKashgarに出でたとするのである。しかしながら、バクトリアから葱嶺を越えてSera卽ち長安に達するのに、何の必要あつてかゝる迂廻路を取らなければならないのであらうか。又、Oshが大宛の郁成城たるに誤ないとすれば(大宛國考、東洋學報六卷五〇頁參照)この都市が當時旣に存したとして何等差支へないけれども、Tashkendがこの頃存したか否か、又、その名義が「石の町・石の城」の意であるか否かは頗る疑はしい。唐書の西域傳には

石或曰柘支、曰柘折、曰赭時。漢大宛北鄙也。(中略)王姓石、治柘折城。故康居小王窳匿城地。西南有藥殺水、入中國。謂之眞珠河、亦曰質河。(中略)顯慶三年、以瞰羯城爲大宛都督府。

とあつて、石國卽ちTashkendを漢代からの城市であるとしてゐるが、漢代の康居は今のKhodjend以北キルギス曠野の大半を包容した大國であるから、唐代の石國卽ち今のTashkend附近は無論康居の一地方であつたに相違ない。從つて石國を康居の一部分と見做すのに對しては何等異議をさし挾むべき理由はないが、これを康居五小王の一たる窳匿王の治城に擬定する點

に於いては、他に確證のない限り之を事實と認めることは出來ない。しかも石國の一城たる瞰羯城を大宛都督府としたのから察すると、唐代の學者は Tashkend を大宛國の一部と信じてゐたのである。果して然らばこれは石國を康居の故地とする考へに全く矛盾するではないか。Tashkend が漢代の窳匿城であるとする唐書の説は、愈ゝ疑はしい譯である。この都市の名が東西の記錄に明白に現はれるのは南北朝以後のことであつて、北史(や魏書)の西域傳に者舌、隋書に柘折、西域記に赭時、通典の注に引かれた經行記に赭支などゝあるのが、この地の土稱 Čač それをアラビヤ風に訛つた Šāš の對音であることは、何人も知る所であらう。この町が Tashkend と呼ばれるのは何時に始るか明確ではないが、al-Bīrūnī などに見えるのが最初のやうである。恐らく、突厥の支配がこの方面に及んだ後、土稱をトルコ風に訛つてかく言つたものであらう。それが本來石の城・石の町を意味したのか否かは、從つて明かではない。Marquart 氏は、この町の近傍を流れる質河卽ち Sil, Syr 河は Saka 語で石を意味してゐるから、支那の記錄にこれを石國、その王家の姓を石と傳へてゐるのは、その原稱 Sil の義譯であり、Tashkend の名も Čač の訛轉であると同時に石の意を含ましめたものであると說いてゐるが (Festschrift Edward Sachau, S. 252)、石は Šāš, Čač の音を略譯したに止まり、Saka 語の Sil に石の意があるか否かも頗る疑はしいことは、余輩の嘗て論じた如くである(粟特國考、東洋學報十四卷五二五—五二六頁參照)。Tashkend の名が頻繁に用ひられるのは元代以後であるけれども (Bretschneider, Mediaeval Researches. II, pp. 55—56; Barthold in Encyclop. of Islām)、經世大典の西北地理圖にはなほこれを察赤

Čačと記してゐる。何れにしても Bactria から支那に行くのに Tashkend や Osh を迂廻するのは如何にも不自然であるから、やがて問題の交通路は Bactria からパミールを横斷して Tashkurgan に至り、こゝから東北に向つて Kashgar に出たものであるといふ第三説が現はれた。この考定の基く所は Komedai 山地の位置である。始め Cunningham 氏はプトレマイオスの Comedae は玄弉の西域記一の拘迷陁であらうと論じたが、その位置に就いては何等明示する所がなかつた (J. A. S. of Bengal, XVIII, 1848. II, p. 15)。西域記一には拘謎陁國の位置を示して次の如く言つてゐる。

珂咄羅 (Khuttal) 國、東西千餘里、南北千餘里。國大都城周二十餘里、東接葱嶺、至拘謎陁國。拘謎陁國、東西二千餘里、南北二百餘里。據大葱嶺中。國大都城周二十餘里。西南鄰縛芻 (Oxus) 河、南接尸棄尼 (Signan) 國。南渡縛芻 (Oxus) 河、至達摩悉鐵帝 (Waɣan, Sarik-čaupan) 國、鉢鐸創那 (Badaɣšan) 國、淫薄健 (Jamgān) 國、屈浪拏 (Kuran) 國（下略）

この中、珂咄羅は Khuttal, Khottal の對音で、アム河の上流 Pandj 河とこれに注ぐ Wakhsh 河とに挟まれた山地の南部を指す稱であり、尸棄尼は Signan 河の谷間を稱したものである。そこで始め Komedai の谿谷を Karategin に求めようとした Yule 氏 (Cathay. I. 1866 p. cxlix) は、右の文章を精細に研究するに及んで、所謂拘謎陁國は Wakhsh 河の東、Signan の北即ち今の Darwaz, Rošan の地方を稱したものであると斷じ、從つてプトレマイオスの交通路は Bactria から東行し Comedae 即ち Darwaz, Roshan の山地を經て、中央パミールを横斷したか、若くは Pandj 河の谿谷と Waɣan の谿谷とを通つて Tashkurgan に出でたのであらう、そして問題の石塔は Waχan の東境 Langar Waχan 附近に求むべきであらうと說いた (Notes on Hwen Thsang's Accounts of the Principality of Tokharestan. JRAS. 1872, vol. VI, 97—98; The Geography and History of the Upper Waters of the Oxus. 1872 p. xxxix)。H. Rawlinson 氏も Yule 氏と同樣の意見を發表したが、氏は Comedae を Darwaz, Rošan に當てる一方、Tashkurgan そのものを石塔であると論じ、この町が大石で築かれた城壁に圍まれてゐるのが石塔の名を得た所以であると說明した (Monograph on the Oxus. JRGS. 1872 pp. 496—498, 504)。これは Tashkend や Osh を迂廻するのと違つて如何にも尤もらしい上に、Comedae の山地の位置が明示せられたのであるから、J. B. Paquier (Le Pamir. Paris, 1876, pp. 23—26) W. Tomaschek (Centralasiatische Studien, 1. Sitzb. d. W. A. d. W. Historisch-philosoph. Classe. LXXXVII. 1877. S. 112) 等、當時この方面の歷史地理を研究した人々は多くこれに贊意を表した。但し、Paquier 氏は Tashkurgan を Hormeterion として、石塔はその近傍であらうとし、又兩氏共に問題の交通路は Tashkurgan から Kashgar に向つたのではなく Yarkand に至つたのであらうと極めて自然な解釋を下した。所がこゝに Comedae の位置を更に明確に指示する文獻が提示せられ、プトレマイオスの交通路は一層精細に辿られるに至つた。それは始め Rawlinson によつて譯出せられ (J.R.G.S. 1872. p. cxcix)、後 Tomaschek (op. cit. p. 111) Marquart (Ērānšahr, S. 233—234) 其他この方面の歷史地理を論ずる人々に常に利用せられてゐる Ibn Rusta の記錄である。曰く、

Čaihūn 河に注ぐ數多の河の中に、Waχšāb と稱する大河がある。Kharlukh-Türk の地に源を發

して、Pamir, al-Rašt, al-Kumēdh 等の地を順次に流れて、Wāšgird 地方と Tamliyāt といふ Khuttal の一 Rustāq との間に横はる二山の間を貫流する。 これら二山の間には石橋と呼ばれる橋が架せられてゐて、Khuttal と Wāšgird とを連絡してゐる。

これによれば、Kumēdh の地域は Wakhš 河の下流域にあることは疑ひない。 そこで一八七五年 Wischniewski, Majew, Schwarz 諸氏の踏査によつて、Wakhš 河の位置が確認せられると、この Kumedh こそプトレマイオスの Comedae で、所謂 Comedae の谿谷とは Wakhš 沿域の谷間を指したものであらう、そしてマエスの手代などの通つたのは、この河の沿域を溯つてその源頭に到り、Alai 高原に出で、Kashgar に達したのに相違ないと考へられるやうになつた。 Richthofen 氏は卽ちその代表者で、その傑作 China (Bd. I, Berlin, 1877, S. 496—500) に大要次の如く述べてゐる。

プトレマイオスの Komedi は Surkhāb 卽ち Wakhsh-āb の流域で、今の Kabādian といふ町はその古稱を存してゐるものである。 古代の交通路は Baktria から北して Oxus 河を越え Komedi のある山地の麓を東行し、それから北に轉じて Surkhāb 又はその東方の谿谷を上流に向つて進み、Karategin を經て Alai の高原に上つたのである。 石塔は Karategin から Alai 高原に上る所に位したのであらう。 そして石塔から東して分水嶺を越えると、Terek Dawan を經て Ferghana 方面から來る道との會合點あたりに Hormeterion があり、更に Kizilsu 河に沿うて下ると Kashgar に至るのである。

其後約十年、Tomaschek 氏は Richthofen とは獨立にこの交通路を論じたが、僅かに石塔を Irkeštam

東方の Ulug-čat に當て、Hormeterion を Kashgar に比定した點が異るのみで、他は全く同一である (Kritik d. ält. Nachrichten ü. d. Skythischen Norden. 1. Sitzungsb. d. W. A. d. W. histor.-philosophische Classe. CXVI. 1888. S. 737)。

一八九〇年當時中亞の探險家として盛名を博してゐた露國の N. Severtzow 氏は、葱嶺通過路の歷史を研究して、マエス等の通路は始め北に進んだとあるから、これは Samarkand に出たのであつて、それから所謂 Samarkand からの上り口によつて Komedai の山地に入るのであるが、これは Zarafšan 河の源頭から東して山地に入ることを言つたもので、この山地を踰えると Karategin 即ち Komedai の谿谷に出で、更に Alai 高原を經て Kashgar に至つたもので、石塔は Irkeshtam 附近であらうと說いた (Études de Géographie historique sur les anciens itinéraires à travers le Pamir. Bulletin de la Société de Géographie, 1890, p. 438)。やゝ後れて Grenard 氏も同樣の議論をしてゐる。先づ氏は古代の東西通商路は二道あつて、一つは Sogdiana 道とも稱すべく、Zarafšan 河の源頭から Komèdes 山地を越えて Surkāb の流域に出で、Karategin, Alai 高原を經て Kashgar に出るもので、石塔は Irkeshtam 附近、Hormeterion は Kashgar 附近にある。他は Bactria 道とも稱すべきもので、Badakhshan の Alexandria Ekbate から Wakhan を越えて Komèdes の谿谷即ち Serhadd の谷に達し、更に Tchakmak koul, Aksou 河の谿谷及び大 Kara Koul を經て Kashgar に向ふものである。上代の Komèdes はその指す所が甚だ廣くて、パミール西部山地全體、即ち Karategin 附近から Wakhan の谿谷に及ぶ區域を汎稱したものと解すべきであると論じた (Le Turkestan et le Tibet, vol. II. de la Mission scientifique dans la Haute

Asie. Paris, 1898, p. 17. Note 2)。即ちGrenard氏もマエス一行の通路に就いてはSevertzow氏と見解を等しくしてゐるのである。しかしこの説はChavannes氏が滿腔の敬意を表した以外には、殆んど共鳴者を得なかつたやうである(Documents sur les Tou-kieu occidentaux, p. 164 Note 1)。蓋し問題の交通路はMervからBactriaに至り、更にそこからSera Metropolisに至る道なのであるから、一度Bactriaに達し、更にわざ〳〵引返してSogdianaを迂廻して行くのは甚だ理解に困しむ所である。又Zarafšanの上流域から北してUratube, Kodjend, Kokand方面に出でFerghanaの東部からAlai高原に下りKashgarに至る交通路は、古く漢代から使用せられてゐたのに、ZarafšanからKarateginに出る道が東西交通の要道として利用せられた事實は絶えて聞かぬ所である。兩氏が何故にかゝる方面にマエス等の通路を求めたか明かでないが、プトレマイオスの本文にSogdianaからKomedai山地への登り口は東經一二五度・北緯四三度に位するとあつて、Komedaiの山地を通過するのに、Sogdianaから登つた如く書いてあるのも、その一つの原因であらう。しかし、Sakaの住民に就いてプトレマイオスの記す所を見ると、所謂SogdianaはSakaiの西境をなすと記されてゐて、あたかもBactriaを包含する如く、乃至はSakaとBactriaとを中斷する如くに見え、その登り口も實際Zarafšanの源頭にあつたのか、Bactria附近にあつたか、頗る明かでない。何れにしても、この説の根據は薄弱であるし、如何にもその道程が迂遠であるから、學界の承認を得なかつたのは不思議ではない。

かくて一度Richthofen氏の意見が公にせられると、學界の趨勢は殆んど一尊に歸した形で、石塔や Hormeterion の位置に就いては多少異つた見解も提出せられたが、大體の道筋に至つては敢へて異議を挾む者はなかつた。例へば Stein 氏は始め石塔 Tashkurgan 說を奉じてゐたが (Preliminary Report on a Journey of Archaeological and Topographical Expedition in Chinese Turkestan, 1901. pp. 17—18. Note 2; Sand-Buried Ruins of Khotan. Lond. 1904. p. 67)、やがて Richthofen 氏の說を知るに及んで、その熱心なる支持者となり、Hormeterion は Alai 高原を經て Kizil-su 河の流域に下る Irkeshtam に求むべく、この地は Osh, Terek Pass を經て Kashgar に至る道と Alai の方面から同じく Kashgar に進む道の會合點に當る要地であると言ひ (Ancient Khotan. Oxford, 1907, pp. 54 ff)、一九一三年から一九一六年にかけて第三回の中央亞細亞探險を試みると、一九一五年親しく Karategin, Alai 方面を踏査して、Daraut Kurgan こそ石塔の所在地として好適の場所であると唱へた。Daraut Kurgan は Karategin から Alai の高原に上る入口に在り、此處から Kashgar までは一年を通じて全路荷をつけた駱駝を驅ることが出來、しかもこれは Oxus 河の方面から支那トルキスタンに至る最短の路程であるといふ (A Third Journey of Expedition in Central Asia, 1913—1916. Geographical Journal, XLVIII, No. 3. p. 216; Innermost Asia, II. 1928 pp. 847 ff. On ancient tracks past the Pāmirs, Himarayan Journal, IV, 1932, pp. 20 ff.)。唯、氏が Richthofen と異つてゐるのは、プトレマイオスに道は Bactra から北するとあるのをその通り解して、先づ Balkh から正北に直行して Termez 附近で Oxus 河を渡り、Surkhan 河の谿谷を通つて東に轉じ、Hissar. 附近を經て Wakhsh 河の流域に出で Karategin に出でたとする點である。Herrmann 氏も Bactria から Karategin に出る道はこれと同樣で、更に石塔を Karategin から

Alai 高原への登り口に比定し、Hormeterion を Kashgar 西北の山中に求めたが(Die alten Seidenstrassen. Berlin, 1910. S. 18—26 u. Karte)、最近では Stein 氏の說に從つて石塔を Daraut Kurgan に當て Hormeterion を Tomaschek 氏と同じく Kashgar に擬してゐる(Das Land der Seide und Tibet im Lichte der Antike. Berlin, 1938, S. 101—106, 142—143 etc.)。Marquart 氏は始め Gerini 氏が Indo-china の實際の地理をプトレマイオスの記載に比較して、後者の經緯度は實際の經緯度と一定の割合をなしてゐると考へたのに倣ひ、プトレマイオスに石塔を東經一三五度・北緯四三度、Hormeterion を東經一四〇度・北緯四三度とあるのを、それぞれ東經八一度九分・北緯三七度一分、東經八四度四六分半・北緯三七度一分と換算して、石塔を Khotan 附近、Hormeterion を Čerčen 附近に比定した(Ērānšahr. 1901, pp. 154—155)しかしながらプトレマイオスの數字が全く信賴し難いことは前に記した如くであるから、Marquart 氏はその研究法に於いて全く誤つてゐるのである。やがて氏自身もこの非を覺られたと見え、その晩年に於いては、大體の路程は全く Richthofen に從ひ、石塔を Alai 高原に求めてゐる。但し氏が石塔を以て疏勒 (Kashgar) と大月氏との國境で稅關の所在地であつたとしてゐるのは根據のない想像である (Wehrot und Arang. Leid. 1938. S. 55—65)。

以上がプトレマイオスに見える葱嶺通過路研究史の概略であつて、最初は石塔を Tashkend, Osh 等に求める北道說が有力であつたが、やがてこれを Tashkurgan 方面に求めようとする南道說が有力となり、最後に Richthofen の意見が提示せられるに及んで、殆んどこれが定說の如く見られるに至つた。余輩も最初は Richthofen 說に從つてゐたのであるが(東洋學報第二卷八一九頁、第六卷三一四、四〇頁)、その後間もなくその妥當でないことを知つて詳細にこれを批判し、Komedae の谷は Karategin 方面ではなく Wakhan の谿谷に求むべきこと、從つて石塔は Yule 氏の如くこれを Wakhan の東境に求むべきこと、問題の交通路は漢代支那トルキスタンから Bactria に至るに常に用ひられた所謂南道で、Bactria—Wakhan—Tashkurgan—Yarkand— を經たものと看做すべきことを主張した(塞民族考、上、東洋學報第七卷三七一—三八五頁)。余輩のこの議論は今日に於いても、何等變更の要を認めないが、他の論文中に附入した論證である關係から、學界の注意を惹かず、依然として Richthofen 說の盛行してゐるのは遺憾である。なほその後研究を進めた結果、余輩の主張を補ふべき有力な新資料を得たから、こゝに獨立の一文を草して、更めて卑見を開陳して見たい。

三

余輩がプトレマイオスの葱嶺通過路を南方に求むる最大の論據は、漢代から南北朝時代にかけてこの道が常に Bactria と支那とを連絡する大道として利用せられてゐたことである。先づ漢書の西域傳によると、

自玉門陽關出西域、有兩道。從鄯善傍南山北波河、西行至莎車、爲南道。南道西踰葱嶺則出大月氏·安息。自車師前王廷、隨北山波河、西行至疏勒、爲北道。北道西踰葱嶺則出大宛、康居、奄蔡焉。

とある。此處に所謂南道は鄯善(Lobnor)から南山脈の北に沿つて莎車(Yarkand)に至り、Wakhanの谿谷を過ぎて大月氏卽ちBalkhに至る道であり、北道は車師(Turfan)から天山の南麓に沿うて疏勒(Kashgar)に至り、Terek峠を越えて大宛(Ferghana)に入り、康居(Kirgiz Stepp)を經てCaspi海の北方に出るか、Sogdianaの方面に行く道である。後漢に入つてもこの交通路に何等變化のなかつたのは、後漢書の西域傳に右の文章を揭げて少しも改めてゐないことによつても知られる。降つて南北朝時代になると、北史や魏書の西域傳に

共出西域本有二道。後更爲四。出自玉門度流沙、西行二千里、至鄯善、爲一道。自玉門度流沙、北行二千二百里、至車師、爲一道。從莎車西行一百里、至葱嶺葱嶺西一千三百里、至伽倍爲一道。自莎車西南五百里、葱嶺西南一千三百里、至波路爲一道焉。

とあり、鉢和國の條に

鉢和國在渴槃陀西。中略有二道。一道西行向嚈噠、一道西南趣烏萇、亦爲嚈噠所統。

とある。伽倍はWakhanの東部、鉢和はWakhanの全域、波路はGilgit渴槃陀はTashkurgan嚈噠はBalkh烏萇はUdjianaである。さればこの頃はYarkandからTashkurganを經てWakhanの谿谷に出で、それから東してBactria或ひは南してGandhāraの方面に向つたのである。かやうに漢代から南北朝時代にかけては、支那トルキスタンからBactriaに至るには、主としてこの南道が使用せられてゐるのに、何故に獨りマエス等の通つた道が、當時の大道とはかけ離れた、Kashgar—Alai—Karateginを通過する特殊な通路でなければならないのであらうか。マエス一行の利用した

通路は、當時絹貿易に從事してゐた商人が何れも通つた道であると思はれるのに、それが何故に左樣な特別な通路であつたのか、頗る了解に苦む次第である。成る程、Stein 氏の言の如く Karategin, Alai を經て行く道は Bactria から Kashgar に至る最短距離には相違なからうが、最短距離であるからと言つて、必すその道を通過したとは限らない。殊に近代に入つて探險隊がこの方面に足を踏み入れる以前に於いて、この道を通過したものは、唐代に悟空、明代に Shah Rukh の一行がある位のものであつて、その路線としての重要性は所謂南道とは比較にならないのである。

それでは何が故に歐西の諸學者は、プトレマイオスの葱嶺通過路をかゝる特殊な場所に求めたのであらうか。その第一の理由はプトレマイオスに記されてゐる方向である。プトレマイオスによると、Bactria から支那に向ふのには先づ北行し、それから Komedai の山地に入るが、これを越える道は東南に向ひ、更に谿谷を上つて五十 Schones (約一五〇哩)進み石塔に至るまでは北行するのである。即ち、その道路は最初北に、次に東南に、最後に北に向つてゐると解釋せられる。そこで Richthofen 氏はこれを文字通りに解して、先づ Bactria から北進して Oxus 河を渡らしめ、對岸の山麓に傍つて東南に進み、更に北に轉じてこの山岳地帶即ち Komedai の山地に分け入らしめたのである。しかし、プトレマイオスの本文では、北行して Komedai の山地に入り、或る程度進んで東南行した趣にも解せられるから、Herrmann, Stein 氏等は、Bactria から直北行し Surkhan 河の沿岸を傳つて Oxus 河對岸の山地に進入し、東南に轉じて Hissar 附近を經て Wakhsh 河の流域に出で、それから北行して Karategin の谿谷に入ると斷定してゐるのである。しかしながら、問題の路程は Bactria から支那トルキスタンに出るのであるから、全體の方向は東北に進むのであつて、プトレマイオスに北と記してあつても、それを文字通り正北の意に解してよいか否かは甚だ疑問である。例へばプトレマイオスには道は Bactra から北し Komedai の山地に入つて南に轉ずる趣に書かれてゐるが、後文を讀むとこの南は東南の意味であることが知られる。從つて Bactria から北に進むとあつても、それが Komedai に至るまで正北に進んだものであるか、乃至は始め北に向ひそれから東方に轉じて Badakhshan, Wakhan の方面に進んだものか、或ひは Bactria から東北行したのかは頗る曖昧である。今この後の解釋に從つて見ると、Bactria から東北に進んで Badakhshan を通過し Oxus 河の本流 Panja 河の谿谷を東南に溯つて、更に東北に轉じて Wakhan の谿谷に入り、Tashkurgan, Yarkand を經て支那トルキスタンに出でたと解釋しても、決してプトレマイオスの本文とは抵觸しない。そこで先づ方位の點に就いては、歐西の學者の意見は特に非難すべきではないけれども、又別箇の解釋も施し得ることを注意しなければならない。

しかし、假に方位の點に於いては、他の解釋が存し得るとしても、Karategin—Alai 道を主張する論者の最も頼む所は Komedai 山地の位置である。既に記した如く、これらの論者は西域記の拘謎陀、Ibn Rusta の Kumēdh をプトレマイオスの Komedai と同一であると斷じて疑はないのである。成る程、西域記や Ibn Rusta の記事が Wakhsh 河の下流域 Darwaz 地方を指してゐることは何等疑ふべきではない。しかし言ふまでもなく西域記は七世紀前半の著作であり、Ibn Rusta は十世紀初頭の作者であるから、直ちにその言ふ所を以てプトレマイオスと同一地を指したとは斷定出來ないのである。更に西域記や唐書等唐代の記錄を精讀すると、當時葱嶺の西部には Kumēdh 又はそれと類似の名を有する場所が少くとも二つあつたことが知られる。例へば西域記十二には拘謎陀國の他に Wakhan の谿谷に國した達摩悉鐵帝國が一に鑊侃、鑊侃又は護密と謂つたとあり、慈恩傳五にも同樣のことが見える。これを最も明白に示してゐるのは、唐書の西域傳であつて、その識匿卽ち Šignan の條に次の如く述べてゐる。

識匿、或曰尸棄尼、曰瑟匿。中略 南三百里屬護密、西北五百里抵俱蜜。……俱蜜者治山中、在吐火羅東北、南臨黑河。其王突厥延陀種、貞觀十六年遣使入朝。中略 護密者或曰達摩悉鐵帝、曰鑊侃。元魏所謂鉢和者。亦吐火羅故地。東南直京師九千里而羸。横千六百里、縱狹纔四五里。王居寒(塞の誤)迦審城、北臨烏滸河。中略 地當入四鎭入吐火羅道。

唐書の地理志には護密を護密多に作つてゐる。この中、俱蜜が西域記の拘謎陀であることは甚だ明かで、十地等經記序に見える悟空の紀行にはこれを拘密支と記し、護密と區別してゐる。その中心地は唐書の地理志に褚瑟城、舊唐書に措瑟城としてあるが、確實な位置は不明である。因みに言ふ、この Kumedh は往々にして Karategin そのものゝ如く看做されてゐるが (Chavannes, Documents sur les Tou-kieu occidentaux. 1903. p. 164 Note 1; Herrmann, Κώμηδαι, in Real-Encyclop. d. class. Altertumswissenschaft.) Ibn Rusta 其他のアラビヤの地理學者の所記を參照すると Karategin は al-

Rasht の地であつて Kumēdh はその南方の山岳地帯を指したものと解すべきである (Tomaschek, Centralasiatische Studien. I. S. 114—115; Barthold in Zapiski, XV, 1904. S. 0178)。次に護密又は護密多は何處であるかと云ふに、その一名を鍐(鋃)喦と言ひ、Šignan 南方の横長い烏滸河 (Oxus) の谿谷として記されてゐる以上、Wakhan の谿谷を指したことは甚だ明かである。(鍐喦は卽ち Wakhan の對音に他ならない。慧超の往五天竺國傳にはこれを胡蜜、それに相應する慧琳の一切經音義には胡篋と記してゐる)。しかして倶蜜が Kumedh, Komedh の對音として用ひられてゐるのを見れば、護密・護密多・胡蜜・胡篋等が同じく Kumedh, Komedh の音譯であることは容易に推察せられる。かやうにして、唐代にはパミール以西に Kumedh と稱する場所が少くとも二箇所あつたのであるが、問題は唐代の Komedh ではなく、マエスやマリヌスの時代、卽ち後漢初期の Komedai であるから、次に唐代以前の Kumedh に就いて檢討して見よう。

先づ梁書の諸夷傳及びこれに基いた南史の夷貊傳には、滑 (Ephtalite) の近傍の國として胡密丹 Khumedhan 國の名を擧げてゐる。

周古柯國滑旁小國也。普通元年、使使隨滑來献方物。呵跋檀國亦滑旁小國也(中略)普通元年使使來献方物。胡密丹國亦滑旁小國也。普通元年(五二〇)、使使隨滑使來献方物(梁書五四)。

周古柯は Kargalik, 呵跋檀は Tashkurgan であるから、これらと共に滑國の使臣に從つて入朝した胡密丹は Wakhan の地を指したものであらう。この推定を一層確かにするのは、梁書や南史に對應する北朝の記錄に、專ら Wakhan の方面を Kumēdh の名で稱してゐるのによつて推察せら

れる。北史並びにこれに基いた現行の魏書には、前に引用した如く

鉢和國在渴槃陀西。其土尤寒、人畜同居、穴地而處。又有大雪山、望若銀峯。其人唯食餅麨麥酒、服氈裘。有二道。一道西行向嚈噠、一道西南趣烏萇。

とある。この記事の前半は明かに宋雲・恵生の紀行に據つたもので、洛陽伽藍記五には次の如くある。

九月中旬入鉢和國。高山深谷、險道如常。國王所住、因山爲城。人民服飾、惟有氈衣。地土甚寒、窟穴而居。風雪勁切、人畜相依。國之南界、有大雪山。朝融夕結、望若玉峰。

さてこの鉢和がWakhanの對音であることは既に學界の定論であるが、魏書の本紀を檢すると、鉢和國のことは絶えて所見がないが、却つて胡密・居密・久末陁等の國名が散見してゐる。例へば同書卷八、永平二年(五〇九)正月丁亥の條には、

胡密步就磨伽密槃是悉萬斤辛豆那越拔伽諸國並遣使朝献

とあり、卷九神龜元年(五一八)二月戊申の條には、

嚈噠・高麗・勿吉・吐谷渾・宕昌・疏勒・久末陁・末(朱の誤)久半諸國、並遣使朝献

とあり、正光二年(五二一)閏五月丁巳の條には、

居密・波斯國並遣使朝貢

とある。この胡密・居密・久末陁がKomedh, Kumedhの對音であることは甚だ明かであるけれども、既に西域傳にWakhanを鉢和國として記してある以上、このKumedhはWakhanのKumedhではある

まいといふ疑問が生ずる。しかし、西域傳を詳細に考察すると、Wakhan は鉢和國として記されてゐる他に、伽倍國・鉗敦國といふ。二つの分立した國としても記されてゐる。

伽倍國、故休密翕侯、都和墨城。在莎車西。去代一萬三千里。人居山谷間。

折薛莫孫國、故雙靡翕侯、都雙靡城。在伽倍西。去代、一萬三千五百里、居山谷間。

鉗敦國、故貴霜翕侯、都護澡城。在折薛莫孫西。去代・一萬三千五百六十里、居山谷間。

この中「故某翕侯都某城」とあるのは、編者がこれらの各地を漢代の大月氏の五翕侯の故地に比定したもので、他は悉く當時の新しい知識である。そして休密翕侯の故地に比定せられた伽倍國が Wakhan の東半、その西(正しくは西南)にある折薛莫孫は Sad-i-Mastoğ, 更にその西(正しくは西北)にある鉗敦國は Wakhan 西部の Kundut であることは嘗て詳細に論じた所である(東洋學報二巻一一二七頁)。たゞ伽倍の原音に就いては多少明白でない所があつて、文字に誤があるのではないかとも思はれるが、自分はこれを Ka-bai, Gha-bai などと音じて Komedh の m が b に變じた Kobedh の對音であると考へた。今日に於いても別段新規な説明を與へ得ないが、魏書の編者がこれを休密翕侯の故地に比定したのは、伽倍の音が休密に酷似してゐたからに相違ない。それは折薛莫孫を雙靡に、鉗敦を貴霜に擬定したのが專らその字音の類似に基いてゐることからも知られよう。かくしてこの頃 Wakhan の谿谷は東西の二部に分れてゐたのであつて、鉢和はこれらを總稱したものであらう。ところが、この地方の地理に暗い魏書の編者はかゝる關係に氣付かず、宋雲・惠生などの紀行等に基いて鉢和國の記事を作すと同時に、別系統の記錄によつて伽倍・鉗敦二國の傳を作成し、これらを別地の如く記載して怪まなかつたのである。既に鉢和が獨立した一國でない以上、本紀にその朝貢記事の無いのも不思議はない。然るに伽倍國は西域傳に「葱嶺西一千三百里、至伽倍、爲一道」とある如く、支那から嚈噠或ひはGandhāra方面に赴く要道に當つてゐたのに拘らず、本紀にその名の見えないのは甚だ怪むべきではないか。思ふに伽倍は本紀の胡密居密・久末陁に同じく、Wakhan東部のKumedhを指したもので、何故か本紀にその字面では記載されなかつたのに相違ない。果して然らば同じ時代の南朝の記錄に見える胡密丹が、Wakhanの地なるべきは明白である。

しかし愼重な論者は、魏書本紀の胡密居密・久末陁が悉くWakhanに比定せられるためには、なほ一層積極的な證據を必要とすると考へ、この中にはDarwaz方面のKumedhもあるかも知れないと疑ふかも知れない。そこで假に一歩を讓つて、その疑惑を容認するとして、さてそれではプトレマイオスの記事に相應すべき後漢初期の時代に就いて考へると、當時の支那の記錄にKumedhの名を以て記されてゐるのは、獨り大月氏の置いた休密翕侯の地のみである。言ふまでもなく、後漢の初頭には中央亞細亞には勢力の大變動があり、五翕侯の一たる貴霜翕侯は大月氏を倒し、西北印度に跨る大帝國を建設するから、休密翕侯も無論これに併合せられてしまつたのであらうが、休密の地が魏書の比定の如く伽倍國卽ちWakhanの東部であつたこと及び休密がKumedhの對音であることは右に記した如くである。先づかやうにして、支那の文獻を檢討すると、Wakhanの東部がKumedhと稱せられたことは古く漢代からのことであるのに反し、

Darwaz 方面の Kumedh が史上に現はれるのは、唐代以後、早くとも南北朝以後に屬することが知られるのである。

Kumedh に關する支那の記錄は右の如く漢代以後歷代存し、その指す所も大體正確に知られるが、西方に於いては、Ibn Rusta などがその位置を明示するまで、Khumedh に言及するものは甚だ稀で、適〻言及したとしても、その言ふ所は極めて漠としてゐる。先づプトレマイオスにやや先立つては Plinius があり、プトレマイオスに後れては Ammianus Marcellinus, Julius Honorius 等がある。この中、Plinius は單に Vallis Comedarum と石塔との距離が五十 Schönes で、Imaus 山を越えると東スキチヤに臨む坂の上に、Statio Mercatorum があると記してゐるのみであり、Marcellinus は Comedae の山地が Saka 民族の住地の最も高い部分を形成してゐると記してゐるが、その記事がプトレマイオスの襲鈔に過ぎないことは、既に記した如くである。又、Honorius は四世紀後半のローマの地理學者であるが、その世界の水系を記した著書の中に、「Oxus 河は Caumestes の山中に發源する」と述べてゐる。Marquart 氏がこの Caumestes を ※Caumetes の誤であるとし、これを Kumedh に當てたのは、殆んど誤たないと思はれる (Erānšahr. S. 149; Wehrot und Arang. S. 55)。但し Honorius の ※Caumetes は Oxus 河の上源一帶の山地を汎稱した趣に解せられるから、これを Wakhšāb の下流域に限る Marquart 見解には賛成し難い。それは何れにしても、プトレマイオス前後の古代の記錄では Komedai の位置は決して明白には知られないのであつて、やはりプトレマイオスの記事が最も詳しいのであるが、プトレマイオス自身もこの山地を甚だ茫漠たるものとして理解してゐたやうである。即ち、彼は先づマリヌスの所記に從つて、Komedai 山地の西北端・東南端をそれぞれ Byzanz (四三度五分)・Hellespont (四〇度五分)と同緯度であるとしてゐる (I. 12)。そしてこの山は Sakai 即ち Saka 民族の住地に傍つて特立してゐて、Sogdiana からの登り口は東經一二五度、北緯四三度であり、この山の谷に向つてゐる部分は東經一三〇度、北緯三五度である (VI. 13)。更に所謂 Saka 民族は西は Sogdiana と、北は Jaxartes 河の屈曲點から東經一三〇度北緯四〇度まで引いた線を以て Skythia と、東は此處から線を延ばし Askatanka 山脈に沿うて東經一四〇度・北緯四三度に位する Hormeterion に至り、此處から北上の Imaus 山脈に沿ひ東經一四三度・北緯三五度に至る線を以て Skythia と、南は前に記した二點を連ねた線を以て Imaus 山脈と接する (VI. 13)。そして Saka に屬する諸民族の中、Jaxartes に沿うてゐるものを Karatai, Komaroi と云ひ、山岳地帶の全部を占めてゐるものを Komedai といひ、Askatanka 山脈の麓にゐるものを Massagetae といひ、その間に住んでゐるものを Gyrnaioi, Skythai, Toörnai といひ、その下に當つて Imaus 山脈の麓にあるのを Byltai といふと記してゐる (VI, 13)。又、第七卷一章には

Koa 河の水源地帶の下[南]に Lambatai 人がゐて、彼等の[住する]山岳地帶は上[北]方 Komedai の山地にまで延びてゐる。

とある。Koa 河は今の Kunar 河で Lambatai はその附近の住民であつて、その地は北の方 Hindukush 山脈を越えて Badakhšan の山地に連續してゐる。これらを綜合すると、Komedai の山地は大體に於いて Saka 民族の據つてゐた山岳地帶を指し、東は北上の Imaus 山脈(パミールの東部山脈)、

西は Sogdiana、北は Jaxartes 河の上流域、南は Imaus 山脈(こゝでは Hindukush) に至る廣大な地域を指してゐて、そこには Komedai と稱する Saka 種が住んでゐた趣である。但しプトレマイオスの書には Sogdiana と Bactria とは劃然と區別せられてゐるのに、こゝでは Saka の西界が Sogdiana であるとせられ、Sogdiana が Bactria を包含してゐる如く、乃至は Saka と Bactria とを中斷してゐる如く記されてゐるのは、著しい誤謬である。從つて Sogdiana から Komedai 山地への登り口が東經一二五度北緯四三度に位するとあつても、それがマエスの一行がこの山地を越えるに當つて利用した所と同じであるか否か、一向に明かでない。そこでプトレマイオスに了解せられてゐた Komedai の山地が、かゝる茫漠たるものであれば、その所謂「Komedai の谿谷」は少くともこの廣漠たる地域の中にあるとしか言へないわけである。既にこの谿谷の位置がプトレマイオスの本文からは明白に知られないとすれば、Yule, Richthofen 其の他の人々の主張する Darwaz 說と余輩の Wakhan 說との優劣は、交通路としてのこの兩所の歷史は何れがより古いかによつて決定せられなければならない。しかるに Wakhan の東部の谿谷が漢代から休密卽ち Kumedh の名稱で知られてゐたのに對し、Darwaz 方面の Kumedh が支那の史籍に現はれるのが、如何に早く見積つても南北朝以後であることは、既に述べた如くである。これに反して Honorius の Caumetes はそれが Darwaz の Kumedh であるとしても、四世紀後半、卽ち南北朝にやゝ先立つ時代である。又、嘗て Wilford, Rawlinson の諸氏は Brahmanda Purana に見える Cumúda を Komedai の山地に比定せられたが (Asiatic Research. VIII. 1808. pp. 326, 332, 382; JRGS. 1872. pp. 496—498) Brahmanda Purana

の成立は早くとも四世紀を溯らないのみか (cf. J. N. Farquhar, An Outline of Religious Literature of India. Lond. 1920, p. 138) この Cumúda が果して何處を指してゐるのか明白でない。印度の記錄に Kumedh の名が見えるものは、この他に大方等大集經卷五六、高齊天竺三藏那連提耶舍譯月藏分第十二星宿攝品第十八に南方鬼宿に屬する國として富樓沙富羅國 (Peshawar) の次に記された侯彌單國、西方奎宿に屬する一國として擧げられた侯摩多尼國がある(大正藏 No. 397, pp. 371 a, 371 b; S. Lévi, Notes chinois sur l'Inde. V. BEFEO. 1905 pp. 273, 275)。これらはそれぞれ※Kumedan, ※Kumedana の對音で、パミール西方の一地を指したことは疑ひないが、その Darwaz の方面か Wakhan の方面かは明かでない。月藏分は梵本もなければ、西藏譯もなく、その成立の年代も詳かでない。又、假にそれが相當に古いとしても、指す所が明かでない以上、當面の研究に何等の寄與をなさぬものであることは、言ふまでもあるまい。かやうに考へて來ると、プトレマイオスの Komedai はこれを Darwaz に求めるよりは、漢代以來 Kumēdh の名で知られた Wakhan の東部に求める方が妥當である。或ひは强いて Darwaz 說を主張する人の中には、Karategin, Darwaz 方面の王族の中に Alexander 王の後裔と稱し、その遺品なるものを寶藏する者のある事實を擧げて、その地の由來古きを論する者があるかも知れない。しかし、同樣の傳說は Karategin, Darwaz 方面のみではなく、Oxus 河上流域一帶 Badakhšan, Rošan, Šignan, Wakhan から Indus 河上流域 Gilgit 方面にも廣く分布してゐて、何等信を措くべき性質のものではなく、その年代も Badakhšan の Mirs に就いて Marco Polo (chap. XXIX) が傳へてゐるのが最も古いのである (Yule-Cordier, Marco Polo. I, pp. 160, 162; A.

Burnes, Travels. I, pp. 221—2, II, pp. 209, 212, 214—219; O. M. Dalston, Treasure of the Oxus. 2nd ed. 1926, pl. XXVII; E. O. Lorimer, Language Hunting in the Karakoram. Lond. 1939. Vgl. Index)。思ふに Komedai, Kumedh 等は固有名詞として扱はれてゐるけれども、Minǧian 語で山を Koika, Zaza 語で koi, Persia 語で kōh と謂ひ (Tomaschek, Centralasiatische Studien, II. Sitz. d. W. A. d. W. histr.-philosoph. Classe, XCVI, 1880, S. 759) Yidgha 語 Wakhan 語 Sangulechi 語で kū, Sangulechi 語で kū^h, Ormuri 語で kō, Pashto 語で khandi と謂ひ (G. Morgenstierne, Indo-Iranian Frontier Languages. II. Oslo, 1938. p. 38※) 又、中部、中央を Wakhan 語で madhum Bactria 語で madhema, Sanskrit 語で madhyama, Šignan 語で medhéna, Sarikol 語で madhān と言ひ「中にある」を Wakhan 語で malungüng, Sarikol 語で madhānenǵ と言ふから (Tomaschek, op. cit. S. 817)、プトレマイオスの Komedai, 漢書の休密、魏書の胡密、居密、久末陟、梁書の胡密丹、玄奘の拘謎陁、護密、唐書の俱蜜、護密、護蜜多、慧超の胡蜜、胡篾等は、何れも Iran 語 koi-, kū-, kū^h, kō- 等に -madhum, -madhema, -madyana, -medhéna, -madhān 等を加へて出来た言葉に類似した音を現はしたもので、山中、山間等を意味し、元来 Wakhan の谿谷の如き山間の狭隘な場所を呼ぶ一般的な名稱であつたのであらう。Darwaz 方面が Kumēdh と呼ばれたのも、その中にかゝる地形の所があつて Kumēdh と言はれ、やがてそれがその附近一帯を指すやうになつたのであらう。マエス等の所謂 Komedai も元来はその通路に當つた Wakhan 東部峡谷の稱であつたのが、その谿谷の存する山地全體の總稱となり、プトレマイオスは更にこれを前記の如くパミール及びそれ以西の山地全體に適用し、Honorius の如きも恐らくこれに従つて Oxus 河の水源地一帯を ※Caumetes と記したのであらう。

以上の如くにして、Walkhan の Kumedh が Darwaz の Kumedh より歷史的に一層古いことが知られたが、なほ余輩の南道說を有力ならしめるのは、Kasia 國の位置である。プトレマイオスによると、Hormeterion は Kasia 國の附近にあると見え(VI. 13)、歐西の學者はこの Kasia を Kashgar と定めて疑はないから、自ら Hormeterion を北方に求め、プトレマイオスの交通路が Kashgar を通つたと考へたのである。 Kashgar を Kasia と考定する論據は、玄奘の西域記に「佉沙國、舊謂疏勒者乃稱其城號也」とあり、唐書の西域傳に「疏勒、王姓裴氏、自號阿摩支、居伽師城」とあるのに基いて、疏勒(卽ちKashgar)の一名を伽師と考へた結果である。そして啻にプトレマイオスの Kasia をこれに當てるのみでなく、法顯の佛國記に見える竭叉國、高僧傳三釋智猛傳に見える奇沙國など類名の土地を悉く Kashgar に比定して毫も怪まない。しかしながら、この地は漢代から南北朝時代を通じて疏勒・沙勒・踈勒等の名で呼ばれたのであつて、佉沙・伽師等の名を以て稱せられるのは、隋代を溯らないのである。例へば佛陀の事蹟を記した Lalitavistara に諸國の書法を列示してあるが、その中 Daradalipi, Khāṣyalipi, Cinalipi とあるのを、これに相應する西晋竺法護譯の佛說普曜經三現書品第七(縮藏、宙帙四、七五右)には「陀羅書・佉沙書・秦書」と譯してゐるのに、隋譯の佛本行集經十一習學技藝品には「陀羅多書(烏場邊山) 西瞿耶尼書(無隋言 ‖語) 珂沙書(疏勒) 脂那國書(大隋)」とし(大正藏 No. 190, p. 703 c) 珂沙卽ち Khāṣya を疏勒卽ち Kashgar に當てゝゐる。この注が隋代の注であることは「無隋言」、「大隋」とあることから容易に察せられる。因みに法苑珠林九に引用せられた佛本行經には「阿陀羅多書(烏場邊山)、西瞿耶尼書(失譯)、珂(一本作阿)沙書(疏勒)、脂那書(失譯)」と記されてゐる(大正藏 No. 2121, p. 351 a) 唐譯の方廣大莊嚴經四示書品第十には「達羅陁書、可索書、支那書」と譯されてゐる(大正藏 No. 187 p. 558 b)。これによって、疏勒を珂沙と稱したのが隋代に始まることが知られるが、なほこれを證據立てるのは Mahāmāyūrī に見える地名の比較である。即ち、梁譯の孔雀王呪經上では梵本の Khaśa を單に伽舍と譯してゐるのに(大正藏 No. 984, p. 451 b)、唐義淨譯の大孔雀呪經中(同上 No. 985, p. 466 a) 及び唐不空譯の佛母大孔雀明王經中(同上 No. 982, p. 425 a)、には共にこれを疏勒と譯してゐる (S. Lévi, Le catalogue des Yakṣa dans la Mahāmāyūrī. J.A. 1915, p. 52 et Note)。これらによれば、西晉及び梁代には佉沙・伽舍は唯その字音の如くに了解せられてゐたのに、隋・唐代に入ってこれを疏勒國に比定し始めたわけである。言ひ換へると隋代から從來の疏勒は又 Khása とも稱せられてゐたのである。しかし、慧超の往五天竺國傳に疏勒に注して伽師祇離とあり、これに相應ずる慧琳の音義には伽師信黎と書き(大正藏 No. 2128, p. 927 c)、Abulfeda, Tabari 等唐代の西方の記録にこの國を Kashgar と記し、決して Kash とは記してゐないことを考へると (Bretschneider, Mediaeval Researches. II, pp. 45–46; Barthold, Turkestan down to the Mongol Invasion. Vgl. Index)、西域記の佉沙・唐書の伽師は實は Kashgar の略譯であると見んければならぬ。先づかやうにして、Kashgar が佉沙・伽師等と呼ばれたのが、隋・唐時代に始まるとすれば、唐以前に於ける Kasha 類似の地名を悉く Kashgar に當てることは決して許されない。

右の推論が正鵠を失はないとして、然らば隋・唐時代以前の Khaśa は何處であらうか。先づ水經注一に次の如くある。

河水自葱嶺分源、東逕迦舍羅國。釋氏西域記曰、「有國名伽舍羅逝。此國狹小而總萬國之要道、無不由。城南有水。東北流、出羅逝西山。山卽葱嶺也。」逕岐沙谷、出谷分爲二水、一水東流、逕無雷國北。治盧城。其俗與西夜子合同。河水又東、逕蒲犂國北。治蒲犂谷。北去疏勒、五百五十里。俗與子合同。河水又東逕皮山國北。治皮山城、西北去莎車三百八十里。

疏勒の南方、莎車卽ち Yarkand 附近を東流してゐる河といへば Yarkand 河であるが、この河は Sarikol に發源して Tarim 盆地に流入するのであつて、その源頭に在つて萬國の要道を扼してゐるのは Tashkurgan 以外にない。思ふに、水經注の本文の迦舍羅國は迦舍羅逝國の逝を脫したもので、その意は Kasha-rādja 卽ち Kasha 王國の意に他ならないと思はれる。梁書の諸夷傳には

渴盤陀國中略王姓葛沙氏、中大同元年(五四六)遣使献方物。

とあつて、渴盤陀卽ち Tashkurgan の王姓が葛沙氏であつたと傳へてゐるから、伽舍羅逝の伽舍はその王家の姓であつたに相違ない。元來、Tashkurgan は南北朝から隋・唐にかけて渴盤陀或ひはこれに類似した名稱で呼ばれてゐた。例へば魏書の西域傳、宋雲の紀行には渴槃陀、唐書の西域傳に喝盤陀、漢陀、渴館○飯の誤檀、渴羅陀、西域記に朅盤陁、往五天竺國傳に渴飯檀、續高僧傳に羅盤陁、唐書地理志附載の賈耽の道里記に羯盤陀、魏書本紀八に訶盤陀とある。これらが何れも Garpand, Garpanda の對音で、山道・石路の義と思はれることは嘗て說いた如くである(東洋學報三卷九〇―九一頁)。渴槃陀の名が支那の史籍に現はれるのは、魏書上四大延三年(四三七)三月癸

巳の條に

龜茲・悅般・焉耆・車師・粟特・疏勒・烏孫・渴槃陀・鄯善諸國、各遣使朝献

とあるのが最初であるが、水經注の著者酈道元の歿したのは、その約百年後の孝昌三年(五二七)であるから、迦舍羅逝・渴槃陀の二稱は同時に行はれてゐた如くに考へられよう。しかし水經注の文を精讀すると、無雷・蒲犂・子合等當時は既に無かつた筈の國名が記されてゐるし、「河水自蔥嶺分源、東逕伽舍羅國」といふ文章はその次に引用せられた釋氏西域記に基いたものと考へられるから、酈道元の頃には既に迦舍羅逝の名は用ひられなかつたに相違ない。魏書本紀や西域傳には絕えてこの名は見えないのである。そして釋氏西域記の著者道安の歿年は西紀三八五年であるから (Chavannes, Voyage de Song-yun. BEFEO. III, 1903. p. 430) 少くとも四世紀の後半に於いては Tashkurgan は迦舍羅逝と稱せられてゐたのである。法顯及び智猛が竭叉國・奇沙國に赴いたのは、あたかもこの頃で、前者は三九九年、後者は四〇四年にこの地に至つてゐる。余輩はこの他に地理的な論據をも加へて、竭叉・奇沙が共に迦舍卽ち Tashkurgan に他ならないことを考證した。從つて迦舍羅逝が渴槃陀と改名せられたのは、四〇四年以後四三七年以前であることは明かである。かゝる改稱が何故に行はれたか詳かでないけれども、前に引用した如く梁書には中大同元年(五四六)入朝した渴盤陀國の王家は葛沙氏であつたと傳へてゐるから、この改稱が王統の變更に由來するものでないことは確かである。それでは葛沙氏がこの國に君臨したのは何時に始るであらうか。三國志の魏志の注に引用せられた魏略の西戎

傳には

楨中國・渉車國・竭石國・渠沙國・西夜國・依耐國・滿（○蒲の誤）犂國・億若國・楡令國・捐毒國・休脩國・琴國・皆幷屬疏勒。

とあつて、疏勒とは別に竭石國の名が見えるが、こゝに記されてゐる其他の諸國が悉く葱嶺以東にあるのから推すと、竭石國は殆んど釋氏西域記の迦舍羅逝であらう。支那の文献に迦舍國の名の見えるの、はこれが最初である。しかし、葛沙氏がこの國に王となつたのは、後漢の時代にまで溯らしめ得る。その證據は次に示す宋雲の所傳である。

神龜二年（中略）八月初入漢盤陀國界、西行六日、登葱嶺山、復西行三日至鉢盂城、三日至不可依山。其處甚寒、冬夏積雪。山中有地、毒龍居之。昔有商人止宿池側、値龍忿怒、呪煞商人。盤陀王聞之、捨位與子、向烏場國、學婆羅門呪。四年之中、盡得其術、還復王位、復呪池龍。龍變爲人悔、過向王。卽徙之葱嶺山。此池二千餘里。今日國王十三世祖。

神龜二年は五一九年でこの時の漢盤陀王家が葛沙氏であつたことは明白である。今一世を三十年として逆算すると、葛沙氏の始りは一二九年卽ち後漢の順帝の永建四年頃にあると推定せられる。果して然らば、これは正にプトレマイオスの時代に相當するものではないか。

かやうに Tashkurgan の沿革を辿つて來ると、Lalitaviśtara の Khasia, Mahāmāyūrī の Khaśa は共に Tashkurgan に當つべきであつて、隋・唐の譯者や歐西の學者の如く Kashgar と看做すのは誤であり、プトレマイオスの Kasia 國も亦必ず Tashkurgan であつて Kashgar と看做すべきでないことがのKasiaとしても名の聞えた印度の古記錄に散見するKhaśa (Mahābhārata) Kaśas悟られよう。余輩は更にHerodotusのCaspi, 印度の古記錄に散見するKhaśa (Mahābhārata) Kaśas (Manu法典)等が何れもTashkurganに比定せらるべきことを論證したが(東洋學報三卷一七一—一七三頁、七卷三四〇—三四八、三八一—三八四頁)、その詳細は今は省略する。釋氏西域記によると、この地は萬國の要道を扼した重要な地點であるが、かゝる形勢が漢代以來のことで、支那トルキスタンからBactria又はGandhāraに向ふ人々はYarkand又はKargalikからYarkand河の沿域を西行し、KandarKetteを登攀してTashkurganに至り、Sarikolの谿谷からWakhanに入つた事實は、余輩が屢〻說いた所であつて贅述を要しない。要するにTashkurganは南道の要衝としてHerodotusの時代から聞えた國であつたのである。

プトレマイオスのKomedaiが、Wakhanの谿谷でありKasia國がTashkurganであるとすれば、その葱嶺通過路が漢書の所謂南道に他ならないことは、議論の餘地が無いと思はれるが、プトレマイオスによるとこの道中にSaka民族が住してゐると記されてゐ、Alai, Irkeshtam方面卽ち漢代の休循·捐毒が漢書に明かに塞(Saka)種と記されてゐるのに反し、南道の方面には塞種の據つた形迹がないから、なほ南道說に多少の疑問を感ずる人があるかも知れない。しかしプトレマイオスのSakaはその指す所は甚だ廣汎で、Herodotusに明かにSakaと區別せられてゐるMassagetaeもプトレマイオスにはSakaの一種と看做されてゐる。又、Byltaeは今のBalti人でBaltistan方面に據つた Tibet人と思はれるのに、プトレマイオスはこれもSakaの一種に數へてゐる。從つてその交通路にSakaが居たからとて、それが必ず漢書に塞種と明記してある休循·捐毒であるとは決定し得ない。前漢時代に Bactria と Tashkurgan との間に據つた大月氏の五翕侯の地は、Nakš-i-Rustam の碑文に Darius 王に隷屬した國々の一として記されてゐる Saka Haumavarga の地と思はれるが、五翕侯は大月氏とは人種を異にする土着のイラン種と思はれるから、これを Saka と稱しても決して差支へはない。又、Tashkurgan と Yarkand との間に國した無雷・依耐・蒲犁・西夜等の南道の諸國が、氐羌等の Tibet 種であつたとすれば、これまたプトレマイオスの Saka 中に包含せらるべきものであらう。さればこの點に就いても、南道說は少しもプトレマイオスの記す所に背馳しないのである。

四

以上論述した所によつて、Richthofen 等の所說は、もはや成立の根據を失つたと思はれるが、なほこれを確かにするのは石塔及び Hormeterion の位置である。余輩は西域記を玩索して、これら兩者の位置を決定すべき好個の鍵鑰を見出したと信ずるが故に、次にこれに就いて述べてみよう。

玄奘の西域記[二十]を讀むと、朅盤陁から烏鎩國に至る道程を記して次の如く言つてゐる。

朅盤陁國。周二千餘里。國大都城、基大石嶺、背徙多河、周二十餘里。山嶺連屬、川原隘狹。(中略)城東南行三百餘里、至大石崖。有二石室。各一羅漢於中入滅盡定。端然而坐、難以動搖、形若羸人。膚骸不朽、已經七百餘歲。其鬚髮恒長。故衆僧年別、爲剃髮易衣。大崖東北、踰嶺嶮險、行二百餘里、至奔穰舍羅[唐言福舍]。葱嶺東岡、四山之中、地方百餘頃。正中墊下。冬夏積雪、風寒飄勁、疇壠舃鹵、稼穡不滋。既無林樹、唯有細草。時雖暑熱而多風雪。人徒纔入、雲霧已興。商侶往來、苦斯艱難。聞諸耆舊曰、昔有賈客、其徒萬餘、橐駝數千、賫貨逐利。遭風迴雪、人畜俱喪。時朅盤陀國有大羅漢。遙觀見之、愍其危厄、欲運神通拯斯淪溺。適來至此、商人已喪。於是收諸珍寶、集其所有、構立館舍、儲積資財、買地鄰國、鬻戶邊城、以賑往來。故今行人商侶、咸蒙周給。從此東下葱嶺東岡、登危嶺越洞谷、谿徑險阻、風雪相繼。行八百餘里、出葱嶺至烏鎩國。

同じ行程を慈恩傳五には次のやうに記してゐる。

至朅盤陀國。城依峻嶺北、背徙多河。其河東入鹽澤、潛流地下、出積石山。爲此國河源也。[中略]城東南三百餘里、至大石壁。有二石室。各一羅漢於中入滅盡定、端居不動、視若羸人。而竟无傾朽。已經七百餘歲矣。法師在其國、停二十餘日。復東北行五日、逢群賊、商侶驚怖登山、爲被逐溺水死。賊過後、與商人漸進東下、冒寒履嶮、行八百餘里、出葱嶺至烏鎩國。

朅盤陀國はTashkurgan徙多河はYarkand河であることは言ふまでもない。これによると玄奘はTashkurganから東南三百餘里進んで大石崖に至り、更に此處から東北に進んで葱嶺を越えたのであるが、こゝに所謂葱嶺はTashkurganの東に聳えるKandar Ketteに他なるまい。賊に遭つたのは大石崖から奔穰舍羅に至る間であつたらう。そして葱嶺を踰えて二百餘里行つて奔穰舍羅に達したのである。奔穰舍羅がSkt. punyaśālaの對音で、福舍即ち旅人の宿舍であるこ

とは、既に學者の論究を經てゐる所である。西域記四磔(礫)迦國の條に

此國已往、多有福舍。以贍貧匱、或施藥、或施食。口腹之資、行旅無累。

とあるのに據ると、福舍は旅人にあらゆる便益を提供してゐたのである。勿論、葱嶺東部の福舍の位置は明白ではなく、その起源ももとより詳かにし難いけれども、それが Tashkurgan から葱嶺を越える道途に當つてゐる以上、かゝる施設が極めて古くから存在したことは容易に想像せられる。余輩はこの福舍こそプトレマイオスの Hormeterion であり、その西南方の大石崖こそ所謂石塔であらうと考へる。Hormeterion の位置は、Sakai の東境、東經一四〇度・北緯四三度の所に Imaos 山に向つてあると記され (VI. 13)、同時にそれは Imaos 山の東側にある Scythie の南境に當る (VI. 15)。そして Plinius によると、所謂 Statio Mercatorum は東 Scytie に臨む坂の上にあつたといふ (I. 2)。これらは福舍が大石崖から Kandar Kette を踰えて東北行した所にあるといふ記事と吻合するものではないか。プトレマイオスの地理志の附圖は幾度かの轉寫を經たもので、果して何れ程原形が保存せられてゐるか疑問がないでもないが、その亞細亞圖の第七に Imaos 山中に一つの建築物を畫き Statio aut receptaculum eorum, qui ad Seras mercatum proficiscuntur 即ち Sera に商販に赴く人々のための驛亭或ひは避難所と説明が施されてゐるが、これ亦奔穰舍羅の位置とよく一致するのである。プトレマイオスの所記に、石塔に始る山脈は東方に於いて Palimbothra 即ち Patna から北走する Imaosに接續する (I. 12) とあるのも、その所謂石塔に始る山脈を Kandar Kette と見れば、最もよく實際の地形に合する。Kandar Kette が南方 Karakoram

山脈を經て Himalaya 山脈に接してゐることは周知の如くであつて、こゝに所謂 Imaos は Himalaya 山脈に他ならない。大石崖の確實な位置は明かでないけれども、その二石室に盡定してゐる二羅漢が當時の俗傳に七百餘歲を經たとあるのを以てすれば、この大石崖の沿革は頗る古いのである。玄奘がこの地點を通過したのは、貞觀十九年(六四五)であるから、假にこの俗傳に信を置くとすれば、それは殆んど紀元前から人々に知られてゐたと思はれる。從つて、これをプトレマイオスの石塔に擬しても敢へて不可はないのである。因みに、プトレマイオスは石塔、Hormeterion を共に北緯四三度に置いて、Hormeterion が石塔の眞東にあつたと考へてゐる。しかし、プトレマイオスの緯度の不確實なことは前に記した如くであつて、これは余輩の考定を輕重するに足るものではない。プトレマイオスの記事によると、Kasia 國は Hormeterion の近傍と記されてゐるのみで、商人達がこの國に立寄つた趣には書いてゐない。石塔や Hormeterion は勿論 Kasia 國の管域にあつたと信ぜられるから、或ひは Kasia の都城卽ち Tashkurgan に行かなくても用が辨ぜられたのかも知れない。或ひは石塔から更に西北行して Kasia 國に至り、更に石塔に歸つて Hormeterion に進んだのかも知れない。簡單なプトレマイオスの記事からはかゝる細い點に就いての說明は得らるべくもないが、何れにしても Wakhan から Tashkurgan 又はその東南の大石崖に至るには、道は東北に向ふのであつて、地理志に道は北して石塔に至るといふのにも合ふのである。Tashkurgan から葱嶺を越えて Yarkand に出るのが、漢代以來の南道である次第は既に記した如くであるが、西域記の烏鎩國は余輩の研究によれば正に Yarkand

である(東洋學報三卷一一五—一二〇頁)。故に玄奘がその歸途通過した道は、明かに漢代以來の南道であつて、同時にそれは大體に於いて西曆紀元の初頭にギリシアの絹商人たちに利用せられてゐた大道に合致するのである。

プトレマイオスの葱嶺通過路に對する余輩の見解は以上の如くである。余輩は Richthofen 氏等の Balkh—Karategin—Alai—Kashgar 說に反對して、Balkh—Wakhan—Tashkurgan 附近 —Yarkand 說を主張する者である。西曆紀元の初頭はあたかも Kušan 王朝の最盛時代で、その領域は葱嶺の西部山地一帶から Tokharestan, Afganistan, Panjāb から、恆河の流域に及び、Kujula Kadphises I, Wima Kadphises II を經て立つた Kanishka 王は、所謂「諸王の王」βασιλεὺς βασιλέων Κανέρκου として並びなき權勢を振ひ、その都城 Pushkalavāti には或ひは陸路から或ひは海上から東西の商客が雲集した。漢代の記錄に罽賓烏弋山離道と記されてゐるのは、莎車(Yarkand)又は皮山(Guma)から Tashkurgan に至り、南、縣度の險を越えて罽賓(Gandhāra)に達し、更に西して撲挑(Kabul)に進み、此處から南して烏弋山離(Kandahar)に終る大道である。そして Kabul から北行すれば Purwan 又は Bamian を過ぎて Bactria に出るのである。されば當時に於ける繁華の中心は Gandhāra 方面に存したわけであつて、東西トルキスタンと Bactria とを連絡するのに南道が專ら使用せられてゐたのは、その繁榮の中心に近かつたからでもあらうと考へられる。プトレマイオスの葱嶺通過路を北方に求めようとする說は、かゝる大勢の上から觀ても肯ひ難い。但し余輩は Alai, Karategin 地方を過ぎる交通路が漢代に於いて全く無かつたと言ふのではない。漢書の西域傳には Alai

の高原に國した休循國に就いて

東（中略）至捐毒衍敦谷二百六十里、西北至大宛國九百二十里、西至大月氏千六百一十里。

と傳へてゐる。捐毒は今の Irkeshtam の方面、大宛は言ふまでもなく今の Ferghana である。そして大月氏は Bactria であるから、こゝに「西至大月氏」は Alai 高原から西南 Karategin を經て Oxus 河の上流域に至る意味であらう。Karategin に格段の國があつた如く記されてゐないのは、その地が大月氏の領域であつたからである。この考察に誤がないとすれば、Alai—Karategin 道も支那ドルキスタンと大月氏とを連結する道として、地方的には利用せられなかつたわけではないのである。しかし、それが決して當時最も頻繁に利用せられた東西の連結路ではなく、況んや紀元の初頭西方の商人によつて報告せられた葱嶺の通過路でもなかつたことは、上來說いた所で明かである。要するに余輩の南道說は Richthofen 等の說とは全く異るものであるが、Yule, Rawlinson 等の唱へる南道說とも同じではない。Yule, Rawlinson は Komedai を Darwaz の山地と看做し、こゝを通つて中央パミールを横斷するか、或ひは又 Wakhan の谿谷を通つて、Tashkurgan に至り、更に Kashgar に至るとするのであるが、Darwaz から中央パミールを横斷したり、Balkh からわざ〳〵Darwaz の險に入つて Wakhan に出づる如きは、近代の探險隊ならば知らず、旅行の安易を希ふ商客行人の古來取らなかつた道理である。殊に Tashkurgan から Kashgar に出たとするのも、交通路の歷史を無視した見解であるし、Rawlinson の如く Tashkurgan の名義や町の構造からこれを石塔に擬するのは全く誤つてゐる。Tashkurgan の名稱は Rawlinson 自身の論じた如

く (JRGS. 1872, p. 507—508 note)、決して古いものではないのである。

最後に一言附け加へて置きたいのは、佛國の Berthelot 氏の説である。氏は近年「プトレマイオスに見えたる古代の中央及び東南アジア」(L'Asie ancienne centrale et sud-orientale d'après Ptolémée. Paris. 1930) と題する一書を公にして、この交通路に就いて大要次の如き解釋を施してゐる。

プトレマイオスの Comèdes 山地はパミール高地からその西部の Karategin, Badakhshan の山地を含んだ一帯の地方を廣く指してゐる。そして Sogdiana からこの山地への登り口は北緯四三度東經一五二度とあるから、それは正に Jaxartes 河の源頭に位してゐる。さてマエスの一行は最初 Bactria から北に向ひ、Comèdes の山地に入つて南するのであるから、これは Samarkand, Kodjend, Kokand を通つて Ferghana に入り、Jaxartes の源頭から南轉して Comèdes の山中に入つたのである。Comèdes を越えると所謂 Comèdes の谿谷に達するのであるが、プトレマイオスに記された經緯度からその距離を計算すると、直線距離で約三五〇キロ・メートルと算定せられる。これを現今の地圖に當てはめて見ると、正に Wakhan の南邊にある Sarhad 村附近に至つたのである。Sarhad 村は其處から南して Baroghil 峠を越えると印度に達する。次に道はこれから Comèdes の谿谷に入つて、石塔に至るまで北に向ふのであるから、Comèdes の谿谷は卽ち Wakhan でこれを東北に進んで Tashkurgan に至つたのである。石塔は Rawlinson 氏の考定した如く Tashkurgan であり、道は此處から東して Yarkand に出るのである。かやうに考へて來ると、Ferghana から南下したマエスの一行が、何故にKizil-suを下つてKashgarに出なかつたか、又何故にBactriaからBadakhshanを經てWakhanに直行しなかつたかといふ疑問が生じようが、その解釋は一つしかない。卽ち、かゝる行程を取つたのは手代の一行が始めはFerghanaから印度に赴く隊商と行動を共にし、次に印度から北上して支那に向ふ隊商に加つた結果である。又、石塔も地理志第一卷と第六卷とでは位置を異にして記されてゐるが、Tashkurganといふ地名は各所にあるから、石塔が二個あつても怪むに足らない。(pp. 153—156, 206—207)

しかし、既に屢〻述べた如くプトレマイオスに記された葱嶺の交通路は決してマエス等が偶然に通過した道ではなく、當時西方の行客の常に利用した大道であつたのである。そしてそれはMargianaのAntiochia卽ち今のMervからBactriaを經てSera Metropolisに向ふ道なのである。さればそれがBactriaから後戻りしてSamarkandに至り、Kodjend, Kokandを經てJaxartes河の源域を極め、更に南してパミールの山地を縱斷してWakhanの谿谷に至り、更に東北に轉じてTashkurganからYarkandに出でたとは、如何にしても考へられない。氏は又Hormeterionを西都護府の所在地たる烏壘城卽ち今の天山南麓のBugurに比定するのであるから、Yarkandを發した人々は恐らく北行して天山南麓に出で、それから東に進んだことになるのである。葱嶺を越えてターリム盆地に出てからの通路も、諸家各說であるが、これに就いては嘗て論じたことがあるから、今は敢えて述べない。要するにYarkandに出れば、特別の事情の無い限は南山脈の北麓に沿うて東行するのである。葱嶺を南北に縱斷して漸くターリム盆地に出た商人が、又北方を迂回して Sera に赴く如きは、餘りに不可思議ではないか。又、氏の解釋では地理志の巻一の石塔と巻六の石塔とは位置を異にするといふのであるが石塔は葱嶺通過路の格段の標識として行人から親まれ、プトレマイオスにやゝ先立つ Plinius にも Turris lapidea と特記せられてゐるのであつて、決して二つあつたのではない。氏は石塔が二つあつたことに對する解釋として、Tashkurgan といふ地名が葱嶺以西に多い事實を擧げてゐる。Tash-kurgan といふ地名が葱嶺の以西に多いのは如何にも事實であるが、巻一の石塔が Sarikol の Tashkurgan であるとして、さてそれでは巻六の石塔は何處の Tashkurgan に當てやうといふのか、少しも明かでない。氏は巻六の石塔を巻一の石塔のやゝ東北に置いてゐるが、如何なる地圖を見てもさうした所に Tashkurgan といふ地名は發見せられない。假にそれが存在するとした所で、プトレマイオスの石塔に比定せられる程の古い歴史を有してゐるものでは決してあるまい。數ある Tashkurgan の中、沿革の最も古いのはたゞ Sarikol の Tashkurgan のみであるが、この地はプトレマイオスの Kasia國であつて、石塔には擬し得ないのである。

Berthelot 氏の説は、何れの點から見ても贊成出來ない。思ふに、氏をしてかゝる奇怪な說を成さしめた根本的な原因は、プトレマイオスに記された數字や方位に非常な信頼を置き、交通路の歴史的沿革の如きは毫も顧慮する所なく、僅かに極めて不確實な一、二の地名の比定を基礎として、現行の經緯度とプトレマイオスの經緯度との比例を求め、これを他に及ぼしたことに存する。その詳細な批評は煩はしいから省略するけれども、元來が不確實この上ない記載を現今の精密な地理的知識によつて、徹頭徹尾是正し解釋し得ると考へた所に、氏の研究法の無理があるのである。かゝる研究態度の誤は、四百頁に餘る氏の力作の殆んど全部を覆うてゐるのであるが、就中右の交通路の考定の如きは、角を矯めんとして牛を殺すに至つた好例と評すべきであらう。

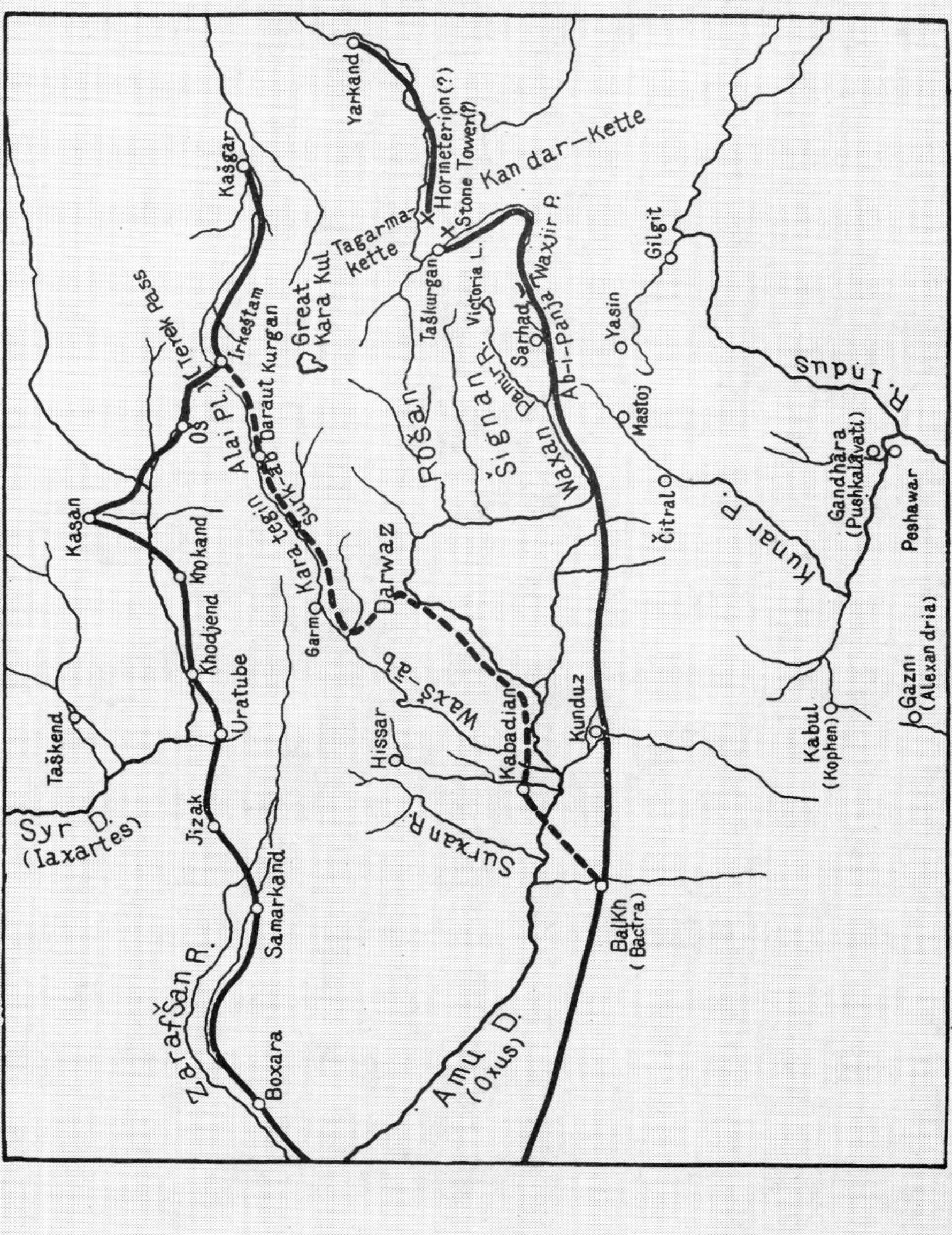

Syr D.
(Iaxartes)
Taškend
Kasan
Zarafšan R.
Jizak
Khodjend
Khokand
Oš
Terek Pass
Uratube
Boxara
Samarkand
Alai Pl.
Irkeštam
Kašgar
Kara tegin
Surk-āb
Daraut Kurgan
Garm
Great
Kara Kul
Tagarma-
Kette
Yarkand
Hissar
Darwaz
Waxš-āb
Surxan R.
Rošan
Taškurgan
Hormeterion (?)
Stone Tower (?)
Amu D.
(Oxus)
Kabadian
Šignan
Victoria L.
Pamir R.
Sarhad
Kan dar-Kette
Waxan
Ab-i-Panja
Waxjir P.
Kunduz
Balkh
(Bactra)
Yasin
Mastoj
Čitral
Gilgit
Kunar P.
Kabul
(Kophen)
Gandhāra
(Pushkalāvati)
R. Indus
Gazni
(Alexandria)
Peshawar

拂菻問題の新解釋（上）

白鳥庫吉（1865—1942）

《東洋學報》19-3，1931

拂菻問題の新解釋（上）

白鳥庫吉

一 緒言
二 魏書大秦傳の批判
三 波斯と北魏
四 拂菻國號の解釋
五 魏書の伏盧尼國

一 緒言

西域の史上で解釋を要する問題は決して尠くはないが、その中でも大秦拂菻の二國ほど是まで數多の學者の頭を惱ましたものはあるまい。而もそれが未だ充分に解決せられないで、なほ學界の祕密となつてゐるのは甚だ遺憾なことである。余輩は明治三十七年に「大秦國及び拂菻國に就いて」といふ論文を史學雜誌（第十五編）に掲載して、聊か此の二國に關する卑見を述べたことがある。然し其から二十七八年といふ長い星霜を經過した後から之を顧ると、それには不備の點もあり、又誤解した處もあつて、大に訂正增補を要するので、取あへず大秦國に就いては、昨年出版せられた桑原博士の還曆記念東洋史論叢と今年發兌の史學雜誌とに於いて新規の考察を陳べて置いた。そこで今度は本誌を借りて、拂菻國に關する新解釋を試みて見たいと思ふ。

漢の武帝の命令を受けて張騫が大月氏の王庭を訪問した頃に、西域の西部には Antiochia を都城とする Syria 王國と Alexandria を首府とする Ptolemy 朝の Egypt 王國とが存在してゐた。張騫の報告に依つて始めて漢人に知られた黎軒國の名稱が、Alexandria の略譯に過ぎないといふ余輩の考定に誤がないとすれば、此の國の主體が Egypt にあつたものと見做して差支はなく、又條支國の名稱は Antiochia の略譯だといふ余輩の解釋が許されるならば、それは元來 Zagros 山脈から地中海に亘る Syria 王國を指したものに相違なからう。張騫が紀元前一二八、九年頃大月氏の王庭に滯留してゐた時には、曾て Syria 王國の東境となつてゐた Mesopotamia, Babylonia, Mesene 等の地は、既に Parthia 卽ち安息國に併合せられても、尙條支國卽ち Antiochia の名で呼ばれてゐたのであらう。然るにローマは紀元前六五年に Syria

王國を滅ぼし、三〇年に Ptolemy 朝の王國を併せたので、Parthia 國の西界から地中海に至る Syria, Egypt の地域は、悉くその領土となつてしまつた。此の時ローマ國は恰も帝政の始めで、その領域は既に歐洲の西部及び南部とアフリカ洲の地中海に瀕する部分とを包容してゐたのが、更にまたアジヤ洲の西部を併合したので、その版圖の廣大なると、その兵力の强盛なると、その財貨の豐富なるとに於いては、當時の世界に匹敵するものはなかつた。此の强盛なローマ帝國の狀態を漢人が始めて聞き知つたのは、後漢の章帝の時に班超が西域の都護となつてゐた頃で、漢人が此の國を大秦と呼んだのは多分此の時からであらう。然し漢人の所謂大秦國はローマ市を首府とする全帝國を指したのでなく、實はアジヤに於けるその領土を呼んだのである。前漢の張騫が聞き傳へた黎軒國は、Alexandria を首府とする Ptolemy 朝の Egypt に相違ないが、後漢時代の大秦國は Egypt と Syria とを合したローマ帝國の領域である。だから嚴格に云ふと、大秦國は漢史に記すが如く、前の黎軒國と全然同一だと見ることは出來ない。然し余輩が魏略の大秦傳に現はれた此の國の地理を考察研究した結果によると、後漢の時代になつても大秦國の都城を Alexandria と見做さなければ、地方から都に上つてくる道程の順序は全く了解されない。さうして此の推測はまた司馬晉の時代に翻譯せられた尼先比丘經の中に「王言、我本生大秦國、國名阿荔散」とある文句に依つても確證される。此の經文は Pāli 文で書かれた Milinda Pañha 經の漢譯であるが、その Pāli 文の方を見ると、Milinda 王の生地は Alasanda 洲の Kalasi 村となつてゐる。Kalasi が今日の何處であるかは詳かでないが、Pâli文のAlasandaは漢譯の阿荔散であつて、何れもAlexandriaの略譯である。たゞPâli文のAlasandaは洲の名であり、漢譯の阿荔散は國の名となつてゐるが、それは皆外國の方で首府の名を取つて國土の上に押し擴げたものに過ぎない。張騫の時代にPtolemy朝のEgyptを黎軒國と稱へたのはその都城Alexandriaの略譯であり、又Syria王國を條支と呼んだのは、その首府Antiochiaの訛音であるのを考へ合すべきである。ローマが此の二國を仆してEgyptとSyriaとが其の屬州となつた時に、漢土の方では之を呼ぶに大秦といふ新規の名號を撰んだが、土言ではEgyptのAlexandriaの名を取つて、之を黎軒とも阿荔散とも云つたのである。又條支國はSyriaがローマの版圖に入つてからは、國家としては滅亡した譯であるが、漢土では猶ほその領地の一部であつて新に安息の屬國となつたMesopotamia, Babylonia, Mesene等の諸國を此の名で呼ぶやうになり、さうして此の地域の中でも、その南部波斯灣に瀕する處は、通商上の關係から最もよく漢人に知られたので、此處に據つてゐたMesene-Kharaceneは專ら條支國のやうに見做されたのである。

二　魏書大秦傳の批判

余輩が史學雜誌に掲載した大秦國の地理に關する論說に誤がないとすれば、魏略の大秦傳は此の國の事を傳へた根本史料であつて、その事實はローマにあつてはHadrianus (117–138 A. D.) Antonius Pius (138–161) 二帝の在位の間、支那にあつては後漢の安帝の永初五年から桓帝の延熹四年に至る間に獲たものである。　魏略は魏の魚豢の編纂した書で、曹操から明帝に至る三代の事跡を記したものであるが、その大秦傳の中には魏の代になつてから傳つた事實は含まれてゐない。　又晉書の西戎傳の中にも大秦國の條はあるが、その記事の殆ど全部は魏略や後漢書の大秦傳を剽竊して之を節約したもので、たゞその末尾に武帝の太康年間に大秦國から朝貢した事が記してあるのが、此の一代の間に得られた新事實である。

南北朝の時代になつても、支那と西域との關係には大した變動はなく、しかも大秦國が北魏に朝貢したことは、魏書の本紀にも列傳にも擧げてないから、此の書の西域傳には大秦國の傳は立てられまいと思はれた。　然るにその西域傳を繙いて見ると、大秦國の事が麗々と書き立てゝあつて、その中には前代の大秦傳に記されてない事柄もあるので、いさゝか意外の感を起した。　そこで此の傳を精讀吟味して行くと、此の文もまた魏略の大秦傳の焼き直しに過ぎないことを看破した。　想ふに此の傳の編者は魏略の大秦傳の如き漢人の自尊心に滿足を與へると共に、西方に樂土を渴仰する當時の信念に確證を供する美譚が、西域史上から除き去られるのは、如何にも殘念の事に思はれたに相違ない。　されど之が傳を作らうとするにも新規の材料がないので、結局は魏略などの古史に依る外はないのである。　但し此の書を略說したのでは、晉書の大秦傳のやうなものとなつて面白くないので、一方にそれを省略すると共に他方に增補を施して、恰も異聞のやうに見せかけたものであらう。　余輩の此の考察が果して眞相を穿つてゐるか否か、以下煩勞の嫌はあるが、魏書の大秦傳の全文を取つて、魏略のそれと對照比較して見よう。

魏書の大秦傳を玩索して見ると、此の傳の編者は魏略の大秦傳には漢人の構想に成つた虛談と實際に見聞した事實とが結合せられてあり、さうしてその虛談の方は專ら堯舜禹の傳說に根底するのを看破してゐたやうに思はれる。そこで編者が新に大秦傳を作るに際し、魏略の事實の文は時代に懸絕があるので成るべく之を取らないといふ方針で、專らその虛談の方に增補變更を施したものである。例へば此の傳の劈頭に大秦國の都城を安都と記してあるのは、魏略に增補を加へた一例である。魏略の大秦傳には單に都とのみあつて、その都名を擧げてない。因て魏書の編者は禹の都が安邑であるといふので、それに因んで大秦國の都を安都と名づけたのであらう。又此の書に「王三年一出、觀風化、人有冤枉詣王訴訟者、當方之臣、小則讓責、大則黜退、令其擧賢人以代之」とある一節は、魏の時代になつて新に得た事實のやうに思はれるのである。然しまたよく之を考へて見ると、是も舜典に「三載考績、黜陟幽明」とある文を說明したものに過ぎない。又此の書に「其都王城分爲五城、各方五里、周六十里、王居中城」とある文は、魏略に「其王所治城周回百餘里、……王有五宮、一宮間相去十里」とあるに依つて、少しく之に變更を加へたものである。魏略には王城の周圍を百餘里と概算してあるが、王宮を中心として四方の各宮への距離が十里だとすれば、その周回は百二十里となる譯である。かやうに考へて見ると、魏書は單に魏略の里數を半分に減じたまでゝある。又此の書に「城置八臣、以主四方、而王城亦置八臣、分主四城、若謀國事及四方、有不決者、則四城之臣集議所、王自聽之」とある文は、魏略に「置三十六將、每議事一將不至則不議也」とあるのに依つて、之を敷衍説明したものに過ぎない。魏略の三十六將は如何に配置せられたか、本文に之を示してないが、五宮の制から之を推すと、四方の各宮に八將を置き、中宮には四將を置いて四宮を分主せしめたのに相違ない。魏書には主臣の總數を擧げてないが、五城の各に八臣を置いたとすれば、その合計は四十人となり、魏略の三十六將よりも四人多いことになる。是は魏略の中宮の四將を八將と改めた結果に相違ない。又此の書に「其人端正長大、衣服車旗擬儀中國、故外域謂之大秦」とある文は、魏略に「其俗人長大平正、似中國人而胡服、自云本中國一別也」とあり、またその下に「旌旗擊鼓白蓋小車郵驛亭置如中國」とあるのと、後漢書の大秦傳に「皆髠頭而衣文繡、乘輜軿白蓋小車、出入擊鼓、建旌旗幡幟、……其人民皆長大平正、有類中國、故謂之大秦」とあるのに依つたことは明白である。たゞ魏略も後漢書も大秦人が中國人と類似するのを語つてゐながらも、魏略には大秦人は胡服すとあり、後漢書にはその人民は髠頭であると書いてあつて、中國人と差別する點をも擧げてゐるが、魏書には此の差別が全く沒却せられてゐる。これは大に注意すべきことである。又此の書に「其土宜五穀桑麻、人務蠶田」とある文は、魏略に「其土地有松柏槐梓竹葦楊柳梧桐百草、民俗田種五穀、畜有驢騾駱駝桑蠶」とあるの省略である。但魏書が大秦國に產する品物の中に於いて、西域の地方では實際には產出しない中國の特產たる桑蠶を特書してゐる。此に由つても編者が大秦國を中國化して往からとする用意の程が窺はれる。又此の書には大秦國の產物として璆琳、琅玕、神龜、白馬、朱髦、明珠、夜光璧の七物を擧げてゐるが、此等は悉く魏略に見える五十九目の中に含まれてゐて、しかも其は漢人が西域と交通を開かない時から、非常に珍重してゐたものである。此の書が大秦國の產物を列擧するに際し、此の國の特產を省いて、特に漢人の珍重するもののみを選んだのは、大秦國を理想化して往かうとする魏略の精神を一層强めようとする用意に過ぎない。又此の書に「東南通交趾、又水道通益州永昌郡、多出異物」とある文は、魏略に「大秦道既從海北陸通、又循海而西南與交趾七郡外夷、北又有水道、通益州永昌、故永昌出異物」とあるの省略である。魏略には大秦國本土の地理に就いて記載する所が多くあるのに、魏書の編者がその中から特に中國の南界に通ずる道程を選んだのは、大秦國を國人に親ませようとする精神からであらう。又此の書に「大秦西海水之西有河、河西南流、河西有南北山、山西有赤水、西有白玉山、玉山西有西王母山、玉爲堂室云」とある文は、魏略に「大秦西有海水、海水西有河水、河水西南北行有大山、西有赤水、赤水西有白玉山、白玉山有西王母、西王母西有脩流沙、流沙西有大夏國堅沙國屬繇國月氏國、四國西有黑水、所傳聞西之極矣」とあるの省略である。魏略が大秦傳の中に西王母の神仙郷の地理を説いてゐるのは、此によつて其の國を理想化する用意に外ならぬのであるが、なほそれにしても大夏 (Bactria) 屬繇 (Sogdiana) 月氏 (Ku-šan) 堅沙 (Keš ?) の如き漢魏時代に知られた現實の國土を擧げてゐる。然るに魏書には此の四國を省いてゐるので、その記事は古來漢人の間に熟知せられてゐた神仙談中の地理となつてしまつた。又此の書に「於彼國觀日月星辰、無異中國」とあるのは、魏略にも後漢書などにもない文句であつて、しかも其は大秦國の事を敍するに方つて必要な事柄でない。然らば何が故に魏書の編者は斯やうな無用の文字を書き立てたのであらうかといふ疑問が起らう。想ふに編者は魏略の精神が大秦國を中國風に美化するのに在ることを見貫いてゐて、魏略の文に據つた處でも、常に此の點を一層强調する形跡が認められるので、その結果此の二國の類似を地上の事柄にのみ止めないで、遂に天體氣象の上にまで押し擴げたものであらう。又此の書の末尾に「前史云、條支西行百里日入處失之遠矣」とある文は、魏略に「前世又謬以爲從條支西行二百餘日近日所入」とあり、又前漢書の西域傳烏弋山離國の條に「自條支乘水西行百餘日近日所入云」とあるのに據つたものであらう。魏書に百里とあるのは明かに百日の誤である。

さて以上陳べたやうに、魏書の文を取つて一々之を魏略の文と對照比較すると、前者は後者の文を單に省略したものと、後者に變更を加へたものと、その精神に從つて新に增補潤色を施したもののみであつて、前者の知識は結局後者の範圍を出でないことが明白となつた。然るに玆にたゞ魏書の大秦傳が地理を說いた處には、前代の記錄に見えない新しい事實が記してあるかのやうに思はれるものがある。其の一は此の傳の劈頭に「大秦國一名黎軒、都安都城、從條支西海、渡海曲一萬里、去代三萬九千四百里、其海傍(汸の誤)出猶渤海也、而東西與渤海相望、蓋自然之理、地方六千里、居兩海之間」とある一節である。此の文を一讀した處では、これは如何にも當時彼の地方を實地踏破した者の得た知識のやうに思はれる。然し退いてよく之を考へると、多くの疑惑が湧いてくる。後漢の和帝の永元九年に西域の都護班超が大秦國への使節として遣はした甘英が、條支國から西海を渡つて大秦國へ行かうとしたときに、安息國の船人が甘英に告げた語に、此の航海は順風の時には三月を要し、逆風に逢へば二年もかゝるとあつて、その里數は精確に知られなかつた。班超が西域の都護となつてゐた頃は、彼の方面の事情が割合に漢人によく知られ、漢國と大秦國との交渉が割合に最も接近した時期であつた。それにも拘はらず條支國から海灣を渡つて大秦國に至る里數は判然としなかつた。然るに此の國との關係が疎遠となつた北魏の時代に、條支國から海曲を渡るに一萬里、魏の都、代から大秦國に至るに三萬九千四百里といふ正確な里數が知られたといふのは、殆ど不可思議の話である。然らば何を根據として海曲を渡る一萬里の數字が割り出されたのであらうか。想ふに是は後漢書に條支から大秦に渡るに三月を要するとある（魏略に二月とあるは三月の誤）文に依つて、計算を立てたものであらう。今假りに海洋を渡る船舶が一日即ち一晝夜に百餘里を走るものと見積れば、三月の間に一萬里を航行し得られる譯である。海曲を一萬里といふ數字はかやうに見て了解は出來るが、代を去る三萬九千四百里といふ里數は果して何を土臺としたものかといふに、魏書の西域傳條支國の條に「條支國在安息西、去代二萬九千四百里」とあるから、此の數字は海曲を渡る一萬里と代から條支に至る二萬九千四百里とを加へて得たものと思はれる。

まづ斯樣にして魏書の大秦傳にある一萬里と三萬九千四百里といふ數字は了解せられ

るが、その條支國の條に、此の國が安息の西にあつて、代から二萬九千四百里の處に位するといふ記事に至つては、到底解釋することが出來ない。漢史の安息國は卽ち西史の Parthia 國であつて、此の國は紀元二二六年に Sassan 朝の波斯國に打ち滅ばされ、又條支國は時代によつてその地域に伸縮はあるが、此の國も亦 Sassan 朝が勃興すると直ちに波斯に併呑せられた。さすれば安息國も條支國も南北朝の頃には西域に存在してゐない筈である。魏書の編者もこれを認めてゐたものと見えて、此の書の西域傳波斯國の條に、此の國は古の條支國だと記してゐる。波斯國が已に古の條支國だとすれば、代から波斯國に至る距離は卽ち條支國に至る距離であるべき筈であるのに、此の書によると代から波斯までは二萬四千二百二十里、代から條支までは二萬九千四百里とあつて、波斯と條支との間に五千百八十里の距離があつたことになつてゐる。魏書の西域傳には條支國の條が立てられてあつて、此の國から海曲を渡つて大秦國に赴くことになつてゐる所から考へると、此の書の條支國は後漢時代の條支國としか思はれない。さすれば此の書に條支から海曲を渡つて大秦に至るに一萬里とあるのは、當時實際に踏査した事實でなく、實は大秦傳の作者が魏略や後漢書の文を案じて、机上で拵へた虛談に過ぎない。

既に前にも述べた如く、北魏の時代に安息國卽ち Parthia 國は無い筈である。然るに魏書の西域傳には安息國の條があつて「安息國在葱嶺西、都蔚搜城、北與康居、西與波斯接、在大月氏西北、去代二萬一千五百里、周天和二年、其王遣使朝獻」と見えてゐる。波斯は安息を仆して其の地に據つた國であるから、波斯と並立して之と區別せられてゐる安息が古の安息でないことは明かである。さて此の安息は波斯の東、大月氏の西北にあつたとすれば、それは今日のMerv か Bokhâka の邊に置かねばならぬ。若しも之をMervだとすれば、波斯の屬國であり、もしも之を Bokhâra だとすれば、悒怛の領域に含まれた處であるに相違ない。まづ斯樣に魏の安息國を定めて置いて、さてそこで魏書の大秦傳に「從安息西界、循海曲、亦至大秦、四萬里」とある記事を考察して見よう。此の文にある安息を魏の時代の安息と見ては、到底之を了解することは出來ないが、若しも之を後漢時代の安息と解すれば、文意はよく通ずるのである。後漢書の西域傳と魏略の西戎傳とを見て行くと、安息の西界と書いてある處が三ある。その一は後漢書の西域傳條支國の條に「和帝永元九年都護班超遣甘英使大秦、抵條支、臨大海欲度、而安息西界船人謂英曰、云々」とある處と、その二は魏略の大秦國の條に、「前世謬以爲條支在大秦西、今其實在東、前世又謬以爲强於安息、今更役屬之、號爲安息西界」とある處に見える西界で、此處では專ら條支を指したものである。又その三は後漢書の條支國の條に安息の都城から于羅國に至る道程を記した處に「從斯賓南行度河、又西南至于羅國、九百六十里、安息西界極矣、自此南乘海、乃通大秦」とある文の中に見えてゐる。かやうに魏略と後漢書とに安息西界といふ文字は三處に記してあるが、その指す處は條支と于羅との二である。さて然らば魏書の大秦傳に見えてゐる安息の西界とは、此の中の何れに當るものであらうか、是は更に考究を要する問題である。魏書の大秦傳によると、安息の西界から海曲に循うて大秦に至る里數は「四萬餘里」とあるが、北史の大秦傳には「廻萬餘里」とあつて、其の距離に非常の差異がある。然し此の事に就いては、余輩が已に本年の史學雜誌に於いて論じて置いた如く、北史の文を正しいとせねばならぬ。若しも此の考定に誤がないとすれば、魏書の文面から云ふと、條支から海曲を渡つて大秦に至るのも、又安息の西界から海曲に循うて大秦に至るのも殆ど同一の里數となる譯であるから、此の傳にいふ安息の西界は卽ち條支であつて、後漢書や魏略の一處に見える安息の西界と全然指す所を同じうするものである。

條支國の臨んでゐる海水は、史記、漢書、後漢書などを見ると、常に西海と呼ばれてゐる。之を海曲と稱へるのは、魏書にあるのが初のやうに思はれる。海曲といふ熟字は佩文韻府を開いて見ると、支那の文獻には處々にあつて、その中には之を島嶼の意味に通はせてゐるものなどもあるが、海灣の義に用ひてゐる例はない。然らば魏書の編者は何に據つて條支國の大海を海曲と稱へたのであらうか、余輩の考では、それは後魏書の西域傳條支國の條に「條支國城在山上、周回四十餘里、臨「西海、海水曲環、其南及東北三面路絕、唯西北隅陸通」とある文によつて思ひついた稱呼であらう。魏書の編者は此の一節を漫然と讀んで、「海水曲環」の文字を西海が廣く大きく條支國と大秦國との間に灣曲する趣きに解して、此の海水を海曲と名づけたのであらう。然し原書の意味は西海が東南から深く陸地に入り込んで、自然とKha-rax の地が半嶋を爲してゐるのを語つたもので、西海の全體が灣曲するといふことではない。それ故に魏書の編者が後漢書の「海水曲環」の文字に因つて海曲の名を案出したのならば誤解だが、西海を海曲とする見解は、魏略が此の海水について想像する所と善く合致する。

余輩が史學雜誌に掲載した「大秦傳より見たる西域の地理」と題する論文の中で詳說して置いた通りに、魏略の文面では、西海は Arabia の半嶋が紅海と波斯灣と一帶の海水で Syria の方面に深く灣入した海灣となつてゐる。されば海曲といふ文字は此の海灣を呼ぶに適した名稱に相違ないが、西海を斯樣に見たのは魏略の誤解であつて、此の海水を實際に航行して得た知識でない。魏書がその誤解を承けて西海を海曲と名づけたとすれば、此の一事から見ても海曲に關する記事が、机上の細工に過ぎないことを證明する。此の書には西海を海曲と稱へると共に、亦之を渤海とも呼んでゐる。渤海といふのは凡て海水が陸地に灣入したのを云ふ名であるから、海曲を渤海と稱へたとしても、其に何の不思議はない。たゞ玆に疑問となるのは、已に西海を海曲と呼んでゐれば、それで事は足りてゐる。それに何の必要があつて、更に渤海の名を持ち出すかである。渤海は支那の東北方にある海灣の名で、此の國人の間では古くから有名の海となつてゐることを思ひ、又魏書の編者は大秦國を理想化するのに萬事を自國に附會する傾向のあるのを考へると、海曲の名を自國人の熟知する渤海で解釋するのも、また大秦國を自國に同化して行かうとする苦心の一端ではあるまいか。

又魏書には大秦國の位置を示して「居兩海之間」とあつて、是は先史の大秦傳には見えない記事である。然し此の兩海の一は上に述べた海曲卽ち漢代の西海を指したのに相違なく、又今一は魏略の大秦傳に「西又有大海」とある文中の大海で、今日の地中海に當る海水を意味したものと思はれる。さすれば大秦國が此の二海の間に介在するといふことは魏略の文面を案ずれば、直ちに考へつく事であつて、魏の時代になつて始めて得た知識でない。又魏書には大秦國の廣袤を記して「地方六千里」とあるが、此もまた先史の大秦傳には見えない文句である。但し魏略には此の國の疆域を敍して「東西南北數千里」とあり、又後漢書には「地方數千里」とあつて、何れにしても正確な數字を示してない。されば魏書に六千里といふ完數を記してあるのは、大に怪しむべきことである。是は魏略や後漢書に西海を渡るのに三月を要すとあるのを、一萬里といふ正確な數字に書き直したと同樣の筆法で、魏略と後漢書とに數千里とあるのを六千里と書き換へたのであらう。魏書の大秦傳には此の國の地域を方六千里と書いてある外に海曲を渡るに一萬里とあり、代からその都に至るに三萬九千四百里となるやうに、凡て正確な數字になつてゐるのは編者が机上で拵へた傳文を實際の記錄と認めさせようとする策略に過ぎない。

まづ以上陳べ來つた如くに、魏書の大秦傳を解說批判して見ると、其の全體の結構は魏略の大秦傳を骨子として之に後漢書の西域傳を參考加味したもので、其に何等の新事實を包含してゐないことがわかる。魏略の大秦傳の內容は、余輩が「大秦傳に現はれたる支那思想」と題する論文の中に詳說して置いたやうに、編者の思想から湧出した虛談と此の國に關する實際の事實とから成立つてゐる。さうして編者の思想から出來た部分は、支那人が自國の文物制度に對する自尊心と世界の西極に神仙鄉を認める信仰心とから發生した假作の文字である。三國の時代から支那と大秦との關係が漸く疎漫となるに從つて、大秦國に就いての事實は次第に消滅して行くに反して、魏略の編者に由つて始めて現はれた支那人の理想談は依然と存續するのみか、却つて益〻增補潤色せらるるに至つた。だから魏略の後に編纂せられた後漢書の大秦傳には魏略に見える事實が多く省略せられてあつて、晉書の大秦傳になると此の傾向が一層著しくなり、さうして魏書に至ると大秦國の事實は悉く消え失せて、その全文は遂に漢人の空想談となつてしまつた。それ故に魏書の西域傳に大秦傳の載つてゐるのは、恰も南史の夷貊傳に扶桑國傳が記されてあるやうなものである。扶桑國傳の根底には木公卽ち東王父の神仙說が潜んでゐるのであるが、此の國の習俗制度の大體は漢土のものに則り、之に魏志の東夷傳の中に見える高句麗國の記事などを參酌して、之を巧に綜合按排したので、扶桑國は東海極遠の處に現存する國家の如くに思はれたのである。そこで當時の史官は其に欺かれて、遂に之を正史の中に收めたのである。殆ど之と同じやうに魏書の大秦傳は堯舜禹の傳說と西王母の神仙譚とが骨子となつてゐるものであるが、此の國は後漢時代に西域の大國として存在してゐたのは事實であり、さうして傳中の文字は魏略や後漢書などの大秦傳に見える所と大差はないので、魏書の編者が之を實在の國家と認めて西域傳の中に列したのも無理はない次第である。然し嚴格に云へば、魏書の大秦傳は一種の小說で、南史の扶桑國傳と同じく正史の中から排除せらるべき性質のものである。

三　波斯と北魏

唐以前の史籍の中で大秦國の爲に傳を立てゝゐるのは、魏略、後漢書、晉書、魏書、宋書、梁書の六書であるが、その中に於いて此の國の事を最も早く且つ最も精しく書き傳へたのは魏略である。後漢書には桓帝の延熹九年に大秦國王の安敦の使者入朝の事が記してあり、晉書には武帝の太康年間に此の國入貢の事が記してあり、又梁書には吳の孫權の黃武五年に此の國の商人秦論が吳の都に來たことが記してあることだけが、魏略の大秦傳に加へらるべき事實である。さうして魏書になると何等の新事實がその大秦傳の中には見出されない。此に由つてこれを觀ると、後漢から南北朝に至る年間に於いて、支那と大秦との交渉關係が次第に薄らいできたことが窺はれる。然らば其は何故かといふ疑問は起るが、余輩の考へる所では、三國の始め頃に Sassan 朝の波斯が Parthia 卽ち漢史の安息を滅ぼして、東西兩洋の通商を壟斷占有したことが確かに主要な原因であらう。尤も安息國存立の時代から此の國が西域に於いて支那から輸出する絹絲を獨占して、大秦國と支那との直接の交通を妨害したと思はれる形跡は、後漢書の大秦傳の中に「其王常欲通使於漢、而安息欲以漢繒綵與之交市、故遮閡不得自達」とあるので察せられる。然し是は主として陸道に由ての交通を阻害したので、海上に於いては安息は此の政策を充分に遂行し得なかつた樣子である。魏略の大秦傳には「又常利得中國絲、解以爲胡綾、故數與安息諸國交市於海中」とあり、又後漢書の同傳には「與₂安息天竺₁交₂市於海中₁利有₂十倍₁」とあるから、大秦國の商人は海上に於いては安息人の外に、天竺人とも貿易して巨利を博し得たのである。然るに Sassan 朝の代になると、東西兩洋の中央に位する地理上の便を利用して、海陸二方面の商權を掌握したので、世界の形勢は一變するに至つた。紀元五六八年に Sogdiana の酋長 Maniak が西突厥可汗の命を受けて、波斯の Khosroes 王の朝廷に往き、此の國を通過して絹をローマに輸入する許可を懇請した時に、王は可汗の使者を毒殺して其の請求を拒絶したことがある。これは北周の天和三年で南北朝の末期に屬することではあるが、支那の絹を安く買ひ占めて、之を高くローマ即ち大秦國に賣りつけるのは、Sassan 朝歷代の商略であつたことが、上の事件に依つても推される。此に類した例證を此の國の海上貿易史から示すことは出來ないが、後漢の時代に印度の西北部に據つた大月氏國が貨幣の制度をローマに則り、又 Kaniska 王の時からその面にギリシャ文字のみを刻するやうになつたのを考へると、此の國が海外貿易の目標をローマに置いて、盛に海上で此の國と交通してゐたことが察せられる。然るに此の大月氏國は Parthia 即ち安息國が亡びて Sassan 朝の代になると、忽ち衰頽してしまつた。此には種々の原因があつたことには相違なからうが、Sassan 朝の波斯が海上の商權を横領して、ローマと大月氏との交通を遮斷したのが主要な原因であらう。

波斯からローマの方へ輸出する物貨の中で最も利益を收めたのは確かに支那の絹に相違ないから、波斯は此の理由で支那と國交を親密にする必要があつた。魏書の本紀を通讀すると、波斯入朝の事は處々に散見し、又その西域傳を見ると、波斯國の條は他の諸國のより最も詳細である。さうして此の條の一節に「神龜中、其國遣使上書貢物云、大國天子天之所生、願日出處爲漢中天子、波斯王居和多千萬敬拜、朝廷嘉納之」とある文句は、波斯が魏に對する態度を最も具體的に表白したものである。魏書卷九の肅宗本紀を見ると、神龜元年(518 A.D.)に波斯國から魏に朝貢してゐるから、居和多王が上の表文を奉つたのは此の年のことに相違ない。神龜は魏の肅宗の年號で、その元年は紀元五一八年に當る。此の時波斯の王位にあつたのは Kabad 王であるから、魏書の居和多はその對音である。此の波斯王が魏帝に恭順の敬意を表したのは、必しもその威力を借りて敵國に當らうとする政略からでなく、魏國は絹の產地であるので、商略上その皇帝と親睦を結ぶ必要があつたのであらう。波斯や Arabia の古語では支那の皇帝を Baghbûr, faghfûr などといふ。是は波斯語 Baghpûr の訛音で、天子といふ漢語の直譯である(Yule, Cathay and the Way thither, Vol. I, p. 141, note 1)。此の語の起原は明かでないが、多分 Sassan 朝の頃に波斯は拓跋魏と盛に交通往來した處から、居和多王の上表文に見える如く、彼の國では皇帝を天子と稱へるのを聞いて、之を波斯語に反譯したものであらう。又此の頃突厥や西域で支那のことを Tanghač などと稱へ出したことも注意せられる。唐の玄宗の頃に突厥人の撰んだ闕特勤 (Kül Tägin) や苾伽可汗 (Bilgä Qaγan) の碑文に唐人を Tabγač と書いてあるのは、此の言の正しき發音であらう。此の名は唐以前から行はれてゐたものと見えて、紀元七世紀で支那では隋の時に當る頃に榮えてゐた Theophylactus Simocatta の書いたもの丶中に、支那を Taugas と呼んでゐる。此の Taugas は明かに Tabγač の訛音である。余輩は明治三十七年に發表した「大秦國及び拂菻國に就いて」といふ論文の中に、突厥の Tabγač は拓跋の對音で、拓跋氏が北朝を立てゝ魏と稱しても外域ではその原名に從つて、支那を Tabγač 卽ち托跋と呼んでゐたのであらうといふ意見を述べたことがある。その後 Pelliot 氏も之と同樣の意見を紀元一九一二年發兌の「通報」誌上に說いてゐる。此の如く西域で支那の皇帝を Baghpûr といひ、又支那を Tabγač と稱へたといふ事から見ても、拓跋魏の時代に支那と西域、殊に波斯との交通が盛であつたことが推される。

旣に前にも述べた如く、魏書の西域傳を繙いて見ると、波斯國の條は葱嶺以西の諸國の中で最も詳細である。殊にその中に物貨の多く擧げられてゐるのは注意を惹く。之を他國に就いて見ると、物產の省かれてゐるのが多い。又之を記してあつても三四品に過ぎないが、波斯國に限つてその數が非常に多く、今試に之を擧げて見ると、金、銀、鍮石、珊瑚、琥珀、車渠、馬腦、大眞珠、頗梨、瑠璃、水精、瑟々、金剛、火齊、鑌鐵、銅、錫、朱砂、水銀、綾錦、疊、毼、氍毹、毾㲪、赤麞皮、薰陸、鬱金、蘇合、青木等香、胡椒、蓽撥、石蜜、千年棗、香附子、訶梨勒、無食子、鹽綠、雌黃の三十七品がある。又之に隋書（卷八十三）の西域傳波斯國の條に新に現はれてゐる呼洛羯、呂騰、護那、越諾布、檀、金縷の六品を加へると、實に四十三品の多きに達する。魏略の大秦傳には此の國の產物として五十九品を擧げてゐるが、その中には赤螭、玄熊、神龜、辟邪鼠等の如き空想的の物があり、明月珠、夜光珠、璆琳、琅玕等の如き古來支那が至寶と考へてゐた物があり、又溫宿布、排持布等の如き、支那に接近してゐる國土に産する物品をも數へてゐる。此に由つて考へて見ると、魏略の大秦傳には此の國を財寶充滿の樂土に理想化さうとする意圖から、漢人が古來至寶と考へてゐた物品と西域にあると知られた物品とを、殆ど悉く網羅して列擧した觀がある。之に反して魏書と隋書との波斯國傳に見える物貨は當時の支那人が實際に見聞したものに相違ない。その證據に、上に記した外國名の物品は、Laufer 氏がその傑作 Sino-Iranica の中に說いてある通りに、多くは Iran 語に屬する名稱である。之を要するに後漢時代の大秦國と北魏時代の波斯國とはその富力の點に於いては、殆ど伯仲の間にあつたものと見做して差支はない。今これを言ひ換へると、後漢の時代には世界の商業の中心點は Egypt の Alexandria や Syria の Antiochia 卽ち支那人の所謂る大秦國にあつたのであるが、北魏の時代になると其が Madain を都とする波斯國に移つたのである。魏書の西域傳には波斯國の外にまた大秦國が載せてあるから、さながら財の國が並立してゐたやうに見えるが、此の大秦國に就いては上に詳說した如く、實は後漢時代の大秦國が北魏の時代に投下された幻影に過ぎないから、實際に現存してゐた財の國は波斯一國のみである。

四　拂菻國號の解釋

大秦といふのは後漢の時代に Roman Orient を支那人の方から稱へた名であるから、此の名號を自ら稱してゐた國が西域に存在する筈はない。だから魏書の大秦傳は恰も幕布の上に投射された幻影のやうなものである。しかし後漢の頃に此の名で呼ばれた Roman Orient は、後世になつても相變らず存立してゐたのである。よしや北魏の時代に東洋の商權はローマ人の手を離れて波斯人の手に移つたとしても、東ローマ帝國はなほ世界の大國であつて、波斯に優るとも決して劣らぬ國であつた。さうしてアジャの西部にはなほ多く領土を有してゐて、常に Euphrates 河を隔てゝ波斯と雌雄を爭つたことは史上に顯著な事實である。さる有名な大國が南北朝の時代になつて支那人に全く忘却せられたことは、如何にも考へられない次第である。だから假令その國は大秦の名では知られないとしても、必ずや或る他の名稱で支那人の間に傳はつたに相違ない。隋書を見ると、その裴矩傳(卷六十七)と鐵勒傳(卷八十四)と波斯傳(卷八十三)とに拂菻國といふのが記してあつて、西域の西部に據つてゐたことになつてゐる。そこで支那の學者は唐の時代から此は古の大秦國の別名だと唱へ出した。しかし是が果して正しい解釋であるか否か、又その原名は何であるか、從來學界の難問となつてゐて、而も未だ完全に解決せられてゐない。

拂菻國は漢魏時代の大秦國の如くに、西域の極西に位する國と思はれたから、夙に泰西の學者の關心と興味とを惹起したのは當然のことである。此等の學者は此の國を東ローマ帝國とする點に於ては殆ど一致したやうであるが、中には之と異る意見を懷いてゐる學者もあつた。例へば Phillipe 氏の如きは之を El Hira と見做し、或る學者は之を Persia と解し、又 P. Smith 氏は之を Philistine の對音であらうと說いたことがある(Bretschneider, On the Knowledge possessed by the Arabs. p. 23)。此等は何れも拂菻の名と音聲の稍〻類似するものを求めて臆說を立てたのであつて、殆ど一人の贊成者を見出すことの出來なかつたのも尤の次第である。Deguignes 氏は “Mémoire sur les chretiens établis en Chine dans le septiéme siécle” と題する論文の中で、拂菻の名を France の音譯と解し、十字軍の際に France 人の占領した部分を指したのであらうと說き、又 P. Visdelou 氏は “Monument du Christianisme en Chine” といふ論文の中で、拂菻の名は景教碑文に見える華林と同一であらうと論じてゐる。Claudiopolis の牧師は景教碑文の花林を原語に忠實な音譯として拂菻をその訛音とし、さうして花林は Hellen の對音であるから、拂菻國は結局東ローマ帝國を指したものだと說いてゐる。此等の諸說に反對して E. Jacquet 氏は拂菻の名をギリシャ語 Polin の音譯で、Constantinople を指したものだと說き出した(Origine de l'un des noms sous lequells l'Empire Romain a été à la Chine, J.A.LX. p. 463)。それから七年の後に Pauthier 氏は “Examen Methodique” といふ論文の中で、Jacquet 氏と同樣の意見を提出し、東ローマ帝國の都を Constantinopolis と稱へるのは Constantin 帝の都城といふ意味の名であり、さうして Polis の與格は Polin であるから、拂菻の名は蓋しこれから起つたものであらうと云つてゐる (J. A. VIII. 1839, p. 393, note 3)。支那の塞外の地理に精通してゐた H. Yule 氏の如きも亦拂菻を Polin の音譯と見做した一人であつた。同氏が此の說を奉ずるに至つた理由の一は、紀元九世紀に榮えてゐた Masudi の書いたものゝ中に、ギリシャ人は其の都城を Constantinia と呼ばずに Bolin といふ。(それは恰もロンドン人がロンドンを

Townといふやうな意味である。）然し彼等が特に之を帝國の首府といふ意味に云はうとするときには Stanbolin といふ。蓋しこれは古から言ひ慣らした名稱であると云つてゐる。唐代の支那人が Heraclius 帝頃のローマ帝國を拂菻 (Fu-lin) と呼んでゐることから之を考へると、當時ローマ人はその首府を普通には Bolin と呼んでゐたものであらう」と論じてゐる (Cathay, Vol. II, 1866 p. 402, note 3.)。 Bretschneider 氏も始めは Bolin 説に服しない論者の一人であつて、拂菻を Frank の對音と見る説を奉じてゐた。その理由は、Frank は紀元三世紀の頃に Rhine 河の下流域に據つてゐた German 種の一民族で、後に Franconia 王朝を建設し、Charles 大帝の時には歐洲の過半を領した大帝國となつた。後世回教徒が歐洲人を Ferenghi といふのは多分此の Frank から起つたのに相違ない。拂菻の古音は Fu-lin でなく Fu-lan であつて、元史などに見える佛郎 (Fo-lang) と同じく Frank の對音であらうといふのである (Notes on Chinese Mediaeval Travellers to the West, Chinese Recorder, Vol. VI, 1875, p. 8, note 131)。然るに同氏は後に此の説の非を悟り、唐代の拂菻は隋朝に屬する裴矩の西域圖記に見えるのが始りで、Byzantin 帝國即ち回教史家の所謂Rum國を指したのであると改めた (Mediaeval Researches, Vol. I, pp. 143–144, note 391)。

拂菻の名稱が學界の問題となつてから種々の解釋が之に對して與へられたが、遂に之を Frank とする説と Polin と見る説とに落着し、その中 Polin 説の方が漸く勢を得て、殆ど定説ともならうかと思はれた時に、Hirth 氏は適〻"China and the Roman Orient"と題する名著を著はして、此の名稱に關し新規の意見を提出した。その大要を述べて見ると、拂菻二字の古音は but-lim 或は but-lûm であつて、fu-lin でない。景教の碑文に「室女誕聖於大秦」とある文句に依つても知られが如く、大秦は Syria であり、さうして拂菻は唐の時代に大秦を呼んだ名であるから、その名は Christ の生れた Bethlehem の對音と見るべきものであると云ふのである(China and the Roman Orient, pp. 289-290. 1885)。Chavannes 氏は拂菻を Syria とする Hirth 氏の説を奉じてゐた一人であつたけれど、一九〇四年に "Notes additonelles sur Tou-kiue (Turc) Occidentaux" と題する論文を書いて、その中に拂菻國は Syria ではなく、實は東ローマ帝國を指すのであると主張した。その理由とする所を讀んで見ると、Hirth 氏の説では、拂菻の名は隋書に見えるが、此の書は紀元六二九年から六三六年に亙る唐の時代に編纂せられたのであるから、その名は Nestor 派の僧侶が唐に渡つた年卽ち紀元六三五年より前には知られなかつた筈だといつてゐる。然し拂菻の名は隋の裴矩が六〇七年の末葉に著はした西域圖記の序文に記されてあつて、其が隋書に引用せられてある處から之を見ると、この名は Hirth 氏の考へるよりも早き頃から已に支那人の間に知られてゐなければならぬ。此の書の序文には燉煌から西域に通ずる三道が擧げてあつて、その中北道は伊吾 (Hami)、蒲類 (Barkul)、鐵勒部を過ぎ、突厥可汗の王庭を經て、北流の大河を渡り、拂菻に達すとある。支那人は隋の代から此の北道に由つて突厥可汗の王庭に至る道路をよく知つてゐたのに相違ない。さうして此の王庭へは Byzantin 帝國から兩度の使節を遣はしたことがある。斯様な事情から突二字で音譯したのである。さうして Frōn の頭音 f は支那人の方で附加したものでなく、よると、「東ローマ帝國を呼ぶ 'Rōm の名は Frōm の形で支那人に知られたので、之を拂菻の(Fulin)の文字で譯されたかといふ徑路については、全く新規の解釋を與へてゐる。その説に亦拂菻の名は Rum の對音であらうといふ説を提出した。然し此の Rum が如何にして拂菻たことがある（史學雜誌第十五編第八號十五——十六頁）。余輩が此の説を發表してから十年の後に、Pelliot 氏もヤを呼んだ西域人の Rum を兀林の文字で寫したのは Hurum, Gurum の對音であらうと説い呼んだの、を支那の方では之を拂菻の文字で譯したのであらうと解し、又元の時代に小アジで譯してゐる。だから此の習癖に從つて、突厥では Rum の名を Urum, Hurum, Burum など、いふ類である。さうして支那人は此の Oros を鄂羅斯、俄羅斯、斡魯斯、兀魯斯、葛勒斯等の文字に母音を附けて呼ぶ癖がある。例へば蒙古語やトルコ語で Russia 卽ち Rus を Oros, Urus とつた。Altai 民族の言語では一語の頭首にくる r を發音するに困難を感ずるところから、之氏の論文を閲讀して、支那人は突厥から拂菻の名を聞き傳へたといふ説を信ずるやうにな學者が拂菻といふ名稱に對して提出した諸説に疑惑を懷いてゐた。さる處へ適、Chavannes

余輩は明治三十七年に大秦國と拂菻國とに關する論文を草してゐた時から、西洋の東洋二字で譯したことであらう」と説いてゐる (T'oung Pao, 1904, pp. 37-39)。であらう。此の時に支那人は Constantinople の一稱たる Polin の名を聞き知つて、之を拂菻の厥に遣はされた支那の使者は、可汗の王庭に於いてローマ國の事を傳聞する機會を得たの原名には已に其がついてゐたのである。Armenia 語では °Rōm を Hrom 或 Horom といひ、又 Pahlavi 語では Hrōm といふ。Parthia 型の Iran 語の方言では Persia 語の f 音は h 音に移り行く習であるから、Armenia 語で Hrōm といふ形は Kharism 語や Sogd 語になると Frōm と變ずるものと推定して差支はない。さて此の音の徑路は何れにしても、Frōm の形は支那の拂菻の外になほ三ヶ處に於いて認められる。その一は紀元四八六年に開かれた Nestor 派の宗敎會議に列席した Merv の牧師に Fromi といふのがある。此の名は單にローマ人といふ意味に過ぎない言であつて、後にいふ Rūmi に該當するものである。その二には紀元八世紀に屬する Kül Tägin の碑文に見える Pur^{u}m といふ國の名である。突厥語には f 音も ph 音もないから、Frōm を Pur^{u}m 或は Por^{o}m と發音したものであらう。又その三には西藏と蒙古とには Phrom の Ge-sar といふ有名な詩篇がある。此の Ge-sar は Kaisar の訛音であるから、その Phrom は Rum の轉音に相違あるまい。此等の例證から見ても、支那の拂菻は Frōm の名を音譯したものと解して差支はないといふのである (J. A, 1914, Compte rendu, Sur l'origine du nom Fou-lin; pp. 497–500)。Laufer 氏は大體に於いて Pelliot 氏の説を正當と認めてゐる。然し同氏は Pelliot 氏が拂菻の文字で譯した原語の形を Frōm とするのに反對して、それは Frim 或は Frīm といふ Rūm をいふ一方言と見做してゐる。Russia 語でローマを Rim といふのも一の理由であるが、それよりも確かな證據は Pahlavi 語の地名に Sairima といふのがあつて、Farvardin Yašt に見え、それは Bundahišn にある Rum に當る名稱であり、又 Šahnāmeh に見えるRumとも同一である。だから中古波斯語にRima或はRimとする語形があつて、之をIran(多分Parthia)型の方言ではFrimと變じたのを、支那人は拂菻の二字で譯したものであらうと論じてゐる (Sino-Iranica, pp. 437–438)。又Laufer氏はPelliot氏が西藏のGesarとPhromとを西方のKaisarとFrōmとに比較してゐる意見に對し、Gesar王の物語は未だ充分に確知せられてゐないといふ理由から贊成の意を表しない(ibid. note 1)。Pelliott氏はKül Tägin の碑文に見えるPur^{n}m の名を拂菻と同一だと見てゐるが、此の名は孤立的にたゞ一ヶ處に現はれてゐるばかりで、その方位に推測のつかない部族名であるから、之れを直にFrōm 卽ち拂菻と見做すのは甚だ危險である。然し漢史の拂菻の名をFrōmから起つたとする大體の意見は確かに卓說であると謂はねばならぬ。ただIran語のFrōmが何故に拂菻(Futlim) の文字で音譯せられたかといふことは、Pelliot氏が解釋しないで殘して置いた問題である。さうしてLaufer氏が之をIran語の一方言とするRim卽ちFrimの音譯と見る新說が、果してその當を得たものであるか否か。余輩は此の點に關して卑見を開陳し、以て拂菻の名稱問題の解決に一歩を進めて見たいと思ふ。

余輩は拂菻の原名はPelliot氏の說いた如く、Frōmであることを認めるものであるが、何故に隋代の支那人が此のFrōm或はForōmを譯するのに拂菻といふ文字を使用したかを疑問とする。拂菻は隋唐の二書などに見える譯名であるが、他の書には之と異る文字で譯されてゐる。例へば玄奘の西域記(卷十一)には拂懍、景教の經典序聽迷詩所經には拂林、慧超の往五天竺傳には拂臨と書いてあつて、何れも拂菻と同音の文字で、唐代には fut-lim, 或は Karlgren の考定した如く、p'i̯uet-li̯əm と發音したのである。此の點から見ると、Laufer 氏が Iran 語の或る方言に Rim 或は Frim といふ形があつて、之を支那の方で拂菻と音譯したのであらうと主張するのも、一應尤のやうに聞える。然し玆に此の假定說には吻合しない一例のあることを忘れてはならぬ。其は Pelliot 氏が已に指摘した如く、魏の時代には拂菻をまた普嵐とも稱へたといふことである。同氏は此の名が魏書の處々に散見すると云つてゐるが、余輩の搜索した處では二ヶ處に過ぎない。それは此の書の文成皇帝紀(卷五)に「和平)六年(465 A. D.)の夏四月の條に「普嵐國獻寶劍」とあり、又同書(卷六)の獻文皇帝紀の皇興元年(467 A. D.)九月の條に「高麗于闐普嵐粟特國各遣使朝獻」とある記事である。Pelliot 氏は此の普嵐を拂菻の異譯と考定するに至つた理由を示してゐないから、之を知るよしはないが、普嵐は拂菻と音聲の類似があること、宋史(卷四百九十)の拂菻國の條に元豐四年(1081 A. D.)に其の王が使を遣はして刀劍を獻上したこと、Damascus 市が名劍の製作處として有名であつたことなどから之を考へると、Pelliot 氏が魏書の普嵐を拂菻と見做したのは蓋し正鵠を失はないと思ふ。普嵐二字の古音は p'uo-lâm であつて、嵐の字に lim の音は絕えて無いとすれば、拂菻を Frim の對音とする Laufer 氏の解釋は普嵐の場合には適用せられないことゝなる。是の點から考へても同氏の說には、贊成は出來ない。

拂菻の異譯に普嵐といふのがあつたとすれば、其の原名を Frim とする Laufer 氏の說を維持することは困難である。又 Pelliot 氏の說に從つて、Frōm が原名だとすれば、支那の方で之を拂菻(Fu-lim)とも普嵐(p'uo-lâm, p'u-lâm)とも譯したのは何故であらうか。それを單に譯者の粗漏と見做してよろしいものか、但しは何か理由があつて斯くなつたものか、是は更に考察を要する問題である。余輩は嘗て拂菻國の事を考證した時に、元時代の波斯人や Arabia 人は Seljuk トルコ族の占領した小アジャを Rum と稱へたのを、支那の方で兀林と譯出したことを論じたことがある。兀林二字の中、兀字は元の時代に何と音じたかと考へるのに、唐代の發音は nguət であるが、明代になると已に u の音に變じてゐる。さうして元史などには、伊兒汗國の始祖 χulaγ̇u の名を旭烈兀の三字で譯してゐるので、當時兀字は nguət と u との中間に位する γu 或は γ̇u の音に移つてゐたのが推される。兀林の二字が γu-lim 或は γ̇u-lim だとすれば、其は決して Rum の直譯でなく、必ずその訛音から取つたものに相違ない。Armenia 語では Rum を Hrum 或は Hurum と呼ぶが故に、兀林(γu-lim)は或はその音譯ではないかとも見られようが、此の場合は左樣に簡單に說き去る譯にはゆかぬ。波斯は蒙古に接近してゐるので、Armenia よりも早くその兵鋒を受けてゐる。さうして蒙古人は此處に伊兒汗王國を建設して波斯人を支配してゐたのである。此等の關係から之を見ると、蒙古人が Rum の名を聞いたのは波斯人からであつて、Armenia 人からだとは思はれない。然るに此の Rum を元史や西使記には兀林(γu-lim)と書いてゐるのは、果して何故であらうか。前にも稍々論及した如く、Altai 語族に屬する蒙古語やトルコ語では、氣音を帶びたRで始まる外國名を呼ぶときには、之に母音を冠する習である。例へば此等の言で Russia の訛音 Rus を Urus, Oros といふ類である。だから Rum の名を聞いたときに、彼等は之を Urum 或は Orom と呼んだのに相違ない。さうして支那人は母音で始まる外國名を譯する際には往々喉音を有する文字を使用する。例へば梵語で王の義である rāja を曷羅闍 (yat-la-ẑia)、突厥語で駁馬をいふ ala at を曷剌 (yat lat)、Oros(即ち Rus)を曷勒斯 (Ka-le-sz) の文字で譯する類である。此等の例證から考へると、元代の蒙古人が Rum を Urum と呼ぶのを聞いたときに、支那人は之を兀林 (yu-lim) の文字で譯したのであらう。

まづ以上の考察に誤がないとすれば、元史などに見える兀林の名は蒙古語 Urum の對音に相違ない。それで當時の支那人が Urum の rum を表すに林の字を用ひたのは、恰も隋唐時代の支那人が Iran 語の Forom, Furum を拂菻と譯し、その末音 rum を菻の文字で表はしてゐるのと同一である。然らば何が故に外國語で rum, rom と發音する名稱を lim (rim) と響く文字で譯するのであらうか。なほ之に類する例證を索めてゐる中に、適〻學友和田氏の注意によつて、元史などに蒙古の都城を和林といふのに氣が付いた。此の城の起原に就いては元史の太宗紀に「七年乙未春城和林作萬安宮」と見え、さうして之を和林と稱することは、同書の地理志に「和寧路、始名和林、以西有哈剌和林河、因以名城」と書いてある。和林の名が哈剌和林の略稱であることは、此の文によつても知られる。和林の名を歐洲に紹介した人はローマ法王 Innocent の命を以て、一二四六年に蒙古可汗の王庭に往つた Plano Carpin といふ僧で、其の紀行には之をCaracoronと記してあり、又その後フランスのLouis王の使節として、一二五三年に蒙古の都に赴いたRubruckといふ僧は、その紀行に之をCaracarumと書いてあり、又忽必烈に事へた有名のMarco Poloの紀行には、之をCaracoronと書いてある。此の三人は何れも親しく蒙古の王庭に滯留したのであるから、その言ふ所は信據すべきものに相違ない。但し外國人のことであるから、和林城の實名を綴る際に多少の訛があることを許さねばならぬ。然るに當時の蒙古人が自國の言語で書いた元朝秘史の中には此の名が正しく記されてある。それは此の書の續二の篇に斡歌歹可汗が金國を討伐して歸つたことを敍した處に、蒙古文で「合[中]剌[舌]豁[中]魯[舌]龎保兀罷」と書いてあつて、それはQaraqorum-a bayuba と發音し、Qaraqorumに下馬した、といふ意味の文である。元史の哈剌和林の原名がQaraqorum, χaraχorumであり、和林がQorumの對音であるのは、甚だ明白で最早之を爭ふことは出來ない。

元史などに見える哈剌和林の實名がQaraqorumであり、又此の書と西使記とに現はれてゐる兀林の原名がUrum或はOromであることは最も的確な事實であつて、此の場合にrum, romの發音が常に林(lim,rim)の字で譯されてゐるから、隋唐の時代にIran語のFrōm或はFurum, Foromが拂菻の文字で現はれてゐても、亦怪しむに及ぶまい。拂菻の名は前に述べた如く、また拂臨、拂林、拂懍ともあつて、何れも拂菻と同音であるが、其がまた普嵐とも作られてゐる。然し拂菻を普嵐と書いても、原名Furumに忠實な譯名とは思はれない。然らば何が故に此の如き文字が選ばれたかといふに、漢字の中には一字でlumと發音するものがないので、餘義なく之に類似の發音を有する文字を使つたものと推斷せられるのである。余輩は玆に此の假定說を確めるのに最も適切な一例を示すことが出來る。それは釋尊の誕生地として有名な Lumbinī 園の譯名である。釋迦牟尼佛が Kapilavastu 城の君主 Śuddhodana を父とし Māyādevī を母として、四月の八日に Lumbinī 園の無憂樹の下で誕生したといふことは、佛敎信者の間に廣く知れ渡つてゐる傳說である。さて此の Lumbinī の名は魏志(卷三十)の引く魏略に「臨兒國浮屠經云、其國王生浮屠、浮屠太子也、父曰屑頭邪、母云莫邪」とある文に見える臨兒であると考定したのは、Lévi 氏である。史記の大宛列傳身毒國の註に引く正義にも之と同樣の文が載つてゐるが、魏略の臨兒國は此の書には臨毘國となつてゐる。此の園の名はなほ佛書の處々に散見する。例へば華嚴經(七十四六丁)に「釋迦下生時、嵐毗尼園先現十瑞相」とあり、慧苑音義下に「嵐毗尼或云流彌尼」とあり、飜翻梵語第九に「嵐毗尼譯云斷、又云嵐鞞尼、亦云林毗」とあり、可洪音義十上に「嵐毗、藍毗尼、藍鞞尼」とあり、翻梵語第九と長阿含第四とに「樓毗園」とあり、玄應音義第二十三に「嵐毗尼、或言流毗尼、或言林微尼」とあり、華嚴探玄記第二十に「流彌尼者無正翻……或作留彌尼」とあり、雜阿含二十三に「隆澒」とあり、方廣大莊嚴經三に「龍毗尼」とあり、大唐西域記第六に「臘伐尼」と見えてゐる(梵語字典、大藏經索引)。さて以上諸書に見える Lumbinī の譯名を分類すると、第一に Lum の頭首音を一字で音譯した臨兒、臨毘、嵐毗尼、嵐鞞尼、嵐毗、藍毗尼、藍鞞尼、林微尼、臘伐尼と、第二に lum の音を lu と m とに分割して音譯した流彌尼、留彌尼と、第三に lum の末音 m を省略した樓毘、流毘尼と、第四に lum の代りに lung 音の文字を使用した隆瀕、龍毗尼との四類となる。そこで玆に注意せられるのは、第一類に屬する譯名の頭首音の中、臨と林とは lim と音じ、嵐と藍との二字は lām と音じ、臘の一字は lap と音じてゐて、何れも Lumbini の lum の音譯としては正確でないのに反して、第二類に屬する譯名の流彌尼の流彌に於いては lum が正確に現はれてゐる。因て想ふに、第一類に於いて lum の原音が lim, lap, lām の文字で譯されてゐるのは、漢語に之を一字で寫すことが出來ないので、餘義なくそれに似寄つた發音の文字を使用したのであらう。さうして此の場合では lum の末音 m に重きを置いて、母音 u が輕ぜられたのである。然るに之に反して第四類の譯名では母音 u が重んぜられて、末音 m が輕ぜられたので、龍、隆(lung)の文字が選ばれたのであらう。此に由ても漢語では lum の音を一字で表はすことの出來ないのが判かる。

此と同樣の見方は前に述べた和林や兀林の譯名の上にも適用されると思ふ。蒙古の王庭が Qaraqorum と呼ばれたことは確實で疑ふことは出來ない。さうして此の Qaraqorum の qorum を元史などに和林 (Hoa-lim) と書くのは、當時に於いても rum の綴音を表す文字がないので、假りに林の字で代用させたのである。然し此の rum を ru と m に分割するときは正しく譯出せられてゐる。前にも引用した如く、元朝祕史には「哈剌和林」に、を合剌豁魯廡[中][舌][中][舌] (カラコルムに qaraqorum-a) と音譯してゐるのでも知られる。又兀林の原名は Rum の訛音 Urum であるが、此の Urum の rum を一字で表はすことが出來ないので、林の字を使用したのである。趙汝适の諸蕃志に蘆眉とあり、又明史の西域傳に魯迷とあるのは、Bretschneider 氏や Hirth 氏の說いた如くRumの對音である。明代の支那人がRumの一綴音を譯するのに二字を使用したのは、之を一字で表はすことがないからである。此等の例證から推すと、拂菻の原音はPelliot氏の考定した如く、Iran語のFrôm或はFurumに相違ないが、隋唐時代の支那人が之を拂菻、拂林、拂臨、拂懍の文字で譯出し、又魏の時代の支那人が之を普嵐と音譯したのは、畢竟するにrumの音を一字で正確に表はすことが出來なかつた結果である。

五　魏書の伏盧尼國

後漢時代の支那人は大秦の名でRoman Orientを確かに認識した。然るにその後大秦國は次第に理想化されて南北朝の時代になると、殆ど西方の樂土のやうなものになつたから、支那人の思想には大秦國は存在してゐても、實際にはさやうな國土は西域に無いことになつた。そこで支那人は拂菻の名でRoman Orientを再び見出すことになつた。この名は隋の時に始めて現はれてゐるが、普嵐がその異譯だとすれば、Roman Orientは已に五世紀の頃にForomの名で支那人に知られてゐたのである。然し魏書にはたゞ此の國が二度朝貢し、さうして最初の朝貢には寶劍を獻上したといふことのみであつて、その外別に精しいことは記してないから、之を拂菻と同一視するには、尚疑惑を懷く者がないとも限らない。しかし余輩は此の國が一層明瞭な形で魏書の中に記載せられてあるのを發見した。此の書(卷百二)の西域傳に見えてゐる伏盧尼國が卽ちそれである。

伏盧尼國都伏盧尼城、在波斯國北、去代二萬七千三百二十里、累石爲城、東有大河南流、中有鳥其形似人、亦有如橐駝馬者、皆有翼、常居水中、出水便死、城北有云尼山、出銀珊瑚胡魄、多獅子。

此の伏盧尼國は果して西史の何國を指したものか。其の記事が簡單なので是まで絶えて學者の注意を惹かなかつた。 魏書の西域傳の文面から見ると、西域の西部に據つた國としては波斯、條支、大秦、伏盧尼の四國が擧げられてゐる。 その中波斯は代を去ること二萬四千二百二十八里、條支は二萬九千四百里、伏盧尼は二萬七千三百二十里、大秦は三萬九千四百里と記してある。 此の里數の上から見れば、西域の中で最も西に位したのは大秦であつて、その次は條支である。 然し此の二國に就いては別に論じて置いた如く、何れも漢魏のものであつて、當時は既に亡んでゐた筈の國である。 だから北魏の時代に實際に存立してゐたのは波斯と伏盧尼との二國である。 さうして波斯は代を去ること二萬四千二百二十八里で、伏盧尼は二萬七千三百二十里であるから、二國の距離は實に三千九十二里である。 此の里數が果して正確なものか否かは判らないが、兎に角數字の上から見ると、伏盧尼國は當時に於いては西域の極西に位してゐた國と見做さなければならぬ。

魏書の記す里數に依つて、伏盧尼國が西域の極西に位する國であるといふ事は推測せらるゝが、なほ此の書にはこの國を波斯の北に置いてゐるので、その位置の見當は一層よく附けられる。 凡て一國から一國への方向はその都城から都城への方向であるから漠然として分明でない國の位置を定めるのには、比較的によく知られてゐる國の位置から推測するのが、適當な方法である。魏書(卷百二)の西域傳波斯國の條を見ると「波斯國都宿利城、在忸密西、古條支國也、…河經其城中南流」とあり、又周書(卷五〇)の異域傳下波斯國の條に「波斯國大月氏之別種、治蘇利城、古條支國也」とあり、又隋書(卷八十三)の西域傳波斯の條には「波斯國都達曷水之西蘇藺城、卽條支之故地也」と見えてゐる。 Hirth 氏が上にある宿利城蘇利城蘇藺城を一名の異譯とし、之を Seleucia と Ctesiphon との結合である Madain 城と解し、又隋書の達曷水を Tigris 河の土稱 Diglat 河と見たのは何れも正當の解釋である(The Mystery of Fu-lin, Journal of the American Oriental Society, Vol. XXXIII, 1913, pp. 197–198, notes 3, 4)。又 Pelliot 氏が此等の三稱を老子化胡經卷一に見える蘇隣國、玄奘の西域記に見える蘇剌薩儻那、新唐書の西域傳に見える蘇利悉單とし、之を Suristān の對音と考定したのも、亦正鵠を得た解釋である(Un traité manichéen retrouvé en Chine, p. 146, note 1)。宿利城が已に今日の Baghdad の南に位する Madain だとすれば、此處から北方三千九十二里の處にある伏盧尼國は Taurus 山脈の南 Mesopotamia の北部に據つたものと見做されるが、Mesopotamia は波斯の屬地であるから、此處に伏盧尼國を置くことは困難である。尤も Mesopotamia の西北部に據つた Edessa はローマの領土になつてゐるが、斯樣な小國を波斯と對立した伏盧尼國と見做すのは穩當でないのみか、Edessa の名は勿論、その土稱 Ruha の名もまた伏盧尼と類似がない。かやうに考へてくると、魏書の伏盧尼城は Syria の Antiochia で、伏盧尼國は Roman Orient を指したものと想像するより外に途はない。さうして此の書に「東有大河南流」とある文句は、此の假說を確めるものである。

此處にいふ大河は Euphrates 河を指したのに相違はない。此の河は Samosta の西方から Balis までは直南流し、其處から Rakka の邊までは殆ど直東流し、又其處からは東南に流れてゐる。だから伏盧尼城を Antiochia と見れば、その東に當る南流の大河は明かに Euphrates 河を指すのである。

伏盧尼城を Antiochia とすれば、魏書に「城北有云尼山」とある文句も、亦よく了解せられるやうである。此の云尼山が果して今日の何れの山を指すのか文面の上ばかりでは斷言は出來ない。然し Antiochia 城は Taurus 山脈の南支 Amanus 山が Lebanon 山脈と連續する一脈を通貫する Orotes 河に跨つてゐるから、此の城の北に聳へる Amanus 山を云尼山と見れば、最も適切である。さもなければ之を廣く Taurus 山脈と解しても差支はない。云尼二字の古音は yuen-ni で、Amanus とも Taurus とも音聲の類似はないが、Syria 人や Arabia 人はギリシャを yūnān、その國人を yūnānī と呼ぶので、云尼 yuen-ni は yūnāni の對音ではあるまいか。Amanus 山を何が故に yūnānī と呼んだか、その理由は無論明かでないが、試に臆說を云へば、東洋人はもと凡てギリシャ人を yūnānī と呼んだものであるが、ローマがアジャの西部を征服してから、此處に住んでゐたギリシャ人もローマ人も均しく皆 Rūmī と稱することになつた。Antiochia は元と Syria 王國の始祖 Seleucus Nikator がその父 Antiochos を記念する爲めに命じた名稱であるから、正式には之を Antiochia と稱へたけれど、Syria 人などはそれがギリシャ人の建設に係る所から、普通には yūnānī 城と呼んでゐたのではあるまいか。此の城北の山が云尼山と云はれたのは、それが Antiochia 卽ち yūnānī 城から得た名稱と見ては如何であらうか。

以上の考察が許されるならば、伏盧尼城が Antiochia であることは、殆ど疑を容れないやうに思はれるが、之を伏盧尼と稱へたのは何語の對音であらうか。此の質問に對して余輩は其を Furum 或は Furumi の音譯であらうと答へるのである。さうしてこれは兩樣に解釋される。其の一は Furumi の mi が支那人によつて ni と誤解せられたと見る解釋である。m音がn音に通ずることは多くの國語に於いて見られる現象であつて、漢語に於いても同樣である。例へば錨字は官話 mao, 廣東音 nau, 瑁字は官話 mi, 福州音 ngwoi, 彌字は官話 mi, 廣東音 nei, mei, 瀰字は官話 mi, 廣東音 nei, mei, 弭字は官話 mi, 廣東音 mai, nei, 福州音 ni, nei, 安南音 me, nyi, 乜字は官話 miao, 揚州音 nieh, 謬字は官話 miu, 廣東音 mau, nau, 揚州音 miu, niu, 禰字は官話 ni, 溫州音 ngi, mi, [illegible]字は官話 nieh, 福州音 miek である (Giles, Chinese-English Dictionary に據る)。又國語では壬生 nim-bu を mi-bu とよみ、任那 nim-na を mima-na とよむのも m n 二音の相通ずる例證である。さてそこで尼の字には mi の發音はないが、漢語では前顯の例で mi, ni 二音は相通ずる可能性を有する所から、伏盧尼城の名は Furumi であるのを、遂に Furuni と聞き誤つたものとも思はれる。若しもこれがさうでないとすれば、伏盧尼の尼は尾(mi)とその形の類似するので、元來は伏盧尾と書かれたのを伏盧尼と書き誤つたものであらう。其は何れにしても伏盧尼城が Furumi の對音であつて、Rumi をいふ Iran 語の訛音と見て差支はない。

Syria 王國存立の時代に Antiochia が Yūnānī 城と呼ばれた例證を見出さないが、ローマ帝國がアジャの西部を略取して Antiochia を Syria の首府と定めた時に、此の都城が通俗には Rūmī と呼ばれたかと思はれる例證が一ある。Tabarī によると波斯王 Chosrau Anōšarwān が Antiochia を伐ち取ると、Madain 城の附近に Antiochia に寸分と違はぬ都會を建設して此處へ彼の市民を移居させたことがある。此の時 Antiochia の市民が此の新城の大門から這入つて見ると、其の市街の區劃は勿論、家屋の數やその外何事も Antiochia に異る所が無かつたので、Antiochia の市民は異郷にある感想を起さなかつた。そこで此の都會を Rūmīya 即ちローマ人の市と命名したとある(Nöldeke, Dis Geschichte der Perser und Araber, p. 165)。Nöldeke 氏の注釋によると、此の都會は普通に Arabia 語では Rūmīya, 波斯語では Rūmakān と稱へられたと說いてある(Ibid. Anm. 4)。 Chosrau 王が己の都 Madain の附近に Antiochia に似せて築造した此の都會を Antiochia と呼ばないで、Rūmīya と稱へたのは、必しも王が新に案出した稱呼でなく、實は Syria の Antiochia が既にその國で普通には此の名で呼ばれてゐたからであらう。魏書の伏盧尼城の名が實に Rūmī の訛音 Fūrūmī の對音だとすれば、Antiochia が當時 Antiochia の外にまた Syria では Rūmīya 或は Rūmī と云はれてゐたといふ確かな證據である。北魏の時代に Antiochia が伏盧尼城と呼ばれたのは、その國の名から之を得たものか、但しは伏盧尼國の方が元でその都城がかやうに稱へられたのか、此は一の問題である。張騫の時代に Ptolemy 朝の Egypt 國が黎軒と呼ばれたのは、その都城が Alexandria であつたからであり、又 Syria 王國が條支と稱へられたのは、その都城が Antiochia であつたからである。此等の例から推すと、北魏の時代に Antiochia は普通に Fūrūmī (Rūmī) 卽ち伏盧尼城と呼ばれたのでその國を伏盧尼國と稱へたものであらう。

魏書の伏盧尼國を隋唐時代の拂菻國と同一と見て之を Roman Orient となし、その都城伏盧尼城を Antiochia と解する余輩の考察は、同書が此の國の產物として擧げた記事と矛盾しない。前にも引用した如く、魏書には「城北有云尼山、出銀珊瑚琥珀、多師子」と見えてゐる。Laufer 氏は此處に云尼山とあるのを何故にか尼山と讀み、銀珊瑚琥珀を此の山中から得ると解してゐるが、それは誤解であらう(Sino-Iranica, p. 521, note 9)。上に示した魏書の文面から見ると、銀珊瑚琥珀の三品は云尼山から產出するやうにも見える。然しさうすると、その後の「多師子」の文句もまた此の山に係かり、山中に獅子が多いと解せんければならぬ。然し之を文意から見ると「城北有云尼山」とある一句で事は切れ、その以下は國に銀珊瑚琥珀を出だし、師子が多いと讀むべきである。魏略の大秦傳に此の國に產する鑛物中に銀が擧げてあり、又宋史(卷四百九十)の拂菻傳にも、此の國の產物を列擧してゐる中に銀も見えてゐるから、伏盧尼國を Roman Orient と見做せば、此の國に銀を出すとあるのも當然である。又魏略の大秦傳にも新舊兩唐書の拂菻傳にも琥珀はその產物の一となつてゐるから、此の二國と同一と見られた伏盧尼國に、此の物品を產したといふ魏書の文は怪むべきでない。魏略の大秦傳には此の國の產物を記した中に珊瑚があり、又その傳文の中に「積石南有大海、出珊瑚眞珠」といふ記事が見え、又新唐書(卷二百二十一下)の西域傳拂菻國の條に「海中有珊瑚洲、海人乘大舶、墮鐵網水底、珊瑚初生磐石上、白如菌、一歲而黃、三歲赤、枝格交錯、高三四尺、鐵發其根、繫網舶上、絞而出之」とあるから、伏盧尼國に珊瑚を出すとある魏書の文は事實を傳へたものである。魏略の大秦傳の中には「但有猛虎獅子爲害、行道不群則不得過其國」といふ記事があり、又舊唐書の拂菻傳の中には「開元七年正月、其主遣吐火羅大首領、獻獅子羚羊各二」といふ文句が見えてゐる。伏盧尼國に獅子が多いとある魏書の記述は、此の國を大秦拂菻と同一視する余輩の議論と撞着しない。

上に引用した魏書の文にあるが如く、伏盧尼國には橐駝馬のやうな鳥がゐるといふのは、明かに駝鳥を指したのである。此の鳥が支那人に知られたのは、張騫が西域に使して歸つてからである。史記(卷百二十三)の大宛列傳條支國の條に「有大鳥、卵如甕」とある大鳥は駝鳥に相違ない。漢書(卷九十六上)西域傳安息國の條には、武帝の時に安息國の使者が大鳥の卵を獻上した事が載つてゐる。後漢書(卷百十八)の西域傳安息國の條に「和帝永元十三年安息王滿屈復獻師子及條支大鳥、時謂之安息雀」と見えてゐる。又魏書(卷百二)の西域傳波斯國の條には「又出白象師子大鳥卵、有鳥形如橐駝、有兩翼、飛而不能高、食草與肉、亦能噉火」とある。此の文には駝鳥を形容して橐駝の如しと記してゐる處から之を見ると、此の頃までもなほ此の鳥を大鳥とのみ云つて、未だ其に定名はなかつたやうである。又玆に駝鳥が火を噉ふとあるのは、如何にも奇怪の話だと思つて、舊唐書(卷百九十八)の波斯傳を繙いて見ると、此處にも魏書と殆ど同様の事を記してあるが、たゞその末尾に「亦能噉」犬攫」羊、土人極以爲」患」といふ文句が添へられてゐる。想ふに魏書に「噉」火」とあるのは「噉」犬」の誤字であらう。又 Bretschneider 氏が此の條を譯した文には「人」を噉ふとあるが、是も犬を噉ふの誤であらう。又新唐書(卷二百二十一下)の西域傳吐火羅國の條に「永徽元年獻」大鳥」高七尺色黑、足類」橐駝」翅而行、日三百里、能噉」鐵、俗謂」駝鳥」」と、又舊唐書(卷百九十八)の西戎傳康國の條には開元六年に此の國から獻上した物品の中に「駝鳥卵」といふのがある。又本草綱目(卷四十九)に、駝鳥は銅鐵石等を噉ひ二蹄を有し、その足は人を突き害ふ程強く、その產地は阿丹 (Aden) と竹步(アフリカ海岸の Djubo)とであると記してある。又明史(卷三百二十六)には忽魯謨斯卽ち波斯灣に瀕する Hormus に此の鳥を產するとある (Bretschneider, Notes on Chinese Mediaeval Travellers to the West, Chinese Recorder, Vol. VI, pp. 9–10, note 132)。以上駝鳥に關する史籍を擧げて見ると、前漢時代には此の鳥をたゞに大鳥といひ、後漢の時代になつて之を安息雀と稱し、南北朝の頃には之を橐駝に似た大鳥と呼んでゐて、未だ此の鳥に對して定名はなかつたが、唐代になつてから、始めて之を駝鳥と稱することになつた。上に引用した新唐書の文に見える如く、康國卽ち今日の Sāmarkand では此の鳥を駝鳥と謂ふとあるから、此の名は土言の漢譯に相違ない。Bretschneider 氏が說明した如く、波斯語では駝鳥を Šutur-murgh といふ。Šutur は橐駝、murgh は鳥の義であるから、漢語駝鳥の名は波斯語の Šutur-murgh の直譯である。以上引用した支那の記錄に依つて、駝鳥の分布區域を考へて見ると、Mesopotamia を中心として、東は波斯及び中央アジャに及び、西は Arabia の西南端とアフリカの東海岸の一部分とに此の鳥を產したといふことになつてゐる。さうして大秦傳や拂菻傳には此の鳥に關する記事が見えない。然し Xenophon の書いた Anabasis によると、Euphrates 河の沿岸に於いて駝鳥を目擊したとあり、又 Damascus に駐在してゐた Prussia の領事の報告には毎年約五百羽の駝鳥が此の都會附近の沙漠の內で捕へられるとある (Bretschneider, Notes on the Mediaeval Travellers p. 10, note 132)。Xenophon のいふ Euphrates 河は Mesopotamia を流れる部分であつて、その西岸は後の大秦國と拂菻國とに屬したのであり、又 Damascus は魏略に大秦國の屬地として擧げてある氾復國に當るのであるから、大秦國の領內にも駝鳥は產したに相違ない。然しその本場は Mesopotamia とこれに接する沙漠の地とであつたやうに思はれる。

駝鳥は上代に於いて Euphrates 河の西方沙漠の地にも產したに相違ないが、大秦傳や拂菻傳の中には此の鳥に關する記事は見えない。又魏書の伏盧尼傳にはこの鳥は Euphrates 河の水中にのみ棲息し、それを離れると直ちに死亡するといふことになつてゐる。駝鳥は沙漠の中を奔走する陸鳥であつて、河中などに游泳する水鳥でない。凡て水鳥にも羽翼のあるのは、時としては空中に飛び、又時としては陸上に移る必要があるからである。伏盧尼國の駝鳥にも翼のあることが特書されてある。然るに此の鳥が水中を離れると卽座に死するとあるのは、甚だ解し難き文面である。又此の書によると、その水中には人の形をした鳥も住んでゐて、これも亦水から出ると直に死するとある。魏書の伏盧尼傳の中には、此の國に橐駝に似た鳥のゐるのを不思議な話のやうに書いてあるが、其は卽ち駝鳥であつて西域の人には何の不思議もない事實である。然し此の國には亦人の形をした鳥がゐるといふことになると、何人も之を信ずることが出來ない。要するに此は彼の地に發生した一種の說話で、其が轉々して支那に傳つたものであらう。然らばそれは果して何事を語らうとする說話であるか、此の問題を解決するに當つて先づ第一に注意せられるのは、此の二種の鳥が何れも水中に住んでゐて、水を離れると直に死ぬといふ趣になつてゐる點である。さて其がこの說話の契機であるとすれば、水中の魚介の類を語らうとするのが、その目的ではあるまいか。かやうに見當を附けてくると、余輩は之に類する說話を魏略の大秦傳の中から擧げることが出來る。其は此の書に大秦國で製造する海西布のことを敍した處に「有織成細布、言用水羊毳、名曰海西布、此國六畜出水、或云非獨用羊毛也、亦用木皮或野繭絲」とある文である。水中に生息する羊は世界の何處にも存在しないから、魏略のいふ水羊は或る一種の說話であらう。其處に始めて着眼したのはBretschneider氏であつて、其の說によると、地中海の沿岸に住する人民、殊に南部イタリヤ人などは或る種の貝類、中にも Pinna Squamosa といふ貝にある線毛を採つて布類を織ることから考へると、魏略の水羊毳は多分之を指したものであらうといふのである(On the Knowledge Possessed by the Ancient Chinese of the Arabs, p. 24)。然し何が故に此の貝の茸毛を漢代の支那人が水羊毛と稱へたかに就いては論及してゐない。次にChavannes氏はArabiaの學者Iṣṭakhriの書に依つて、魏略の水羊毛をPinnaの茸毛と解釋し、此の說話の起原はArabiaにあると說いてゐる(T'oung Pao, p. 183, note 4)。その後Laufer氏は"The Story of the Pinna and the Syrian Lamb"と題する論文を著して、水羊說話の起原と發展とを詳細に說明し、Arabiaと支那とに傳つた說話は、共にHellenismの時代にアジャの西部に發生した說話に根底があると論斷した(Journal of the American Folk-lore, Vol. XXVIII, 1915)。此の水羊說話は余輩の問題とする說話と密接の連絡關係を有するものと思はれるので、Laufer氏の論文の中から余輩の論旨を確めるのに必要な部分を左に引用する。

海西布の原料となつたPinnaといふのは、印度洋や地中海に產する貝の名で、Pelecydes門のPinnidae科に屬する貝の總稱であつて、古代に織物の材料になつた此の貝はPinna nobilis或はPinna squamosa種に屬する。此の貝の一側面の尖つた處の末端から絹狀の纖緯が房形になつて垂下し、海中の砂土或は岩石に附着する。之を學名ではByssus卽ち茸毛と稱へる。古典時代のギリシャ人やローマ人はPinnaといふ貝のことは知つてゐたけれども、その茸毛で布を作ることはなかつた。此の貝の茸毛で織つた布のことを記した最初の人は紀元二世紀に屬するAlciphronといふ詭辯家である。その書翰の中にPinnaの茸毛を「海から採つた毯毛」と稱へてゐる(woolen stuffs out of the sea)。古代に毯毛を供給したのは羊であるから、當時海中に羊がゐて、Pinnaの毯毛を供給したといふ迷信があつたので、Alciphronも自然と斯樣な言を使用したものか、但しはAlciphronの語が本となつて、それから斯樣な說が發生するやうになつたものか、何れその中の一つであらう。又之と殆ど同樣の思想が、紀元一六〇年に榮えてゐた Tertullian と呼ぶ人が織物の材料に關して語つた處に「一枚の肉衣を造る原料でも、剪つたり蒔いたりすることでは充分でなかつた。總て衣服の料には捕漁するもまた必要であつた。海中には巨大の貝があつて、毳毛 (fleece) はその上に總のやうに生へた苔狀の毛からも採取せられるからだ」とある語の上にも現はれてゐる。紀元二三九年から二六五年までの間に魚豢の撰んだ魏略には「有織成細布、言用水羊毳、名曰海西布」とあり、唐書(卷二百二十一下)の拂菻國の條にも「織水羊毛爲布、曰海西布」とあり、又文獻通考(卷三百三十九)の大秦國の條にも「有織成細布、言用水羊毛、名海中布」とある。此の說話は明かに Arabia 人から影響を受けたものである。Ibn Baitār は Pinna nobilis 或は P. squamosa から得た茸毛を「海の毳毛」(Suf el-bahr) と呼んでゐるのでも知られる。まづ斯樣な譯で漢史のいふ水羊と海西布 (Cloth from the west of the sea) 或は海中布 (Cloth from within the sea) とは Arabia 人の所謂「海の毳毛」(suf el-bahr) と共に Alciphron 及び Tertullian がいふ所と直に連結せらるべきものであつて、均しく Hellenism の說話に淵源してゐることが判かる。だから漢史に水羊とある言は決して支那人の創作したものでなく、實は當時已に Hellenism の社會に流行してゐた言を採用したのに過ぎない。

以上は Laufer 氏の論文の一部分を略記したものであるが、同氏が魏略に見える水羊を Pinna の茸毛と解し、その說話の本源を Hellenistic Orient に置いた議論は如何にも卓見であつて、敬服の外はないのである。たゞ海西布の解釋には遺憾ながら贊成の意を表することが出來ない。同氏は「海西布」を Cloth from the west of the sea (卽ち「海の西から得た布」)と直譯して、之を Alciphron の woolen stuffs of the sea (卽ち海から採つた毬毛)や Arabia 人の Suf el-bahr (卽ち海の毬毛)と對照比較したのは、正しい解釋とは思はれない。海西布の海西は海東と海北とに對する名稱で、大秦國の本地卽ち地中海に瀕する地域をいふ固有名詞であるから、之を西とよみ、海西布を海の西からの布と解すべきでなく、實は海西國卽ち大秦國の布と見做すべきものである。又同氏は文獻通考に見える「海中布」を Cloth from within the sea と直譯して、之を Arabia 人のいふ Suf el-bahr と比較したのもよろしくない。文獻通考の此の文句は全く魏略の文を剽竊したものであつて、たゞ此に海西布とあるのが彼に海中布となつてゐるのが差異であるから、通考の海中布は明かに海西布の誤寫である。之を要するに、海西布とは大秦製作の布といふことであるから、此の名稱の中には海からといふ意味はなく、從て水羊の文字にも海水の意義は含まれてゐないのである。だから此の說話の發生地である西域では、Pinna は海羊といふことになつてゐるが、其が支那に渡つて來ると水羊に變化したのである。さうして大秦國では羊が水中に住んでゐるばかりでなく六畜が悉く水中から出てくるといふことになつてゐるのは、明かに支那の方で加へた潤色であり、又增補である。

魏略の水羊を Pinna とし、水羊毳を其の茸毛と見る解釋は確かに正鵠を得たものであるが、Laufer 氏が更に Pinna が鳥となり、又人となつた說話の例證を示した事は、余輩が當面の問題の解決に屆竟の鍵鑰を與へるものである。 Arabia 人の間では Pinna の茸毛が或る一種の鳥の羽毛となつてゐる說話が發生した。 其は Qazvīnī が禽鳥學と題する一篇の劈頭に Abū Barāqish と稱する鳥を舉げて、

(此の鳥は)頸と足とが長く、嘴は赤く、鴿の大さで、美しい形をしてゐる。 その羽毛は一時間毎に赤、黃、綠、靑と次第に色を變へて輝く。 此の鳥の色を眞似て abū qalamūn といふ布帛を織り、Romaei 人の國から輸出する。 此の鳥はその色と形との故に著名のものになつてゐるが、その作用とその部分の藥的性質に就いては詳かでない

と記載してゐる。 斯樣な鳥は世の中にある筈はないので、Laufer 氏は之を Pinna の茸毛で拵へる織物に根底を有する架空の鳥であると推定した。 然らば何故に又如何にして斯樣な話が案出せられたかといふに、同氏はそれに對して二の理由を舉げてゐる。 その一は言語上から、今一は商略上の關係からである。 ラテン語では羽翼を penna といひ、イタリヤ語では之を penna とも pinna ともいふ。 貝をいふ pinna と羽翼をいふ penna とが音聲の酷似する所から、Pinna 貝は一變して鳥の羽翼となつたのであらう。 又 Qazvīnī の記す所によると、Pinna の織物は非常に少く、之を祕密に製造し、王者の專有となつてゐる。 從つてその値は甚だ高く、一般の民衆は之を買ひ求めることが出來ない。 そこで當時盛に製造した羽毛製の織物を Pinna 布の名で賣り出すことになつた。 さうして此の僞物の價を高める爲

めに、その原料は珍貴な鳥の羽毛であると言ひはやされたものである。斯様な次第で Pinna は遂に奇怪な珍貴な鳥の一種に變化されたのであらうと説いてゐる(p. 111-113)。

Laufer 氏はまた Pinna が人間となつた説話の一例を擧げてゐる。Talmud の一節の中に、「adne sadeh(野原の主)といふ生物は獸類と見做される」といふ文句がある。一二三五年頃の人に Rabbi Simoon といふのがあつて、此の文句に註釋を施し「此の生物は「山人」(The man of the mountain) だと Jersalem Talmud に書いてある。此の者は臍帶に依つて土人から滋養物を取り、臍帶が切れると生活が出來なくなる」と云つてゐる。又 Rabbi Meir といふ人が更に之を補足した言に「Yedua といふ動物があつて、巫祝はその骨を以て卜占をする。それは葫蘆に似た植物の莖の如く土中から生える。此の Yedua は顔や形や手足に至るまで悉く人の形相を備へてゐる。如何なる生物でも此の莖の繋縄内に近寄ることは出來ない。それは之を捕へて殺すからである。又此の動物は臍帶卽ち莖が擴がる範圍にある草を食ひ盡す。之を捕へようとするにも近づくことは出來ないが、その臍帶が破裂まで打ち込むと、それは直に死ぬ」と説いてゐる(p. 120)。Laufer 氏はまた此の説話とその結構の相類した一例を漢史の中から擧げてゐる。其は舊唐書(卷百九十八)の西域傳拂菻國の條に

有羊羔生於土中、其國人候其欲萌、乃築牆以院之、防外獸所食也、然其臍與地連、割之則死、唯人著甲走馬、乃擊鼓以駭之、其羔鳴而臍絕、便逐水草。

とある一節である。新唐書の拂菻傳には此の文が略記せられてゐる。Laufer 氏は此の二

の話をまた Pinna 說話の種類と見做して論じてゐる。

先づ斯樣に Pinna が時により處によつて、或は水羊となり羊羔となり、或は鳥となり、或は人となつたといふ Laufer 氏の解釋が正しいとすれば、魏書の伏盧尼國の條に見える水中に生息する人形の怪鳥も亦 Pinna 說話の一種と見做して差支はなからう。此の說話で怪鳥が水中に生息するといふ點に於いて、水羊說話と一致する處がある。さうして其の鳥が羽翼のある人形の鳥となつてゐることは、前に擧げた如く、Pinna を鳥とする說話と之を人とする說話との結合した形式のものと見れば合點がゆく。さうして、Pinna を水羊と羊羔とする說話では、此の貝の茸毛が羊の毛毳に擬せられたのであつて、その解釋は容易である。又之を鳥とする說話では茸毛が鳥の羽に喩へられたものと見れば、了解は出來る。たゞ之を人とする說話に於いては、その徑路が稍-複雜である。Laufer 氏は Talmud に現はれた人形の生物を羊羔と見て、之を救世主に喩へたものであると論じてゐるが、それが果して正しいか、否か、遽かには決し難い話である。然しそれは何れにしても、伏盧尼國の條に見える人形の怪鳥については、別に解釋の途があらうかと思ふ。この說話の主人公が鳥になつてゐるのは、Pinna 貝の茸毛が鳥の羽毛に擬せられたからである。さうしてその羽毛で人の着用する衣服が造られる。鳥に羽毛のあるのは恰も人に衣服のあると同樣であるから、その羽毛が已に衣服になつてゐるとすれば、その鳥が人となるのは心理上自然の成り行きである。さて此の怪物が鳥であり、又人であつて、而も常に水中に生息し、水を離れると直に死するといふ趣になつてゐるのは、此の說話の根本が Pinna 貝にあるからである。魏書の伏盧尼國では駝鳥もまた水中に住むことになつてゐるのは、魏略の大秦國で六畜も皆水から出ると いふのと同樣の話である。又 Pinna の諸說話を歷史的に見ると、後漢時代の水羊說話では その舞臺が水中或は海中であるが、唐時代の羊羔說話では其の世界は陸上となつてゐる。 さうしてその中間に位する北魏時代の怪鳥說話ではその住處は河水の中になつてゐる。 さるが故に Pinna 貝は說話では時代の經るに從つて、海中から河へ、河から陸へと移轉して 行つたのである。此の貝は Laufer 氏によると、印度洋や地中海に產するものであるが、その 茸毛を採つて布帛を製することは、何處で始つたものか未だ明かでない。然し魏略の大秦傳 には之を海西布と稱へてゐる所から之を見ると、その發源地が地中海沿岸の Roman Orient 卽ち余輩の所謂大秦の本地にあつたのに相違ない。又羊羔說語が唐書拂菻國の條に見え てゐる事や、Qazivīnī が Pinna の茸毛で拵らへた Abū qalamūn といふ布は Romei 卽ちロー マ人の國から輸出すると語つてゐることから考へても、その本源地が地中海沿岸の Syria や Phönicia などにあつたことが窺はれる。そこで魏書の伏盧尼國の條に見える人形の怪 鳥說話が Pinna 說話の一種だといふ余輩の考察に誤がないとすれば、已に此の國の地理か ら考へて、之を後漢時代の大秦國と隋唐時代の拂菻國と同一だといふ余輩の推定は、更にま た確證を得た譯である。

さて以上陳べた如く、Pinna に關する說話は魏略の大秦傳にも、魏書の伏盧尼傳にも、又唐書の拂菻傳にも記されてあるのを見ても、海西布が如何に Roman Orient の特產物として支那人の間に持て囃されてゐたかゞ窺はれる。海西の名は南北朝の頃には廢れてゐたので、此の布は必ず或る他の名稱で知られたに相違ないと思ひ、諸書に就いて西域の布帛を搜索吟味してゐる中に、學友石田氏は余輩の爲めに水蠶絲と火蠶絲とに關する文獻を集めて提供せられた。そこで余輩は此の水蠶絲こそ Pinna の茸毛で拵へた絲であらうと見當をつけたのである。此の絲で織つた布に就ては、樂府雜錄に康老子といふ題を設けて「康老子本長安富家子、酷好聲樂、落魄不事生計、常與國樂游處、一旦家產蕩盡、因詣西郭、遇一老嫗持舊錦褥貨鬻、乃以半千獲之、尋有波斯見大驚、謂康曰、何處得此至寶、此是氷蠶絲所織、若暑月陳於座、可致一室清涼、即酬價千萬、康得之、還與國樂追歡、不經年復盡、尋卒、後樂人嗟惜之、遂製此曲、亦名得至寶」とある文の中に見えてゐる。此の樂府雜錄は唐の段安節の著はしたものである。唐書の段成式の附傳によると、段安節は成式の子で、唐の光宗の乾寧中 (894–897 A. D.) に朝議大夫となり、音律を善くし歌曲を作り、また樂府雜錄を著はすとある。されば氷蠶絲はその頃唐人の間に知られた絲の名である。此の版本に氷蠶絲とあるが、他本には水蠶絲となつてゐる。又唐の樂史の著はした楊太眞外傳にも水蠶絲の事は「妃子琵琶邏逤檀、寺人白季貞使蜀、還獻、其木、溫潤如玉、光耀可鑒、有金縷紅文、蹙成雙鳳、絃乃末訶彌羅國永泰元年所貢者、深水蠶絲也、光瑩如貫珠」とある文の中に見えてゐる。永泰は代宗の年號で、その元年は紀元七六五年に當る。末訶彌羅國は何國を指したのか明かでない。末訶は梵語 maha の對音で大の義と見て間違はなからうが、彌羅の譯は定かでない。名義集(卷一十)の彌羅の解に「此云」慈」とあるから、彌勒と同じく梵語 maitreya の對音であらう。此の訓譯が正しいとすれば、末訶彌羅國は天竺にあつた國であらう。又唐の蘇鶚の著はした杜陽雜編に「元和八年、大軫國貢神錦衾、水蠶所」織也、方二丈厚一寸、其上龍紋鳳彩、殆非」人工」」とある一節の中にも水蠶絲のことは記されてゐる。此の書は三卷より成り、代宗の廣德三年(763 A. D.)から懿宗の咸通十四年 (873 A. D.)まで凡そ十朝の事を記した書である。元和は憲宗の年號で、その八年は紀元八一三年にあたる。大軫國とは果して何國を指したものか、史上にその名が見えないので之を知ることが出來ない。然し軫字の唐音は tśįěn (Karlgren 1191) であつて、秦字の音も殆ど之に類してゐるから、大軫は卽ち大秦と同音に見做して差支はない。大秦國の名は景敎の碑文などにも記してあつて、當時支那人の間には知れ渡つた名稱である。其を大軫と書くのは如何はしくも思はれるが、或は外國の名に大秦といふのを忌んで、故意と大軫と書き換へたのではあるまいか。水蠶絲といふのは云ふまでもなく絲をいふ名であるが、此の絲で織り成した布は當時何と呼ばれてゐたか、杜陽雜編や長安志に見える澄水帛といふのはそれを指したものであらう。長安志(卷十)の昌化防同昌公主の條には杜陽雜編の文をも引いてあつて、その文句は左の如くである。

懿宗女降」宰相韋保衡」杜陽編曰……大會」韋氏一族於廣化里」暑氣特甚、公主命取」澄水帛」以蘸」之、挂」于南軒」滿坐則思」挾」纊、澄水帛似」布、明薄可」鑒、其中有」龍涎」故能消」暑。

歲時廣記(卷二十一丁乙)にも澄水帛の此文が載せてあつて、そこには「以水蘸之」とあるから、此處には水字を脫したのである。上の文面に依つて之を考へると、澄水帛は光輝のある極めて細い絲で織つた布で、水に漬しても濡れない性質のものであることが知られる。斯樣な絲は麻類のやうな植物性の布でないことは確かである。此の布が西域製のものであることは、康老子の話の中にも波斯人が之を水(氷)蠶絲の布だと鑑定してをり、又其が大軫國や末訶彌羅國から獻上した物だとあるに依つても推される。西域に製造する布帛の原料となるものは、動物質の毛絨か植物質の麻紵木綿の類であつて、支那の絹絲に類するものは、Syria あたりで取れる山繭の絲である。これを古代の歐洲では bombycinae と稱へ、支那の蠶絲の如く繰り取るものでなく、たゞ梳刷して績ぐのである。此の種の絲は粗末で、絹絲の如き光澤はない。魏略の大秦傳に野繭絲とあるは其である。西域に於いて支那の絹絲に類し極めて光澤のある絲は、Pinna 貝の茸毛で拵へる絲の外には無い筈である。想ふに此の絲は紀元一二世紀の頃、支那の絹が盛に大秦國に賣り出されたときに、Syria あたりではその刺激に依り、絹に對抗する動機から發明されたものであらう。まづ此等の理由で、余輩は唐代の文獻に見える水蠶絲を Pinna 貝の茸毛で製造する絲と斷定するのである。漢魏の時代に此の種の絲を水羊毳で拵へたものと信ぜられてゐたものが、後世になつて之を水蠶絲と呼ばれたのは、何故かといふ疑問も起らう。これに對しては已に前にも陳べた如く、海西布の絲を水羊毳の絲と呼んだのは、西域、殊に Roman Orient 人の思想である。彼の國で布類の原料となるものは羊毛であるから、Pinna 貝の茸毛を fleece wool と稱へるようになつたのである。然るに之に反して支那では布帛の上等の品物が主として絹絲で造られるから、茸毛の絲を水蠶絲と名づけたもので、その思想は純然たる支那的である。

余輩は唐代の文獻に見える水蠶絲を Pinna 貝の茸毛製の絲と見做したけれど、當時西域から支那に輸入される布帛の類で絹布に類したものに二品あつたことを忘れてはならない。その一は已に述べた Pinna 貝の茸毛で製造した布であるが、今一は Asbestos で拵へた布であつて、之を支那では古から普通には火浣布と稱へてゐる。そこで問題になるのは、上に陳べた水蠶絲或は氷蠶絲は Pinna 貝の茸毛か、但しは Asbestos かといふ事である。Maspero 氏は樂府雜錄に載つてゐる康老子の題下に見える氷蠶絲も、又王嘉の拾遺記に見える氷蠶も共に Asbestos だと見做してゐる (B.E.F.E.O, XV,-note 46)。同氏が此の推定を下したのは、拾遺記の文に「員嶠山有氷蠶、長七尺、黒色、有鱗角、以霜雪覆之、然後爲繭、其色五采、織爲文錦、入水不濡、投火不燎」とあるからであらう。其を水に入れても濡れず、火に投じても燎けないといふのが、果して事實であれば、氷蠶絲をAsbestosと見るの外はない。然し拾遺記は道家の書で所謂緯書の一種であるから、その記す所には荒唐無稽のものが多い。氷蠶絲を說く上記の文を見ても、その全體が空談であることは容易に看取せられることであれば、その末尾の文句のみを取つて、之を事實と見ることは出來ない。員嶠山は東海にある神山であるから、其處が氷蠶の原地とすれば、火浣布が西域の產物であるといふ事實と矛盾する。然らば何が故に東方の神山に氷蠶の本地を置いたかといふに、道家の說によると、東方は木德で扶桑木の繁茂する處だと信ぜられてゐたからであらう。其は恰も梁の時代に慧深といふ僧があつて、扶桑國に渡り、其處に巨大な繭を造る蠶があると言ひ振らしたのと全く同一の趣向である。されば王嘉が氷蠶に就いての說明は全く架空の談で、之を事實と見るわけには往かない。しかしまた退いて之を考へると、拾遺記が氷蠶に就いての說明は信ずることが出來ないとしても、氷蠶そのものは當時に知られた現實の物に相違ない。たゞ問題は此の氷蠶或は水蠶が Pinna の茸毛か、Asbestos かといふのにある。已に前にも述べた如く、杜陽雜編には氷蠶絲を記すと同時に火蠶絲のことを擧げてゐる。その文は「火蠶緜出火州、絮衣一襲、止用一兩、稍過度則熇蒸之氣不可奈」となつてゐる（太平廣記卷二三七、六丁）。此處に火蠶緜とあるのは、明かに Asbestos を指したのである。又 Remusat が引用する所によると、唐の玄宗の時に波斯國から火毛繡を獻上したといふ。是もまた Asbestos で拵へた布帛に相違ない。此の如くに Asbestos 製の布を支那では火毛繡といひ、又之を火浣布とも稱して、常に火に因む名で呼んでゐた所から考へても當面の問題になつてゐる火蠶絲も亦 Asbestos から作つた絲に相違なからう。殊に杜陽雜編が同一處に火蠶絲と氷蠶絲とを並記してゐるのでも、其が別物であつて、火蠶絲が Asbestos であると共に氷蠶絲が Pinna の茸毛であることが推される。唐末の人王貞白の詩に「火鼠重收布、氷蠶乍吐絲」とあり、又宋の蘇軾の詩に「氷蠶不知寒、火鼠不知暑」といふ對句がある。此處に見える火鼠は我が國の古典に見える「火鼠の皮衣」の火鼠であつ

て Asbestos であるから、其と對照せられた氷蠶か Pinna 貝の茸毛であることが想像される。（未完）

拂菻問題の新解釋（中）

白鳥庫吉（1865—1942）

《東洋學報》20-1，1932

拂菻問題の新解釋（二）

白鳥庫吉

六　隋代の拂菻國

漢魏時代の支那人が大秦國と稱へた處は、アジャの西部を東西に走る Taurus 山脈の南方に位する Syria とその西南に接續する Egypt とを含むローマ領の屬州で、西人の所謂 Roman Orient を指し、その首府は Egypt の Alexandria であつた。南北朝の頃になると、正史の紙面では大秦國はなほ依然として西域の地に存在してゐた趣きになつてゐるが、その實をいふと、前にも述べた如く、是は當時の史家が前代の史書を案じて机上で製作した架空の談であつて、實際には既にさる國家は無かつたのである。然しその代りに所謂 Roman Orient は普嵐國或は伏盧尼國といふ新しい名稱で支那人に知られてゐた。さうして此の伏盧尼國の都城は余輩が前號に於いて詳說した如く、Syria の Antiochia だとすれば、當時 Roman Orient の中心は Alexandria を去つて、Antiochia に移つたものと見做さなければならぬ。降つて隋の時代になると、南北朝の頃に普嵐とも伏盧尼とも呼ばれた Roman Orient は、更に拂菻といふ新規の名稱で知られてゐた。しかし此の三稱は東洋人がローマをいふ Rum の轉訛 Furum の對音に過ぎないといふ余輩の考察に誤がないとすれば、それは要するに同名の異譯に過ぎない。

普嵐國入朝の事は魏書の本紀に兩度ほど見えてゐるに反して、伏盧尼國の事は此の卷の何處にも記されてない。然しその西域傳には此の國の條が立てられてゐるのを見ると、此の國人が支那人に普嵐人と書き認められた時から前か後かに入朝したので、之を普嵐とは書かないで伏盧尼と記したのであらう。さて其は何れにしても、魏の時代に支那と Roman Orient との間に直接の交通のあつたことは確實な事實である。然るに、さる事は隋の一代を通じて無かつたと見えて、唐書（卷二百二十一上）の西域傳天竺國の條に「隋煬帝時遣裴矩通西域諸國、獨天竺拂菻不至爲恨」と記してある。かやうな事情から察すれば、隋書の西域傳の中に拂菻の條が缺けてゐるのも決して怪しむべきことでない。從つて此の國の情況は當時の支那人の間に善くも知られてゐなかつたことが想像せられる。されど拂菻は西域に鳴り響いた大國のことで、あれば、支那と此の國とに直接の交涉はなかつたとしても、間接に此の國のことは支那人の間に傳へられたに相違ない。隋書の外國傳を繙いて見ると、此の國の名は他國を敍する記事の中に自然と附隨して現はれてゐるのも當然のことである。但しかやうな次第ゆゑ、此の國に關する記事は何れも零碎な斷片ではあるが、なほ其にも拘はらず、これに由つて當時の拂菻國の方位を推測することも出來るし、又それが魏書の伏盧尼國と同處であるか否かを判定する重要な史料ともなる。因て余輩は以下その記事を掲げて之に詳細な考證を試み、その價値を充分に發揮させて見たいと思ふ。

隋書(卷八十三)の西域傳を繙いてゆくと、その波斯國の條の劈頭に「波斯國都達曷水之西蘇藺城、卽條支之故地也」と書き出してあつて、此の國の都城が蘇藺城と呼ばれたことに目が留まり、又その末文に「西北去拂菻四千五百里」とあつて、その都城から拂菻國に至る方向と里數とが擧げられてあるのに注意を惹く。さてそこで唐代の記錄を參考すると、舊唐書(卷百九十八)の西戎傳波斯國の條には「西北拒拂菻」とあり、大唐西域記(卷十一)波剌斯國の條には「波剌斯國周數萬里、國大都城號蘇剌薩儻那、……西北接拂懍國」とあり、又唐書(卷二百二十一下)の西域傳の中にも殆ど之と同樣の記事が見えてゐて、たゞ西域記に拂懍とあるのが、此の書には拂菻と書き換へられてあるのに過ぎない。さて此等の記事では波斯國から拂菻國に至る方向が西北に當るといふ事のみが記されてあつて、その里數は擧げられてない。然るに唐書(卷二百二十一下)の西域傳波斯國の條を見ると、「波斯居達遏水西」……西北贏四千里拂菻也」とあつて、波斯から拂菻に至る方向と里數とが記されてある。さうして其の記載の形式から見ると、隋書の文面に據つたとしか思はれないが、たゞ此の書に四千五百里とあるのが、唐書には贏四千里となつてゐて、その里數にいくらかの差異がある。元魏の時代から唐代に亘る波斯國の都城は、古のCtesiphon と Seleucia とを合せた Madain 城で、後世の Baghdad から南一里程の處に位する處である。此の城は已に前にも述べて置いた如く、魏書の宿利城、周書の蘇利城、隋書の蘇藺城、西域記と唐書の蘇剌薩儻那城であつて、何れも Suri 或は Suri-Stana の對音である。だから隋唐時代に於ける波斯國の都城の位置は明確に知られてゐるが、たゞ問題となつてゐるのは此の都城から西北に位する拂菻國の都城の所在である。余輩は前號に於いて、魏書の伏盧尼國は隋唐二書の拂菻國と同名で、共に Furum の對音であることを説明し、又伏盧尼國の都城は Syria の Antiochia 城であることを論證した。そこで今度は此の推論に一歩を進めて、拂菻國の都城も亦 Antiochia であるか否か、二書の示す方向と里數とに依つて之を論定して見ようと思ふ。

魏書によると、伏盧尼城は波斯の都城から北に當るとあるが、余輩が嚮に論證した如く、此の國の地理に關する記事から推すと、それは西北と改めなければならぬ。されば、魏書に伏盧尼國を波斯國の北に置いてあつても、其の實際は、隋唐二書が拂菻國を波斯の西北に置く文面と撞着しない。但し魏書には波斯國から伏盧尼國に至る里數を擧げてない。しかし此の書には魏の都の代から波斯國に至る距離を二萬四千二百二十八里とし、伏盧尼國に至る距離を二萬七千三百二十里と記してあるから、波斯と伏盧尼との間を三千九十二里と見做して差支はない。さてさうすると、波斯から伏盧尼或は拂菻に至る里數に關して、魏書の三千九十二里と、隋書の四千五百里と、唐書の四千里强といふ三説があるわけになるが、伏盧尼或は拂菻の都城が決定しない以上は、此の三説の中何れが正しいとも斷言することは出來ない。然し余輩は種々の理由に據つて、伏盧尼城を Syria の Antiochia と推定したから、隋唐二代の拂菻國の都城も亦同處と見做して差支はないか否か、是は更に考究を要する問題である。

伏盧尼國の事は魏書の西域傳の中に記載があつて、その敍述は甚だ簡單のものではあるが、なほ之に依つて其の都城が Syria の Antiochia であるといふ推測はつく。然るに隋書の拂菻國にはさる傳文がないので、その都城の方位は單に波斯國の都城からの方向と距離とによつて、之を想像するより外に途はない。魏書によると、伏盧尼城は波斯の都城から西北三千九十二里と推算せられるのに對して、隋代の拂菻國の都城は波斯の都城から西北四千五百里とあつて、その間に千四百八里の差異があるので、此の數字の上のみから見ては、隋代の拂菻國の都城を魏時代の伏盧尼城と同一處と見做す事は困難である。然し隋書の此の里數には過大の嫌があつたと見えて、唐書には之を四千里强と訂正してゐる。なほ其にしても伏盧尼城までの距離三千九十二里に比すると、約千里程の差異がある。だから里數の點から見ると、魏書の伏盧尼城と隋唐二書の拂菻の都城とは同一處と見做すとは出來ない。然し漢史の西域傳に記す里數は常に必しも正確のものでないから、魏書と隋唐二書の示す里數にかやうな差異があつても、なほ齊しく Antiochia を目標としてゐたかも知れぬ。たゞ漢籍の方面からは到底之を裁決する途はないが、幸にも西方の記錄に由つて波斯の Madain 城から Syria の Antiochia 城に至る距離は推定せられるから、今それによつて三書の提出した三說に對して批判を加へて見る。

上代の旅客が Seleucia 或は Madain から發足して Antiochia に赴くには、まづ始に西北行して Euphrates 河の邊岸に出で、其處から常に河水に沿うて北行し Nicephorum まで往き、さて此處から河邊を離れて西北陸行し、當時の Zeugma 卽ち今日の Birezik を過ぎ、更に稍-西南行して Antiochia に至るのを順路としたのである。紀元前後に Isidorus von Charax が著はした Parthian Stations と題する書には Zeugma と Antiochia との間の距離を百七十一 schoeni と計上してゐる (W. H. Schoff, Parthian Stations, p. 3)。Schoenus といふのは Parasang の別名で、共に Persia の一里を呼ぶ名である。ところが此の Persia 里は時と處とによつて、其の長さが一定してゐない。Strabon によると、一 schoenus 卽ち一 parasang は四十 stadia に當るといふことであるが、これを實際に徵すると、三十 stadia から六十 stadia の間に伸縮する。Masson 氏の推算によると、Isidorus が波斯國內でいふ一 schoenus は約二哩三分の一に當るが、Euphrates 河岸でいふ一 schoenus は三哩四分の一に當るといつてゐる。Schoff 氏の推算では、波斯の一 schoenus を三哩四分の一から三哩半に亙るものと見れば大過はないと云つてゐる。現今波斯でいふ一 farsak 卽ち古の parasang が三哩三分の一から四哩の間に伸縮することは事實である (Schoff, Parthian Stations, p. 22)。まづこのやうに波斯の一里には長短伸縮があるので、Isidorus の書に Zeugma-Seleucia 間の距離を百七十一 schoeni と記してあつても、之を正確に今日の里數に換算するのは困難である。そこで今假に一 schoenus を三哩四分一と見ると、Seleucia から Zeugma に至る百七十一 schoeni の距離は約六百六十六哩となる。西方の古記に Zeugma から Antiochia に至る里數を明示してゐるものはないが、Strabon (XVI, p. 749) は Issos 灣から Zeugma 迄の距離を千四百 stadia と記してゐる。そこで Hirth 氏は此の數字を根據として、Antiochia-Zeugma 間の距離を千百 stadia と推算した (China and the Roman Orient, p. 191, note 2)。さて十 stadia は約一哩に當るが故に、千百 stadia は約百十哩である。されば Antiochia から Zeugma を經由して Seleucia 卽ち隋唐時代の Madain に至る距離は六百六十六哩に百十哩を加へた數卽ち七百七十六哩となる譯である。然しこれは波斯の短少の schoenus を取つて計算した數字であるが、今またその最長の波斯里卽ち一 schoenus を四哩と見て計算すると、Seleucia-Zeugma 間の距離百七十一 schoeni は約七百九十四哩となり、之に Zeugma-Antiochia 間の距離約百十哩を加へると、約九百四哩となる。又一 schoenus を三哩半と見て計算すると、百七十一 schoeni は約七百九哩となり、之に例の百十哩を加へると約八百十九哩となる。先づ斯樣に波斯の短、中、長の三種の里を以て、Seleucia-Antiochia 間の距離を推算すると、各、約 776 哩、約 819 哩、約 904 哩といふ三樣の里數を得る。さて然らば、魏書が此の距離を語つたと思はれる 3092 里と隋書の 4500 里と唐書の 4000 里强といふ三樣の里數は、上に述べた波斯里と如何なる關係を有するかを考へて見よう。學友石田氏は余輩の爲めに魏隋唐三書の漢里を今日の哩に換算して與れたので、今は其によつて計算する。藤田元春氏の尺度綜考(p. 381)によると、北魏の一里は漢代のそれと等しく、さうして漢代の一里は我が四町と同じである。但し足立喜六氏の説によると、漢代の一里は我が三・八町に當るといふ。だから藤田氏に從ふと、魏書の3092里は我が約343里、足立氏によると、約326里となる。さうして我が一里は二・四四哩であるから、藤田氏の343といふ邦里は836.92哩、足立氏の326里は795.44哩となる。又足立氏の考證によると、隋唐の一里は我が五町に等しいから、唐書の4000里强は我が555里强で、英國の1354.20哩强に當り、又隋書の4500里は我が724里で、英國の1523哩である。石田氏が地圖面の上で測定したSeleucia-Antiochia間の距離は、約280邦里で約685哩であるといふ。然し實際の道程には紆餘屈曲があるから、その距離は700哩以上に及んだものと見做さなければならぬ。まづ斯様に推測して見ると、魏書の3092里といふ數字は藤田氏によると836.92哩、足立氏によると795.44哩となつて、波斯の一schoenusを三哩四分の一と三哩半と見て得た776哩と819哩とも接近し、又地圖上の測定685哩とも妥協の出來るものである。勿論是等の數字は何れも概算を基礎としてゐるものであるから、その結果として現はれた里數は決して正確のものでない。然し此の計算に依つて、魏書の與へた里數は伏盧尼城をSyriaのAntiochiaとする余輩の推測を確めるだけの價値を有する。

さて上述里數の計算に依つて、魏書の伏盧尼城はAntiochiaに相違ないと思はれる程に確實となつたけれど、隋唐二代の拂菻國の都城もまた同處であつたかといふに、それはまだ疑問である。隋書が波斯の蘇蘭城から拂菻の都城に至る距離として示した4500里といふ數字が極めて杜撰のものであつた事は、唐書の編者が之を贏四千里と書き改めてゐるのでも判かる。隋唐時代の一里は我が五町に當るが故に、唐書の4000里强といふ里數は我が555里强である。若しも此の里數が正確なものだとすれば、拂菻國の都城は到底 Syria の Antiochia と見做すことは困難で、寧ろ之を Balkan 半島の Constantinople に擬するのを妥當とする。さうして隋書の4500里は我が624里であるから、若しも之を正しいとすれば、拂菻國の都城は Constantinople より更に西北六、七十里も遠い處にあつたものと見做さなければならぬ。是を以て之を觀ても、隋書の里數は杜撰なものである。隋唐時代の拂菻國が實際に東ローマ帝國を指した名稱であるのに異論はないが、たゞ問題とする處は、此の時代に支那人の所謂拂菻國は漢魏時代の大秦國や南北朝時代の伏盧尼國の如くに、Taurus 山脈から南に位するローマ領の屬州を呼んだ名であるか、但しは廣く Constantinople を都城とする東ローマ帝國を指したものかと云ふ點にあるのである。隋書の里數には過多に見積つた誤算はあるが、なほそれにしても此の書の拂菻國の都城は Antiochia でなく、實は Constantinople を眼中に置いたとも想像せられる。さうして此の書の里數に訂正を加へた唐書の贏四千里といふ里數が別箇の事實に根底を有するものと見られるならば、隋唐二代の拂菻國の都城は、益、Constantinople と思はれるわけである。然し唐書の里數が果して實地踏査をして得た新事實である否か、隋唐二書の文面を案じて之を考察すると、唐書の里數は必しも隋書の後に新に得た知識とは思はれない。今試に唐書（卷二百二十一下）の西域傳波斯國の條を繙くと、「波斯居達遏水西、距京師萬五千里而贏、東與吐火羅康接、北鄰突厥可薩部、西南皆瀕海、西北贏四千里拂菻也」と書いてある。そこで舊唐書（卷百九十八）の西戎傳波斯國の條を見ると、「波斯國在京師西一萬五千三百里、東與吐火羅康國接、北鄰突厥之可薩部、西及南俱臨大海」と記してある。今この二書の文面を對照吟味すると、唐書の文は大體に於いて舊唐書の文を踏襲したものに過ぎない。但し唐書にあつて舊唐書に見えない事實は、「居達曷水西」とある文句と贏四千里といふ文句とである。唐書は果して何處から是等の事實を得たかと考へて、更に隋書（卷八十三）の西域傳波斯國の條を讀んで見ると、始の方に「波斯國都達曷水西蘇藺城」とあり、又その下に「西北去拂菻四千五百里」とあるから、唐書の上の二事實は隋書から得たものと斷定して差支はなからう。但し隋書に四千五百里とあるのが、唐書には贏四千里となつてゐるから、此の里數は唐書が新に得た知識と思ふ者があるかも知れぬ。然し唐書は舊唐書に「波斯國在京師西一萬五千三百里」とある文句を「距京師萬五千里而贏」と書き換へて、贏の一字に舊唐書の三百里を含ませてゐる一例がある。此の筆法から推すと、唐書に「贏四千里」とある文句は隋書の四千五百里を書き換へたまでのもので、此の贏の一字で隋書の五百里が略書せられたものと看做して差支はなからう。此の考察に誤謬がないとすれば、隋書の四千五百里といふ波斯と拂菻との距離は他に旁證のない里數である。さうして漢史が絶遠の地理を敍する時の里數には往々誤算のあることは事實であるから、隋書の示す里數のみを楯に取つて拂菻國の方位を推定するのは甚だ危險のことである。

隋書の中には拂菻國の方位を示す記事として、是まで論說して來た波斯國からの方向と里數とを記した波斯傳中の文句の外に、なほ二箇處に拂菻に關する記事がある。その中の一は左に引用する裴矩の著はした西域圖記の序文に見える西域に通ずる三道を敍した一節である。此の書は早くも散逸して今日に傳はらないが、その序文だけは隋書(卷六十七)の裴矩傳の中に引用せられてある。

自敦煌至于西海、凡有三道、各有襟帶、北道從伊吾經蒲類鐵勒部突厥可汗庭度北流河水至拂菻國、達于西海。其中道從高昌・焉耆・龜茲・疏勒度葱嶺、又經鏺汗・蘇對沙那國・康國・曹國・何國・大小安國・穆國、至波斯達于西海。其南道從鄯善・于闐・朱俱波・唱(喝の誤)槃陀度葱嶺、又經護密・吐火羅・挹怛・帆延・漕國、至北婆羅門、至于西海。其三道諸國亦自有路、南北交通。

さて此の三道の中、その中道は今日の Turfan, Kara-shār, Kucha, Kashgār を通つて Pamir を越え、また Ferghana, Ura-tube, Samarkand, Bokhāra を過ぎて波斯に入り、遂に西海卽ち波斯灣に達する道程であり、又その南道は今日の Lob-nōr の南から南山の北麓に沿ひ Karghalik, Tashkurgan を通つて Pamir を度り、更に Wakhan, Tokhāra, Bamiyan, Kabul を經て印度の西北部に入り、それより南して印度洋に達する道程である。またその北道は今日の Khami から天山を越えて Barkul 湖の邊岸に出で、其より此の山脈の北麓に沿うて西行し、更に Alexandria 山脈の北方を通り Syr 河を渡り、裏海の北方を過ぎて東ローマ帝國に入り、遂に地中海に達する道程をすと、その北道に於いては北流の河水卽ち Syr 河を渡れば、其處から西、西海に至るまでの地るから、此の國を出づれば、其處は北婆羅門國卽ち北印度國である。だから此の筆法から推るから、此の國を出づれば其處が卽ち波斯である。又その南道に屬する漕國は Kabul であ例へばその中道に屬する穆國は Amu 河に瀕する Amol であつて、波斯國に接觸する處であ西海に瀕する國の疆域は、その前に擧げられた國土まで延長してゐることになつてゐる。つたものに相違ない。さてまた中道と南道との記述法を見ると、全道程の最終端に位してして、獨り Syr 河のみが西北流するが故に、文中に「北流、河水」とあるのは定めて此の河水を語王庭から以西黑海に至る地域に Don, Wolga, Ural の三大河はあるが、何れも南流するのに反いことは、此の方面の地理に對する知識の不充分であることを證するものである。可汗の汗の王庭を過ぎて後に渡つた河水を單に「北流河水」とのみ記してあつて、その名の擧げてなまでの過程に於いて絕えて國名の記されてないことは、大に注意すべき點である。殊に可に、國名の擧げてゐないのも當然であると云はれようが、可汗の王庭より以西拂菻國に至るきは君主の治所たるに過ぎない。尤も是等の地域は當時悉く突厥國の版圖に屬するが故は地方名であり、蒲類の如きは湖水であり、鐵勒部の如きは部落であり、突厥可汗の王庭の如絕えて國名がなく、且つその順道は漠然として甚だ分明を缺いてゐる。例へば伊吾の如きるまでの途中には常に國名が擧げてあつて、道程は甚だ明瞭であるが、その北道に於いては記したものである。さて此の三道の中、南道と中道とに於いては、其の出發點から西海に至域は、拂森國と看做さなければならぬ。然し隋書の拂森國が廣く東ローマ帝國を指すと解された處で、その領域がSyr河の邊まで及んでゐたとは考へられない。此の一事を以て見ても北道の記述法が他の二道のそれと大に異ることが知られ、又それと共に當時の支那人がTalas河から以西、黒海或は地中海に至る地理に暗かつた程が窺はれる。

さて上述の如く裴矩の記した西海に通ずる北道の中、Syr河以西黒海に至る道程に國名の現はれてゐないのは、その地理に明かでなかつた證據ではあるが、さりとて此の方面が當時の支那人に全くTerra incognitaの地域であつたとは思はれない事實がある。其は隋書（卷八十四）の鐵勒傳の中に「拂森東有恩屈・阿蘭・北褥九離・伏嗢昏等」とある一節の文句に依つて察せられる。此の文中に擧げてある四國或は四部族は拂森國の東方に接續してゐたと思はれるから、その全部なり但しはその一部分なりは必ず裴矩の所謂北道と稱する道程に當つてゐたものと想像して差支は無からう。だから此の四國の據つてゐた地域が明かになれば、拂森國の方位も自然とまた推知せられる譯である。此の點から考へると、鐵勒傳中の此の一節は拂森國の方位を推定するに方つて、好個の鍵鑰を與へるものと謂はねばならぬ。

裴矩のいふ所の北道がAral海裏海の北岸を通つて黒海の方面に赴く道路であらうとは、何人も地圖を案じて想像することであらうが、その間に沙漠曠野が相連り、沼澤沮洳の地が多いのに氣がつき、また土民の寇盗掠奪に曝される危險のあるのに思ひ到つたならば、必しも斯く速斷するを許さない。西域圖記の示した三道の中、中道と南道とは泰西學者の所謂絹街道と稱する有名な往還路で、支那の絹絲が西域地方に運搬される道路であるから、此の二道は早くから支那人に熟知せられてゐたのであるが、隋代以前に支那の絹絲がその北道に由つてローマの方面に輸入せられてゐたのを聞かない。此の頃まで裏海Aral海の北方の地理は西域人の間にはまだ善くも知られてゐなかつたと見えて、彼の地の學者の中で裏海を内海と認めてゐたのは紀元前では Herodotus (454 B. C.)、Aristotle (348 B. C.)、Diodorus (60 B. C.)の三人、紀元後では Ptolemaeos (160 A. D.) と Armenia の歴史家 Moise de Khoren (450 A. D.) との二人に過ぎない。さうして其の餘の學者は悉く裏海を北氷洋と連續する江灣と想像してゐた樣であつて、此の海水の東に更にAral海の存在することなどは、夢にも思はれてゐなかつた。さる事情から考へると、隋の時代に東方の商客がAral海と裏海との北岸を通つて、東ローマの方面へ行く一定の行通路はなかつたものと見て差支はあるまい。然るに南北朝の末期に此の邊の道路に由つて、支那の絹絲を東ローマ帝國に輸入しようと企てられた事件が勃發した。此の事件は余輩の問題を解決するに參考となる處があるから、その顛末を略說することは決して徒勞の業でなからう。

上代に於いて支那の絹絲は支那人自身に依つて遠く西域地方へ賣り出されたものでなく、その實際は中央アジャの Bactria や Sogdiana の商人が、之を支那本土から買ひ集めて、西の波斯人や南の印度人に賣りつけたものである。さうして此の奢侈品を最も多く消費する者は殷富を以て世界に誇つてゐたローマ人であつたから、此の商業に依つて常に巨利を博してゐたのは波斯の商人であつた。是は中央アジヤの商人が常に遺憾とする所であつた。然るに南北朝の末葉に Sogdiana 人は突厥可汗の臣民となつたので、其の酋長 Maniach は可汗の威勢をかり、自ら使節となつて波斯の朝廷に赴き、自國人が絹絲を携へて、自由に波斯の國内を通行販賣する許可を獲ようと企てた。此の要求は波斯王 Khosrau に拒絕せられたから、Maniach は更に Dizabul 可汗に說いて、東ローマ帝國と攻守同盟を結び、以て共に波斯に當らうと劃策した。されば Maniach の此の策略は表面上政治的軍事的であるが、その裏面には此の同盟に由つて、絹絲を直接に東ローマ帝國に輸入しようとする商略が伏在してゐたのである。斯る關係から Justin 皇帝は Zemarchos を使節として突厥可汗の王庭に遣はすことになつた。此の時の使節の一行は黑海の東岸から裏海と Aral 海との北方を通過して、天山に牙帳を構へてゐた可汗の處に至つたので、此の方面の地理は始めて歐洲人に踏査せられたのである。其の紀行は紀元六世紀の末期に屬する Menander Protector の書に依つて後世に傳へられた。さうしてその中の一部分は目下の問題に密接の關係を有するが故に、今その煩を厭はず、左に之を譯出する。

Zemarchos は Dizabul に袂別を告げて歸國の許可を得たので、Choliate 國で待ちうけてゐるローマの人々に逢はうと取り急いだ。かくて始に此の國の都城を通り過ぎ、さてそれからは一線に並んでゐる壘寨を次ぎ〳〵に見て進んで行つた。突厥ではローマの使節が愈、自國の使者と共に歸國の途に就いたといふ噂が、遂界の諸方に知れ渡ると、Choliate 國の酋長はDizabulに請うて、ローマの政治見學の爲に、自國から數人を彼の一行に加へて派遣されたいと願ひ出でた。此の請願はさし許された。さてさうすると、他の邊地の酋長からも同樣の懇請があつた。されど其等は悉く却下せられ、Choliate國の酋長のみに許可は限られた。さてローマの使節一行は歸途を續け、始にOïkhといふ河水を渡つてから餘程長く進んで往つて、漸く廣大な湖水の邊岸に到着した。Zemarchosは此處に三日滯留し、其の間に取り敢へずGeorgeといふ者を急使として先發せしめ、其に突厥で行動した顛末の概略を陳べ、追ひつけ自身も歸國する旨を上奏せしめた。Georgeが十二名の突厥人に伴はれて通つた路は、全く水も無い荒野であつた。然し其は此の方面を行くに最も近い路であつた。Zemarchosは行程を續けて前に述べた湖水を繞る沙漠を渡り、十二日の間數箇處の難場を通りぬけて、漸くIch河に至り、また其からDaich河を渡り、更に數多の沼澤の傍を過ぎて、遂にAttilas河に到着した。此處から一行がUgur人の國に着くと、土人から注意があつて、四千ほどの波斯人がCophes河邊の藪林に待ち伏せして、一行を襲ひ伐たうとしてゐる由を傳聞した。Ugurの酋長はDizabulの威勢に服して、その臣下となつてゐたから、Zemarchosとその同伴者とに水を盛つた革袋を贈つて來た。これは泉水のない大沙地を渡る時には、極めて必要な品物であつた。一行はそれから非常に大きな湖水の傍を通つて、Cophes河の注ぐ沼澤の方に向つて進んで往つた。その時飛脚を先に走らせて、波斯人が實際途中に伏兵を張つてゐるか否かを探察せしめたが、その實情を得ないで歸つてきた。然し一行は努めて常に伏兵の隱れてゐる森林から遠ざかるやうにして進んでゆき、又此の山中に住む Oromoscho 人と出逢はないやうにし、急いで Alan 人の國に入つた。Chosroes は Alan の Saros 王の處に使を遣はして、彼の國を通過するローマの使節を殺さば、大金を贈らうと云ひ出して來た。然し此の王は斯樣な暴行を欲しないので、その言には聽かないで、却てローマ人を歡迎した。されどローマ人に隨行して來た Turk 人に對しては同樣の待遇を與へなかつた。王は彼等を夷狄と輕侮してゐたから、彼等が帶刀を解かない以上、謁見を許さなかつたが、Zemarchos は三日の間論爭もし懇請もしたので、遂にそれは許された。さてこれから一行が取るべき最も短くて又最も平坦な道は Suanie の地に沿うて Misimia 人の國土に由ることであつた。然し Saros から忠告があつて、波斯人が多勢でその通路に伏兵を設けてゐるので、Darnēs の路に由るのが最も安全であらうといふことであつた。そこで Zemarchos は十匹の馬に絹をのせて Misimia の方にゆく路に向はせた。是は波斯人を欺いて其の屯集地から動かないやうにし、又 Zemarchos は後から引き續き直に來るやうに見せかける爲めであつた。さて斯樣にして置いて、Zemarchos は路を右手に取つて Darnēs の行路を通り、Misimia の國を左手に見て、Apsilie を過ぎ Rogatorium に赴き、直に Pont-Euxin 海に達した。其處からは海上に浮んで、Phasis 河の河口に寄り、更に Trebizond の港に着き、一行は此處で上陸し、驛馬に乘つて、Constantinople に歸着した (Lebeau, Histoire du Bas-Empire augumenté par M. De Saint Martin. T. X. pp. 62-

71)。

さて此の紀行に見える Ich 河が今日の Emba 河、Daich 河が Ural 河、Attila 河が Wolga 河、Cophes 河が Kuban 河に當ることは、已に西洋の學者が考定した所で、余輩も其に異論はない。たゞ Ich 河の東に位する Och 河に就いては、まだ區々と議論があつて一定するに至らないが、其は多分 Syr 河を指したものと見れば大過はなからう。さうして Choliate 人の住地は Syr 河の下流域で、Aral 海の東方に位する地域と思はれる。當時突厥の領土は西方に於いて那邊まで及んでゐたか、的確のことは詳かでない。しかし此の紀行には Choliate を邊境の一國と見做してゐるから、此の邊までは少くとも可汗直轄の地域であつたに相違ない。なほ此處から西方に位する Daich 河の名は Jaikh の轉音 Zaikh が更に訛つた形で、Turk 語廣大の義であり、Attila 河の名は此の國語 Etil 或は Edil の訛音で河の義であるが、此の邊の Turk 人が單に Etil 河といふときは、專ら Wolga 河を指すことになつてゐた。かやうに此等の名が Turk 語だとすれば、此の民族が當時已に Wolga 河の邊まで據つてゐたことは確實であり、從つて此の Turk 人が突厥帝國の屬民であつたことも推される。Attila 河卽ち Wolga 河の西に據つてゐた Ugur 民族は突厥が勃興すると間もなく、其の兵鋒を受けて臣民となつたのであるが、爾來可汗に對しては恭順の意を表してゐたから、Zemarchos を好遇して其の便益を謀つたことは、紀行の文面にも現はれてゐる。然し此の Ugur の西南 Cophes 河に據つてゐた Alan 人が當時突厥に服從してゐなかつたことは、國王 Saros が Zemarchos に隨伴して來た突厥人に對する態度に依つて察せられる。されぱとてAlan人はまた波斯の屬民でも無かつたと見えて紀行に記すが如くその王はChosroesの懇請にも應じなかつた。その頃波斯の領土はKaukasus山脈の中央部から南に位するIberiaの地にまで達して居り、その西に接するMisimiaとSouanieとはLazikの屬地であつた。さうして此のLazikとApriliaとは山脈の南にあつて黑海に臨み、古のCholcisの地に當り、東ローマ帝國の領地であつた。さるが故に此の處はローマ帝國の極東に位する樞要の區域であつて、小アジャの方から陸道に由つて、Siberiaの方面に通ずる唯一の門戶となつてゐた。斯樣な關係からローマでは其の警備に重きを置いてゐたものと見えて、紀元五五七年に西人の所謂僞Avarの首長がAlanのSaros王を介して、Justinianus皇帝に入朝を懇請して來た時に、Lazikに鎭守してゐた將軍は、後に帝位に上つたJustinusであつた。此の時Avarの使節Kandikhが通過した道程は記されてゐないが、多分Zemarchosがその後に取つた路と殆ど同一と見て差支はなからう。まづ斯樣に事情を綜合して考へると、Justinianus, Justinus二帝在位の頃に、Alan人の住んでゐた國は、恰も突厥、波斯、東ローマといふ三大國の接觸點に當つてゐて、而も其の中の何れにも從屬せず、土地の嶮阻と勇武の氣象とに依つて獨立の地位を維持してゐたのである。

Zemarchosの紀行によつて、東方Syr河の方面からAral海と裏海との北方を通り、Kaukasus山脈の西部を貫いて小アジャに通ずる道路が、當時如何に困難で又危險であつたかゞ察せ曠野を渡つて、その紀行を後世に殘した者が世界に一人もなかつたといふ事から見ても、そに、殆ど六百五、六年といふ長い年月は經過した。此の間に Aral 海と裏海との北方に横はるck の附圖に據る)。突厥と東ローマ帝國との交通が絶えてから、此の二僧の時代に至るまできて遂に蒙古大汗の都に達したのである (Rockhill 氏の著作 The Journey of William of Rubru-Emba 河の上流とを過ぎ、Aral 海の北方を通つて Kara-Tau 山脈の麓に出で、また常に東に行の Soldaia に赴き、其より Don 河の中流を渡つて Wolga 河に至り、更に東して Ural 河の中流と王 Louis 九世の命に依つて、紀元一二五三年に Constantinople を發し黒海を渡つて Crim 半島沿うて東に行き、遂に蒙古の都 Karakorum に到着したのである。又 Rubruck は France の國Aral 海の北を繞つて Syr 河の下流域に達し、Kara-Tau 山脈の南から Alexander 山脈の北麓により露國の Kiev を經て Don 河の下流域に出で、其より東して Wolga, Ural 二水の下流を渡り、に法王 Inno-cent 四世の命を受けて佛國の Lyon 市を出發して Poland に入り、其の都 Cracow破した歐洲人は、Plano de Carpine と Rubruck との二僧であつた。Carpine は紀元一二四五年與へた事件として特書さるべきものである。Zemarchos から遙か後になつて此の地方を踏の旅行が Menander Protector の筆に依つて後世に傳へられたことは、歷史地理學上に光明をManiach、東ローマ帝國からは Zemarchos が各、使節として此の間を往復し、さうして Zemarchos理が全く不明に屬してゐた理由も首肯せられる。されば Justinus 皇帝の時に突厥からはられ、從つて上代から其の頃まで此の交通路のことが東西の文獻に現はれず、その沿道の地

の距離の比較的に短少なのにも拘はらず、東西兩洋を連結する交通路としては甚だ不適當
であつたのを物語るではないか。又此處に注意すべきは、先に Zemarchos が此の沙漠を渉つ
た路は、彼が遣はした急使 George が取つた路と異つてをり、後に Carpine が通つた道は、Rubru-
ck が往つた道とは同一でなかつたことである。此の如く此處を通過する旅客が、或は時を
同じうし或は時を異にしても、常に行路を違へてゐたことを見ても、古來此の間に一定の交
通路のなかつたことが悟られる。突厥やローマの使者が此の難場を無事に通行すること
の出來たのは、第一にはその道程の殆ど全部が二國の版圖内にあつたこと、第二には彼等が
强盛な大國の使節といふ資格を有してゐたからである。若しもその旅客がさる資格もな
い普通の商人であつたとすれば、其の國籍が假令二國の何れにあらうとも、また彼等が隊伍
を組んで此處を渡るとしても、其の荷物を安全に運搬し得たとは思はれない。當時 Sogdia-
na の Maniach は此の地域に由つて絹絲をローマ帝國に輸入しようとする計畫を懷いてゐ
たが、遂に之を實行するに至らなかつた。是は突厥とローマとの和親同盟が短期のもので
あつたといふ事實に歸するよりは、寧ろ此の二國を結び付ける交通路の困難と不安とに原
因すると見た方が妥當であらう。

當時 Constantinople の方面から裏海の北方に赴くには、黃海を航行して Don 河の河口に往
き、それから東行するのを最も便利としたのである。然らば何故に突厥やローマの使者は
此の道路を取らないで、却て波斯兵の襲擊に曝された Kaukasus の嶮道を選んだのであらう

か、之には必ずその理由がなくてはならぬ筈である。想ふに當時突厥可汗の威力は Wolga 河の西方には及んでゐたけれども、なほ Azof 海の東岸や Don 河の下流域には、突厥の勢力に靡かぬ Utigur などの勇悍な民族が據つてゐた爲めであらう。その後此の民族も遂に突厥に壓倒せられたと見えて、紀元五八〇年にローマ皇帝から突厥に遣はされた使節 Valentinus に此の國の大官 Turxanth が誇つて語つた談話の中に「世界の東のはてから西のはてに至るまで悉く我等に服從す、Alan や Utrigur の如き勇悍なる民族も突厥の必勝軍には抵抗することは出來ない」とある (Deguignes, Histoire Générale des Huns, T. II. p. 397)。是れより先 Zemarchos が Alan 人の處を通過したときに、その國がまだ突厥の臣民でなかつたことは、已に前にも述べた通りである。これと同じ様に Azof 海の東方に據つてゐた Utrigur 卽ち Utigur も、その頃は獨立の民族であつたのが、Valentinus の時には Alan と共に突厥の屬民となつたのであらう。Turxanth が突厥を討伐して數多の民族の中から特に Alan と Utrigur とを擧げたのは、此の二國が長く頑强に抵抗してゐたからであらう。斯樣な次第で突厥とローマとの交通の要衝に當つてゐた Alan, Utigur の二民族が突厥の領屬となつた以上、兩國の使者は最早從來の如く Kaukasus の嶮路を通過する必要もなくなつたわけである。そこで Valentinus は Constantinople から直に黑海に浮び、Krim 半島の南端を經て、Don 河の河口に出で、其より東方に陸行して、可汗の王庭に赴いたのであらう。されば Tiberus 帝の代になると、ローマから突厥に至る交通路は前代よりは便利となつた譯であるが、しかし其の反對に兩國の交際は冷却した。Valentinus は嚮に Justinus 帝が Dizabul 可汗と締結した國交を温める目的を以て突厥に派遣せられたのであるが、其の國の大官 Turxanth に冷遇せられて空しく歸國してから、二國の交通は全く斷絶してしまつたのである。Valentinus が突厥に遣はされた年は恰も、北周の靜帝の大象元年であつて、此の年に此の王朝は滅び、その翌年に隋の文帝は新王朝を創設したのである。先づ以上陳べて來た是等の事情を豫め心得てゐて、さて然る後に拂菻國に關する隋書の記事が正當に解釋されると思ふ。

隋の裴矩は一生を通じて嘗て西域地方を徧歷した經驗も無かつた。然るに能く西域圖記といふ書物を編作し得たのは、彼が河西に駐在し多く蕃客胡商と接觸して、西域の事情を聞知してゐたからである。隋書(卷六十七)の裴矩傳を繙くと、始に「煬帝卽位、營建東都、矩職修府省、九旬而就。時西域諸蕃多至張掖、與中國交市。帝令矩掌其事。矩知帝方勤遠略、諸商胡至者、矩誘令言其國俗山川險易、撰西域圖記三卷、入朝奏之」と書いてあつて、其の次に前に引用した西海に通ずる三道の順路を記し、さて其の後に「帝大悅、賜物五百段、每日引矩至御坐、親問西方之事。矩盛言胡中多諸寶物、吐谷渾可幷吞。帝由是甘心、將通西域、四夷經略咸以委之。轉民部侍郎、未視事、遷黃門侍郎。帝復令矩往張掖、引致西蕃、至者十餘國。大業三年、帝有事於恒岳、咸來助祭。帝將巡河右、復令矩往敦煌、遣使說高昌王麴伯雅及伊吾吐屯設等、啗以厚利、導使入朝。及帝西巡、次燕支山、高昌王・伊吾設等及西蕃胡二十七國謁於道左、皆令佩金玉、被錦罽、焚香奏樂、歌儛諠譟。復令武威張掖士女盛飾縱觀、騎乘塡咽、周亘數十里、以示中國之盛。帝見而大悅、竟破吐谷渾、拓地數千里、並遣」兵戍」之、委輸巨億萬計、諸蕃懾懼、朝貢相續」と見えてゐる。此の文面に依つて知られる如く、裴矩は煬帝の信任を得て、專ら外蕃招撫の要職に當り、常に四夷の賓客殊に西域の商人と接觸して、其の事情に精通してゐたので、遂によく西域圖記を編纂し得たのである。さうして此の書の編纂が吐谷渾征服の年卽ち大業三年 (607 A. D.) 以前煬帝卽位の年卽ちその元年 (605 A. D.) に亙る間にあつたことは、上に引用した文面の前後を案じて推測せられる。

既に前に引用した西域圖記の序文によると、燉煌から西海に至るのに三道がある。その中、南道と中道とは古來東西の商客が常に往來した一定の通商道であつて、支那の絹が主として此の道路に由つて西域地方に輸入せられたので、今日の東洋學者が絹街道と稱へるものである。裴矩が此の二道と同列に置いた北道は絹街道であつたとは思はれないが、其が東西の商人の經由した通商道であつたといふ點に於いて、他の二道と同樣の性質を有すると見て差支はなからう。此の交通路の全道程の中、Aral 河の下流域から黑海に至る順路は不明になつてゐる。隋の時代に Aral 海や Caspi 海の北方に連る荒野沙漠を通つて黑海に出る道路のあつたことは勿論であつて、南北朝の末期に屬する紀元五六八年から五八〇年に至る十餘年の間に、突厥と東ローマとの使節が數次に亙つて彼處を往復した事實を以ても證明せられる。然し此の行路には非常な困難と危險とが隨伴するのを考へ、又其が史上に現はれたことの甚だ稀なのを思ふと、假令隋の以前に大國の使者が此處を通過したといふ事實があつたとしても、其は特殊の場合であつて、これを以て世界の交通路が此の間にあつたとは見做されない。だから裴矩の所謂北道が若しも他の二道の如く東西の商人が常に往來したものだとすれば、其は他の方面に之を求めねばならぬ。凡て世界の通商路は各國が互に外國の特産物を得ようとする慾望から發生するものである。だから裴矩の所謂三道の中、南道と中道とは西域人が支那の絹絲を求めようとし、又支那人が印度、波斯、ローマ等の物貨を得ようとする慾望から起つたものと謂へる。若しもその北道が他の二道と同じ性質のものだとすれば、東方の支那人や Turkistan 人、西方のローマ人なども必ず此の道路に由つて或る外國の物貨を得ようとしたものに相違ない。但し支那人がローマの財貨を求めようとし、ローマ人が支那の絹絲を得ようとするならば、比較的に行路の安全な中道があるから、殊更に危險で困難な北道を迂廻する必要は毫もない筈である。想ふに此の北道はその兩端に位する國民が互に其の物貨を交易せんとする慾求から起つたものでなく、實は其の中間に横はる Ural 地方や Siberia の毛皮を得ようとする目的から生じたものであらう。だから其の中道と南道とを現今の東洋學者が絹街道と稱するならば、その北道は毛皮街道とも呼ぶべきものである。

上代に於いて西域の諸國が支那に求めた物品は絹絲であり、さうしてアジャの南方の文化國が Siberia の寒地に供給を仰いだのは毛皮であつた。されば西域からアジャの東方と北方とに通ずる大道が、此の通商上の關係に依つて規定せられたのは自然の勢である。黒海の沿岸に植民した Greek 人が Siberia の方面に毛皮を求め始めたのは何時頃であつたか、其は未だ詳かでないが、此の海岸から彼處に赴く交通路を始めて世界に紹介したのは Herodotus であつた。其の書の第四卷 Melpomene の條には Maeotis 海に注ぐ Tanais 河口の邊から發程して、初は路を東北に取り、Sauromat, Budini の地を經て Tyssaget に至り、此處から方向を東南に轉じ、Iurkai, Scythia, Argippai を通つて Issedon に至る交通路が記されてある。此の道路の解釋に就いては久しく學者の間に議論があつたけれど、遂に Tomaschek 氏に依つて正確に説明せられた。いま其の説に從ひ之を今日の地理に當てゝ述べて見ると、先づ Azof 海に注ぐ Don 河の河口から出發して、始は此の河に沿うて東北行し、更に Wolga 河に移り、Kama 河に進み、益東北行して Jekaterinburg の邊に達する。此處から方向を東南に轉じて、Irtisch 河に沿うて Tarbagatai を過ぎ、Altai 山脈の南麓に往き、復南して天山を越え新疆省に到つたのである。此の交通路が打ち開かれたのは、必しも黒海沿岸の住民が新疆省にゆき、新疆省の人民が黒海に至る爲からではなく、實は東西の商人が Ural 山に行つて、此處に集つてゐる毛皮を購はんが爲であつたに相違なからう。

此の交通路は支那の史籍には見えないが、漢代から隋代に亙つて、之に準ずべき交通路が存在してゐたかと思はれる形跡がある。漢書(卷九十六上)の西域傳總說の條を讀んで見ると、今日の沙州にあつた玉門關や陽關から西域に通ずる二道を記して「自玉門陽關出西域有兩道、從鄯善傍南山北、渡河西行、至莎車爲南道、南道西踰葱嶺、則出大月氏安息。自車師前王庭、隨北山渡河西行、至疏勒爲北道、北道西踰葱嶺、則出大宛康居奄蔡焉(耆)」と見えてゐる。さて此の二道の中、南道は Lob Nôr の南から南山脈の北麓に沿うて Yarkand に出で、此處から西、葱嶺中の Tashkurgan を過ぎ、Hindu-Kush 山脈の北麓を通つて波斯に至る交通路であつて、今日の學者が謂ふ所の絹街道である。又北道は今日の Turfan から天山の南麓を西に進んで Kashgar に出で、此處から西、葱嶺を越え、Ferghana, Tashkend 等を過ぎて Syr 河の注入する Aral 海の北方に達する交通路である。さうして南道が安息國から西南條支國に往き、此處から海を渡つて Egypt の Alexandria 卽ち黎軒國に至つて盡くることは、後世の記錄に依つて知られてゐるが、北道は奄蔡で往きつまり、其の先き何處に通じてゐたのか、全く不明である。奄蔡は Aral 海の北方に連る荒野であつて、東方の商人が此處で貿易を行つたとは考へられないから、此の交通路は更に西方なり北方なりへ延長してゐたのに相違ない。漢代の記錄には之を明白に示したものはないが、史記(卷百二十三)の大宛列傳安息國の條に「其西則條枝、北有奄蔡黎軒」とある一節の文を深く玩味してゆくと、此處にいふ黎軒國は北道の終點であらうとも考へられる。奄蔡は Aral 海の北方に據つてゐた國であるから、之を安息國の北に置いた史記の文には何等の疑問は起らないが、黎軒國をまた此の方面に示した史記の文に對しては、何人も疑惑の念を懷くに相違ない。黎軒の名は Alexandria の對音で、此の都城を首府とした Ptolemy 朝の王國を指したものであるから、之を安息國卽ち Parthia の北境に接してゐた國と見ることは出來ない。そこで Hirth 氏は史記の大宛列傳安息國の條に「其西則條枝、北有奄蔡黎軒條枝在安息西數千里、臨西海」とある文を讀んで行くときに、黎軒を奄蔡から切り放つて、之をその下にある條枝に結びつけた (Mr. Kingsmill and the Hiung-nu, p. 36)。然し是は甚だ無理な讀方であつて、決して原文の眞意を得たものでない。然らば史記の此の文章は如何様に解すべきであらうか。想ふに張騫が西域に赴いた時に大月氏や大夏では元來 Alexandria の Greek 人を黎軒人と呼んだのであるが、遂には總ての Greek 人を黎軒人と稱へることになつたのであらう。さる處へ張騫は黒海の沿岸に Greek 人の住んでゐた國土のあるのを傳聞したので、之を黎軒國と呼んだのではなからうか。張騫が黒海沿岸の Greek 人を黎軒人と呼んだのは確かに誤解であるが、彼の方面に Greek 人の據つてゐたのを傳聞したのは事實であらう。

上述の如き臆測が許されるならば、前漢の時代に Aral 海の北方を走る北道が、其處から更に西方に延びてゐて、黒海の沿岸に達したものと見做して差支はなからう。北道の此の部分が何の邊を通過したかといふやうな事は、固より前漢代の文獻では知ることは出來ないが、後漢書と魏略との文面に據ると、なほ幾分か想像されると思ふ。後漢書の西域傳(卷百十八)には其の總序の處にも鄯善から西域に通ずる二道が記してあるが、其の文字は漢書を全然踏襲したもので、何等の新事實が加はつてゐない。隨てその北道の終點は依然と不明になつてゐる。然るに此の書と魏略とには奄蔡の北に據つてゐた二國のことが記されてある。其の一は嚴國であつて、後漢書(卷百十八)の西域傳に「嚴國在奄蔡北、屬康居、出鼠皮以輸之」とあり、今一は聊國であつて、「奄蔡國改名阿蘭聊國居地城、屬康居、土氣溫和、多楨松白草、民俗衣服與康居」

同」と見えてゐる。さうして魏志(卷三十)に引用する魏書には「又有柳國、又有巖國、又有奄蔡國、一名阿蘭、皆與「康居」同「俗、西與「大秦、東南與「康居」接、其國多「名貂、畜牧逐「水草」臨「大澤、故時羈「屬康居、今不屬也」といふ一節の文がある。さて後漢書によると、奄蔡國の一名は阿蘭聊國となつてゐるが、魏略には阿蘭の外に柳國といふのがある。さうして此の柳國は後漢書にいふ阿蘭聊國の末音聊の文字と同音であるから、阿蘭聊國は阿蘭國と聊國とに分つべきもので、此の聊國は魏略の柳國であらう。此の事を初めて說き出した學者は我が國にあつては那珂博士(成吉思汗實錄卷の十一、五二・四——五二五頁)外國に於いては佛國の Chavannes 氏である(T'oung Pao, 1905, p. 559, note 1)。此の考察が正しいとすれば、後漢書の嚴國は魏略の巖國で、彼の書の聊國は此の書の柳國と斷定して差支はない。

後漢書によると、嚴國は奄蔡國から北方に位すとあるが、たゞ此の方向のみでは嚴國の位置は甚だ漠然としてゐて之を何處とも定め難い。然し其が康居の屬國で鼠皮を康居に輸入するとある文句に依りて其の方位は大體に推測せられる。此處に鼠皮とあるのは主として貂鼠の皮を指したものと見做される。Aral 海の北方で貂鼠の產する處は、Ural 山脈の森林地の外には無い筈である。但し此の山脈の中でも北部は岩石の露出した禿げ山であるのに反して、樹木の繁茂して森林を成してゐるのは、その中部から以南であるから、嚴國は此の間に求むべきである。さうして此の國の位置を今一層明確にするのは、其が嚴國或は巖國と呼ばれたといふ事實である。Karlgren 氏によると、嚴字は唐代に ngi̯ɐm、巖字は ngam

と音したのである。然し此の時代に嚴字を音符とする嚴字がχiĕnと音じ、又嚴字の音符たる敢字の古音が常にkâmであるのを見ると、漢魏の時代に嚴はkêm (kom)、嚴はkâmと響いたとも想像せられるのである。まづ斯様に考へて見ると、嚴國の住地はUral山中に源を發してWolga河に注入するKama河の流域で、その名は此の河から得たのではあるまいか。此の河水の流域はHerodotusの時代にBudini人の住地に屬し、古來東西交通の要衝に當り、毛皮商人の會集する處であつた。Tomaschek氏はBudiniの名稱を解釋して、Suomi語では水に屬するといふことをwetinen, Esten語ではwedinä, Mordwin語ではẃeden, Čeremiss語ではwüdänといふが故に、Budiniの名は是等の言と語源を同じうするFinn系統の語であらうと說いてゐる（Kritik der ältesten Nachrichten übər den skythischen Norden, II. p. 20. Sitzungsbericht der philos-histor. Classe der kais. Akad. der Wiss. Wien 1889）。又Klaproth氏によると、Wotjak語ではKama河をBodim Kamaと呼び、大Kamaの義であるといふ（Asia Poly. p. 185.）。Budiniの名はBodim KamaのBodimの訛つた形とも見られる。其は何にしても、Budiniの名稱はKama河に緣故を有するものであらう。Finno-Ugor語族の中で最も密接の親緣を有するものは、Wotjak, Perm, Syränの三部族である。しかしWotjak人はWjatka河に中心を置き、Perm人はKama河に集中し、Syrän人はその北方に接續して住んでゐる。さうしてSyrän人はPerm人の如く自らKomi-murt即ちKama河の民と稱し、Wotjak人は其の國をKam-Kusyp即ち河中の民と稱へてゐる（Tomaschek, Kritik. II. p. 21）。是等の事情から推すと、嚴國或は嚴國の名は Kam 或は ngan の對音で、Kama 河の名を取つて附けたものに相違なく、さうして其の住民は今日の Perm, Wotjak, Syrän 人などの祖先であらう。

後漢書の嚴國卽ち魏略の巖國は Kama 河の流域に據つてゐた國と見做して差支はないが、前書の聊國卽ち後書の柳國の所在を推定すべき明文はない。後漢書の奄蔡國の條には阿蘭と聊とを合して奄蔡國の改名としてゐるから、其處の條下に「多楨松白草」とある文句は、此の二國の何れに繫るものか、文面の上からは判定は出來ない。然し阿蘭卽ち西史の Alan は純然たる遊牧民で、其の住地は Kaukasus 山脈と Caspi 海との北に連る荒野沙漠であるから、文中に楨松が多いとあるのは多分聊國の光景を記したものであらう。斯様に解釋して見ると、聊國は阿蘭の北で、嚴國に接近してゐた森林地でなくてはならぬ。さうして尙一層此の國の方位を推定するに有力な手掛りとなるものは、嚴國の場合に於けるが如く、聊國或は柳國といふ名稱である。聊字は今 liao と音ずるが、その古音は liau であり、柳字は今 liu と響くが、その古音は lau であるやに考へられるから、此の國名は當時 Wolga 河を呼ぶ Rha から得たのではなからうか。今日 Mordwin 人は Wolga 河を Rau 或は Raw といふ。Tomaschek 氏によると、此の Rau, Raw は尙正しくは Rawš といひ、Ptolemeos の地理書に Wolga 河をいふ 'Rās とも、また Agathemerus の書に見える 'Rās とも同語である。Mordwin 語の raw, rawa に ks 或は kš の語尾を附して Rawakš とすれば、Wolga 河の住民といふことになる。Ptolemeos に 'ροβοσκόι, Orosius に Ravasci, Jordanes に Ragaus とあるのは、何れも Rawakš の訛つた形であるといふ(Tomaschek, Kritfik der älteste.ı Nachrichten etc, II, p. 22)。されば後漢書の聊國即ち魏略の柳國は Mordwin 語 Rawakš の略譯であつて、嚴國の西、Wolga 河の中流域に據つた Finn 種を呼んだ名稱と解して大過はなからう。

後漢書の奄蔡の條には「居地城」といふ文句があるので、此の國の人は土城を有してゐた趣に見える。然し奄蔡は漢代の支那人の謂ふ行國であつて、その人民は水草を逐うて轉居する游牧民で、城寨などを構へて土着するやうな事はなかつたと思はれるから、此の文句も亦聊國の習俗を述べたものであらう。Kam 河と Wolga の中流域とに據つた Finn 種の民の中には、太古から外敵を防ぐのに城寨を築いたものがあつたと見えて、Herodotus の第四卷には波斯の Darius 王が Kam 河と Wolga 河とに據つてゐた Budini 人の處へ逃げ落ちた Scythia 人を追撃したとき、其處の Budini 人が壘寨を設けてをつた事が書いてあり、又 Darius 王は Oarus 河即ち今日の Wolga 河の畔岸に城寨を築き始めたが、Scythia 人が本國に遁れ返つたので其の造營を完うしないで兵を引き班し、その城趾は其の頃まで存在してゐると記してある。此の記事によつて Budini 人が城寨を築いてゐた事は窺はれるが、Darius が其處に城寨を設けたといふ文句に對しては、後世の學者の中に疑問を懷く者があつて、Tomaschek 氏の如きは、Herodotus の時代にまで殘つてゐたといふ廢址は、多分 Budini 人が荒野から侵入する外敵を防ぐ爲めに築いた城の遺跡であらうと解してゐる。(Kritik der ältesten Nachrichten, II. p. 20) Herodotus の書によつて後世に傳つた Budini 人の住地は Kama 河の下流域を中心とし、西南は Wolga 河の中流域にまで及んでゐて、恰も漢魏時代の嚴國と聊國との領域を合したものと思はれる。さて此處に據つた Finn 種の Budini 人が紀元前五世紀の頃に已に城寨を築いてゐたとすれば、漢魏時代に Wolga 河の中流域に住んでゐたと考へられる聊國人が、地城に居たといふ後漢書の文面に對しては何等の疑惑をさし挾むべきでない。

既に前にも論じた如く、後漢書に奄蔡が名を阿蘭聊國と改めたとあるのは、編者が阿蘭國と聊國とを粗忽にも結び付けて一國の名稱と爲したものである。然るに西史の方には聊と阿蘭とが結合して一の名稱となつてゐるものがある。其の中の一は Strabon の書に始めて現れてゐる Rhoxolan 或は Rhoxalan といふ國名である。此の名稱が Rhox と Alan とが結びついたものだといふことには異論はない。然し Rhox に就いては是まで種々の説が立てられた。先づ最初に提出せられた説によると、東ローマ帝國のギリシャ人は Russia 人を Rhôs と呼んだから、Rhoxalan の Rhox は Russia 人を指したものであらうといふのである。然し Russia の名を以て紀元一世紀の頃に Tanais 河卽ち Don 河の下流域に據つてゐた Rhoxalan の名稱を解釋するのは穩當でないと考へられた。そこで Eichwald 氏は、Rhoxalan の名は Rha 河 (Wolga) 上の Alan 人といふ意味であらうと說いた。Schafarik 氏の如きは此の說に傾いてゐた一人であつた。然るに Boeck 氏によると、Rhos は牡馬をいふ ross の義で、Rhoxalan は騎馬の Alan といふことであらうと解してゐる (Vivien de St.-Martin, Etudes de Geographie ancienne, II. p. 123, note 1)。余輩は遺憾ながら是等の說の何れにも贊成することが出來ない。尤も Eichwald 氏が Rhoxalan の名を Rha 河上の Alan と説いたのは、一應正鵠を得た解釋のやうに聞えるが、余輩は Rhox を Rha 河(正しくは Rhaw) 岸の住民 Rawakš の訛と見做すので、Rhoxalan を Rawakš と Alan とが結合した形と解したい。

余輩はまた此の場合に最も適切な別例を擧げることが出來る。其も亦 Strabon の書に始めて見える Alanorsi といふ民族である。此の名が Alan と Aorsi との結合したものであるといふ事に就いては、學者の間に異論はない。Strabon の云ふ所によると、Kaukasus 山脈の北方に連る原野は大概 Sarmatae 人に占領せられてゐるが、其の傍には之と異る民族もゐて、その中に Aorsi 人と Sirak とがある。さうして此の二民族は其處から北に位する高地 Aorsi の本國から下つて來たものであるといふ。Kaukasus 山脈の北なる荒野から更に北に位する高地といへば、Ural の山地を指したのに相違ないから、Aorsi などは多分 Wolga 河に沿うて南下して來たものであらう。或る學者は今日 Wolga 河の中流域に住んでゐる Mordwin の一種 Ersa を Aorsi の苗裔と見做してゐるが、其も確かに一説である。然し余輩は寧ろ Aorsi を Wolga 河の古稱 Oarus の轉音とし、此の河水に據つてゐた處から此の名を得たものであらうと解したい。其は何れにしても、Aorsi が Finn 系統の一種たるに於いては、殆ど疑のないことである。史記の大宛列傳に初めて見える奄蔡の文字を Yen-ts'ai 或は An-ts'ai と音じて、これを西史の Aorsi の對音と說き出したのは、實に Hirth 氏である (China and the Roman Orient, p. 139, note 1)。此の說は久しく學界を風靡してゐた所が、G. Schlegel 氏は奄蔡の古音はan-ts'aiでなくしてam-ts'aiであるから、之をAorsiの音譯と見ることは出來ないと論駁した。是は確かに傾聽に値する議論であるが、Hirth氏は猶ほ奄蔡をAorsiの對音とする舊說を改めなかつた。さて然らば奄蔡の古音は果して何であつて、其は何民族を指したものであらうか、是は余輩の問題に大なる關係を有するが故に、いさゝか玆に卑見を開陳して見たいと思ふ。漢書(卷七十)の陳湯傳の中に「郅支單于遣使責闔蘇大宛諸國歲遺」といふ文句があつて、其處に施した顏師古の注に「胡廣曰、康居北可一千里、有國名奄蔡、一名闔蘇、然卽闔蘇卽奄蔡也」と見え、又史記正義にも漢書解詁を引いて「奄蔡卽闔蘇也」と云つてゐる。然るに王先謙の漢書補注(卷七十)には「沈欽韓曰、後漢書西域傳奄蔡改名阿蘭聊、北史西域傳粟特國在葱嶺之西、故名溫那沙、寰宇記十三州志云、奄蔡粟特各有君長、而魏收以爲一國、謬也、粟特溫那沙皆闔蘇聲之轉、胡廣所言謬也」とあつて、沈欽韓は闔蘇を奄蔡の一名とする胡廣の說を排斥してゐる。粟特と溫那沙とは、余輩が嘗て「粟特考」に於いて詳論した如く、何れもSogdianaを指したもので、Aral海の北にゐた奄蔡とは何等の關係もないものである。故に余輩は沈欽韓の說を採らないで、闔蘇を奄蔡の一名とする胡廣の說を正しいと認める。さて斯樣に闔蘇は卽ち奄蔡であつて、奄蔡はまた阿蘭であるといふのは漢魏時代の史籍の傳へる所である。さうして元史の地理志には阿蘭阿思とあつて一名の如くに並書してあり、又西史にもAlanは多くAsと連帶して現はれてゐる。そこで那珂博士は漢書の闔蘇は後世の阿速だと斷定した(成吉思汗實錄、卷の十一、五二四—五二五頁)。闔蘇二字の現音はho-suで古音はχap-suであるから、之を阿速と比較することは許されるとしても、闔蘇の異譯と思はれる奄蔡(Yen-ts'ai)を阿速の對音と見做すことは困難である。然し博士の側に立つものから見れば、奄蔡と闔蘇とは共に阿蘭を指したものに相違ないが、此の二稱は同一でないと主張するかも知れぬ。そこで余輩は其の古音を究めて、此の二稱の別名でないといふ理由を示さねばならぬ。奄蔡二字の中、始の奄字の古音は普通には am, yem といふことになつてゐるが、Karlgren 氏はなほ精密に之を i̯əm と音してゐる。字典を按じて見ると、奄は「廣韻、集韻、韻會、衣檢切、正韻於檢切並音厭」とあるから、厭と同音である。厭の古音は普通には yem であるが、Karlgren 氏は之を iăm と音じてゐる。然るに Giles 氏の字典を見ると、厭の廣東音は ym, ap, yp, 杭州音は yam, ap, 朝鮮音は yöm, yŏp, 安南音は yem, ap である。又支那の史籍には西史の Ephthalit を嚈噠とも悒怛とも書いてある。悒怛の古音は i̯əp-tat であるから、嚈噠の古音には iăm-dat, iăp-dat の二樣があるが、此處では iăp-dat と響いたものと見做さなければならぬ。さすれば奄の古音には i̯əm の外に i̯əp, i̯ăp の音があつたと推定せられる。又奄蔡の末音蔡の古音に就いては、史記(卷百二十三)の大宛列傳に味蔡といふ人の名の注に「索隱味蔡大宛將、昧音末、蔡先葛反」とあるによれば、其の音は siat, śat であり、又、前漢書(卷九十六上)の西域傳大宛國の條にある昧蔡の注に「師古曰、昧音秣、蔡音千曷反」とあるによれば、蔡の音は ts'at である。斯樣に奄蔡二字の古音を究めて見ると、漢代に此の二字は i̯əp-ts'at 或は iăp-śat とも音じたと見做すことが出來る。さうして闔蘇二字の古音は普通には χəp-su である。然し康熙字典には蘇と同音穌字の解に、黃庭經といふ書にある詩の中に、穌と霞とを同韻に踏んでゐるので「又叶桑何切音娑」と記してゐる。若しも此の解釋に從つて蘇が娑(sa)と響いたとすれば、闔蘇は χap-sa となるわけである。かやうにして奄蔡が jäp-tsʻat, jäpšat と音じ闔蘇が χap-su, χap-sa と音じたとすれば、此の二稱を同名の異譯と見做して差支はあるまい。さて然らば奄蔡或は闔蘇の文字で譯出せられた原名は何であつて、此の名稱を負うてゐた民族は果して何であつたか。是は甚だ困難な問題ではあるが、漢魏の時代に Aral 海を中心として、其の東西の荒野に據つてゐた民族配置の大勢を論じて之に推測を試みて見よう。

魏略と後漢書のいふ所によると、奄蔡の一名は阿蘭だとあるが、是が果して事實であらうか、余輩は此の記事に對して平素大なる疑惑を懷いてゐる。前漢の張騫が大月氏の王庭に滯留してゐたのは紀元前一二八、九年の頃であるが、その時に奄蔡は康居から西北二千里の處に放牧してゐたといふ。此の時代の康居は現今泰西の東洋學者が一般に信じてゐるが如く Sogdiana でなく、其の本地は Syr 河の北に在つて、今日の Chimkend, Tashkend の附近に牙庭を構へてゐたものである。されば此處から西北二千里の距離に據つてゐた奄蔡は、Aral 海の北方に求めなければならぬ。魏略によると、此の國は昔康居に羈屬してゐたとあるから、前漢の張騫の時代には確かに康居の屬國であつたに相違ない。さうして阿蘭の方を顧ると、Alan の名が漢史上に現はれたのは後漢から三國へかけての頃であつて、張騫が西域に使命を帶びて往つた頃に、其の名は未だ彼には傳はらなかつた。Alan といふ民族が何時如何なる處から起つたかは詳かでないが、西史にその名が現はれたのは前漢の末頃で、其の住地は主として Kankasus 山脈の北方に連る荒野であつて、その頃には未だ大なる勢力でなかつた。此の人民は現今の東洋學者の研究によると、體軀は長大で碧眼朱髪を有してゐたといひ、又その言語は Iran 語に屬するものと推定せられた。それ故に若しも前漢時代の奄蔡が此の Alan 即ち漢史の阿蘭だとすれば、Arya 種の Alan は其の頃なほ Aral 海の邊にまで住んでゐたと見做さなければならぬ。尤も泰西の東洋學者は天山の北麓に據つてゐた烏孫や大月氏を白哲人と斷定し、又康居を Sogdiana と誤解して其の人民を Iran 種と考へてゐる程であるから、其處より更に西方にゐた奄蔡を Iran 種と見做しても、其に何等の不思議はあるまい。然し余輩は烏孫、大月氏は云ふまでもなく康居をも亦 Turk 種とする論者であるから、康居と習俗を同じうする行國で、之と土壤を接して其の屬國となつてゐた奄蔡が果して Arya 種の民であつたか否かは疑問である。既に Tomaschek 氏が指摘した如く、紀元百五、六十年頃に編纂せられた Ptolemaeos の地理書には、今日の Ural 河を Δαϊξ (Daiχ) と記してある。(Kritik. II. pp. 36–40)。此の名は Menander に Daich, Constantine Porphyrogenitus に Geich, Plano de Carpine に Jaich, Friar Benedict に Jaiac とあるのに當るものである (Rockhill, The Journey of William of Rubruck, p. 129, note 2)。元朝秘史に札牙黑 (Jajaχ) とあり、Kirghiz 語に Jaik といふのは、此の言の正しき形で、Turk 人が Ural 河と呼ぶ名である。Vámbéry 氏の解釋によると、Turk 語の Jaik は廣大なる、押し廣まるの義で、擴張する、延長するといふ動詞 jaj から轉來した言だといふ(Das Türkenvolk, p. 383)。Ptolemaeos が地理志を書いたのは恰も後漢の中頃から少し後のことであるから、其の時に Alan は已に强盛となつて裏海の北方に横はる原野は悉くその版圖になつてゐた。さてかやうに裏海の北なる荒野が Iran 種の Alan の領土となつた後漢の時代に、Ural 河が Turk 語で Jaiχ と呼ばれてゐたとすれば、Turk 民族はその時より前にこの方面を占領してゐたものと推測される。Ptolemaeos の書には Wolga 河を Rha と記してある。此の Rha は已に前にも述べた如く、Mordwin 語の Rau, Raw の訛音で、Finn 人が Wolga 河を呼んだ名である。然るに紀元五六九年に此の荒野を通過した Zemarchos の紀行には Ural 河は Daich とあつて、Ptolemaeos の Daiχ と同名であるが、Wolga 河は Attila となつてゐる。此の Attila は Turk 語の ädil, etel の訛音で、河の義である。是に由つて之を觀ると、Turk 民族は後漢の時代に Ural 河の邊まで及んでゐたのが、其より後次第に西方に進んで來て、南北朝の末までには Wolga 河の下流域をも占領したのである。

後漢の時代に Turk 民族が Ural 河の邊にまで蕃衍してゐたとすれば、前漢時代にこの人種の康居と接續して Aral 海の北、裏海の東北に據つてゐたと思はれる奄蔡は、之を Arya 種の白人と見るよりは、Turk 種の黄色人と解した方が、寧ろ妥當であらう。奄蔡人が已に Turk 人だとすれば、その名稱も亦此の國語で說かれるわけである。既に上にも述べた如く、奄蔡二字の古音は i̯äp-ts'at, i̯äp-śat, 闔蘇二字の古音は χap-su, χap-sa だとすれば、此の二稱の原音は χapčat 或は χapčak であらう。蒙古帝國時代に裏海の北に Kapčak とも Kipčak とも呼ばれた游牧民の據つてゐたことは、已に周知のことである。此の部族は元朝秘史に乞卜察黒(Kipčaχ)、元史に欽察、西游錄に加弗叉、Rubruck の紀行に Kipchat、回教徒の書に χafšak、χabčak とあり、東方の Turk 人の間に Kipčak 或は Kapčak といふ。だから闔蔗が χap-su, χap-sa と響いたものとすれば、其は χapšak に酷く似た形であり、さうして奄蔡が iāp-šat, iāp-čat と音じたとすれば、其は χapčak の頭音 χa が柔らいで ya, ja, ia, と轉じたものであらう。Charmoy 氏の說によると、Kipchak とは Čagatai 語で沙漠のことであるといひ (Bretschneider, Mediaeval Researches, Vol. II. p. 68)、又 Vámbéry に從ふと、Čagatai 語では空虛なるを Kapčak とも Kipčak ともいふとある (Etymologisches Wörterbuch, p. 71.)。因て想ふに、Kapčak といふ言の原義は空虛であつて、其から轉じて何物も生へない不毛の土地卽ち沙漠荒野の名となつたのであらう。Russia 語で Kipčak 國を Polovtsy といひ、Persia 語で之を Desht といふのも、亦荒野の意味である。蒙古帝國時代に Kipčak 國を Comania といふのも沙漠の義であらう。Turk 語では沙漠を Kum といひ、蒙古語では沙土を χumak といふ。Komania の名は蓋し是等の言の轉訛した形に相違ない。まづ斯樣な譯で、蒙古帝國時代の Kipčak 國の名は、其の國人の住んでゐる土地の性質から起つたもので、或る部族の祖先とか酋長とかいふやうな歷史的の事實に根底するものでないとすれば、漢代に此處に據つた Turk 部族も亦此の名で呼ばれ、それを支那人が奄蔡或は闔蔗の文字で譯出したと見ても、決して無理はないと思ふ。奄蔡人が已に Turk 人で、其の名稱も Turk 名だとすれば、その人民が Kaukasus 山脈の北なる荒野にゐた Iran 種の Alan(阿蘭)人と同一でないのは勿論である。然らば何が故に後漢書や魏略には、阿蘭は奄蔡の一名だと記してあつて、殆ど之を同一國の如くに見做してゐるのであるかといふ疑問が起らう。想ふに奄蔡は前漢時代には康居に隷屬したTurk人の國であつたけれど、後漢の時代に阿蘭が强盛となつたので、更にその臣民となつたのであらう。されば後漢書には奄蔡國は名を阿蘭と改めたとあるけれども、實は阿蘭に征服せられて、其の版圖の一部分となつたのであらう。先づ斯様に考察して見ると、魏略に奄蔡の西に大秦國があつたやうに記してあるが、實はKaukasus山脈の北に據つてゐた阿蘭國の西に接してゐたと解すべきであらう。

以上長々と論辯して他岐に渉つた觀はあらうが、實は漢人の所謂北道を梗塞する荊蕀を切り拂つて、大秦國に通ずる路を開かうとしたのに過ぎない。さて斯様に論證を經た後に漢書の西域傳を顧ると、西域に通ずる北道は奄蔡國の處で行きつまつてゐるが、安息國の條には此の國の北方に奄蔡と黎軒とを並べて置いてあるのを見ると、當時已にAral海の北から黑海の方面へ通ずる道のあつたことが朧氣にも想像される。後漢書の文面では北道は相變らず前代の如くに、奄蔡で絕えてゐるが、然し今度は奄蔡と大秦との間に嚴國聊國阿蘭國といふ三國が新に現はれて來た。然らば何が故に此の如き絕遠の國が當時の支那人に傳はつたかと問はゞ、それは此の三國が東西交通の要衝に當つてゐたからと答へる。想ふに當時北道に由つてAral海の北から黑海の方面に行く商客は、裏海の北岸を通らずに、西北Orenburgのあたりを經てKama河の流域に出で、更に西してWolga河に赴き、また南に向ひ行し、此の河と Don 河とに沿うて黒海に達するか、左もなくば Wolga 河の下流域から西南陸行し、Kaukasus 山脈の西部を越えて、小アジャの方へ進んだのであらう。さて何が故に北道の此の部分が此の如く北方に迂回するかといふに、此の交通路は已に前にも述べたやうに余輩の所謂毛皮道で東西の商客の目的は主として Siberia や Ural 地方の貂皮の類を購入するのにあつて、毛皮の集中する處は當時 Kama 河の流域で、漢魏時代の嚴國であつたと思はれるからである。それ故に黒海方面の商人も亦兩 Turkestan 方面の商人も、その目標とする處は齊しく Ural 山脈の中部に位する Pelm の邊にあつたのである。此の如くに考察して見ると、漢魏時代の北道は Herodotus の記す交通路と全く其の成立の理由に於いては同一である。たゞ此の交通路は Ural 山脈の中央から東南、支那 Turkestan の方へ通つてゐるのに反して、漢魏時代の北道は支那 Turkestan から葱嶺を越え、Syr 河の下流域から西北、Ural 山脈の方へ走つてゐたのが差異である。さて斯様に Ural 山を越える北道は時代によつて稍〻差違があつたとすれば、隋代の北道は果して漢魏時代の北道と全く同じであるか否か、是は更に考察を要する問題である。

漢魏時代の支那人が西域に出でゝ行く路に南北の二道があり、隋代の支那人には南北中の三道があつた。さうして其の道程の地理を究めて見ると、前者の南道は後者の中、南二道に相應して所謂絹街道であり、前者の北道は後者のそれと性質を同じうして、余輩の所謂毛皮街道である。前漢書には奄蔡と黎軒とが安息の北に接すとあつて、その間の關係は記されてなく、魏略には奄蔡は西方大秦と接すと書いてあり、隋の西域圖記には北流の大河即ち Syr 河から直に大秦國に入るやうになつてゐる。さて斯様に北道の此の部分即ち Aral 海から黒海に至る部分の道程が空虛になつてゐるのは何故であらうか。想ふに此の交通路は Aral 海の北から直に裏海の北岸を通らないで、北方 Ural 山脈の方へ迂回し、其の道筋が判然と支那人に知られてゐなかつた爲めであらう。然し後漢書と魏略とには奄蔡の北、康居の西北に嚴國(巖國)と聊國(柳國)とが在つた趣に記されてあるので、余輩は北道が Ural 山脈の方へ走つてゐたのを推測したのであるが、隋代の北道に就いても亦同様の事が認められるやうである。隋書の鐵勒傳の中に拂菻國の東に據つた國として恩屈、阿蘭、北褥九離、伏嗢昏の四國が擧げられてあるのは、此等の國が北道に當つてゐたからであらう。余輩の此の推測が果してその當を得たものであるか否か、問題は四國の位置を定めて始めて決定せられると思ふ。

隋書の阿蘭が西史の Alan であるのは、已に學界の認める所であるから、こゝに之を説く必要はない。然し Alan は時によつて其の住處を異にしてゐるから、隋書の阿蘭は當時何處の Alan を指したものであるか、先づ是から説き始めなければならぬ。既に前にも述べた如く、Zemarchos の紀行にも Alan は見えてゐて、その時此の民族は Kaukasus 山脈の北に流れる Kuban 河の流域に據つてゐた。Zemarchos が此處を通過したのは紀元五六九年であり、さうして鐵勒傳の中なる阿蘭等に關する記事は、多分裴矩の報告に據つたものと推察せられるから、其の年代は大業の初期に屬するものと見れば大過はなからう。さすれば其の間は僅に約四十年に過ぎないから、Zemarchos が Kuban 河上で見た Alan は隋書の阿蘭として差支は無からう。當時東ローマ帝國の領土は Kaukasus 山脈の西端にまで達してゐたから、隋書が示した四民族の中拂菻國と接觸してゐたのは此の阿蘭である。

隋書の鐵勒傳には拂菻の東にある國として恩屈阿蘭北褥九離伏嗢昏等と記してあつて、拂菻國から東方に順次に接續してゐた樣に見做されるが、阿蘭が實際には拂菻と接觸してゐた唯一の國だとすれば、此の記載は必しも東方に順序を立てゝ書き記したものでないことが察せられる。是等の國(或は寧ろ部族)の名稱に就いて初めて解釋を試みた學者は Hirth 氏であり(Nachworte zur Inschrift des Tonjukuk, pp. 37-40)、其の次は余輩であつた(史學雜誌第五編第五號九頁—一〇頁)。恩屈の二字は官話音では ên-chü と音ずるが、Hirth 氏は之を廣東音に從つて yan-wat と發音し、之を紀元六〇〇年歐洲から Kaukasus 山中に退いた Avar の對音か、然らざれば Ongur 即ち *Ουογουροι* の音譯であらうと解したが、余輩は之を Ongur と考定した。Hirth 氏は Ongur と Onogur とを同一に見てゐるが、實は別個の民族である。Ongur は Zemarchos の紀行にある Ugur、又 Theophylactus Simocatta に Til 河上にゐたといふ Oγôr と同一で、而もその訛音である。Simocatta の書にある Til 河と Oγôr とに就いては、之を Wolga 河の古稱 Etil と Finn 種の Ugur とする說と、之を蒙古の Tola 河と Turk 種の Uigur とする說とがあつた。然るところ、近年 Chavannes 氏や Marquart 氏が後說を主張したので、殆ど學界を風靡する勢となつた。余輩は前説を奉ずる一人であるが、その理由は他日發表することゝし、今は差し控へて置く。さて Zemarchos は南北朝の末葉の人、Simocatta は隋末唐初の人であつて、鐵勒傳の編纂の資料となつたと思はれる裴矩の報告は、彼が西域圖記を著はした大業初期の頃であつたとすれば、鐵勒傳の恩屈を Zemarchos の Ugur, Simocatta の Oyôr に擬するとも、決して失當の事でなからう。Byzantin の文獻を案ずると、Ugur の名は Oyôr の外にまた Ογγροι (Ongroi) ともある。さうして古代の Slav 語では之を Ugri, Uguri といひ、中古 Latin 語では Ugrus, Ungarus, Hungarus といふ (Diesenbach, Völkerkunde Osteuropas, II, pp. 287–288)。また Hungary 人は自ら Magyar と稱へるが、Russia の史家 Nestor は此の國人を Ugri と記してあり、而して今日の佛語ではこれを Ongrie, 獨語では Ungar といふ。是等の例證から考へると、Ugur 或は Oyôr の轉じて Ongur, Ungur となり、之を支那人が恩屈(國字音 On-ku [tsu]、古音 ien-k'iuət) の文字で表はしたと見ても決して無理はなからう。然しまた更に考へるに、古代の支那人の音譯法では外國名の單母音で始まる言を譯するときに n 音で終る文字を使用することがある。例へば外國名の U 音で始まるものを譯するに、Un と發音する文字を使用する類である。今此の場合に最も適切な一例を擧げて示せば、唐書(卷二百十七上)の回鶻傳に「袁紇者亦曰烏護、曰烏紇、至隋曰韋紇」とある一節の文である。此處に云ふ烏護、烏紇、韋紇の三稱は突厥碑文に見える Uguz の對音である。さうして袁紇の二字も亦 Uguz の對音に相違ないが、此の場合には Uguz の頭母音 U を表はすのに袁 (ün) の文字を用ひてゐる。此の例證から見ると、隋書の恩屈は Zemarchos の Ugur' Simocatta の Oγôr を音譯したるものかも知れぬ。

Ugur の轉訛 Ungur 或は Ongur とその形の類似した民族の名稱に Onogur といふのがある。Oriscus の著書 Excerpta de Legationibus によると、Avar 人が東方から或る有力の民族から壓迫を受けたときに、其の隣の Sabir の處に押し寄せて之を走らせた。すると其が動機となつて、Sabir の西にゐた Saragur, Urogoi, Onogur の三部族は順次に其の隣族を押しやつて、Kaukasus 山脈の北方に移つて來た。此の移轉の起つた年を Vivien de Saint Martin 氏は紀元四六三年とし、Marquart 氏は之をその翌年に置いてゐる (V.St.-Martin, Etudes sur les peuples nomades, pp. 219-300: Marquart, Ērān Šahr, p. 98)。此の Onogur は Simocatta には Unugur とあり、Jornandes には Hunugor とある。さうして Priscus の Urôgoi が Ugôroi の誤寫であることは一般に學者の認める所であつて、此の Ugôr (oi) は即ち Zemarchos の Ugur, Simocatta の Oγôr と同名であるから、Ugur' Oγôr の轉訛した Ungur, Ongur は明かに Onogur と異る名稱である。Onogur は隋の時代に Kaukasus 山脈の北の邦邊に據つてゐたかどうかは詳かでないが、其の落ちついた所は古の Maeotis 海即ち今の Azof 海の東岸であつて、Ravenna の地理學者は其處を Patria Onogoria と稱へてゐる (Marquart, Osteuporäische und Ostasiatische Streifzüge, pp. 43-44)。南北朝の末期に Ugur の住地は前に引用した Zemarchos の紀行に見える如く、東方から Attila 河即ち今の Wolga 河を渡つた處にあつた。又 Theophylactus Simocatta の書によると、Oγôr は Til 河の流域に據つてゐたとある。此の Til は Atil, Ätil の訛で、Zemarchos の Attila と同名であるから、Ugur、Oγôr が隋の時代に今の Wolga 河の下流域から西方に亙つて住んでゐたことは確かである。 まづ斯様に考證して見ると、Hirth 氏が Onogur を Ongur と讀んだのは誤であるが、隋書の恩屈を Onogur と比較した同氏の説を排斥することは出來ない。 さてさうすると恩屈は Oγôr の轉訛した Ongur とも又 Onogur とも比較して差支はないから、其の何れの方が正しいか、今の處では之を決定するわけにゆかない。 然し其は何れにしても恩屈が隋の時に裏海と黒海との間に位して、阿蘭の北に據つてゐたことだけは確かである。

Alan といふ民族が Kaukasus 山脈の北にゐたことは、歷史上で有名になつてゐるから、隋書の鐵勒傳に拂菻國の東にゐたとある部族名の中で先づ第一に注意を惹くのは二番目に位する阿蘭の二字である。 此の阿蘭は西史の Alan の對音と認められるから、最初の恩屈も一稱に相違ないが、さて其の下にある北褥九離伏嗢昏の七字は、何處で何切をつけて讀むべきか、それは北褥、九離、伏嗢昏とも北褥、九離伏、嗢昏とも又北褥九離、伏嗢昏とも讀まれるのである。 そこで Hirth 氏は第二の讀方に從つて解釋を試みた。 同氏は北褥の二字を廣東音に從つて、之を pak-yuk と音じ、Bulgur の訛音 Buljur (Bulγar) の音譯と解した。 然し北褥二字の隋唐時代の發音は pok-nziwok (Karlgren) であるから、之を Bulgur の對音と見做すことは困難である。 又同氏は九離伏の三字を一稱と見て、之を Kara Kalpak の音譯と推定した。 然し此の三字の古音は Kjou-ljie-biuk であるから、之を Kara Kalpak の音譯と見做すのは更に一層無理である。 かつ又 Kara Kalpak といふ Turk 部族が現はれたのは近代のことであつて見ると、隋代の名稱をこれに擬するのも穩かでない。又同氏は嗢昏の二字を一稱と見做し、嗢の古音はut, wutであり、さうして昏hunの末音nで外國語のl、rを表はすこともあるから嗢昏Wut-hunはWut-hulとなつてWogulの對音とも見られぬこともないが、此處では寧ろUtigur或はUgurに比較した方が穩かであらうと云つてゐる。Wogulの名が現はれたのは近代のことであるから、之を隋代の嗢昏に擬するのは無理であるが、さりとて之をUgurに比するのも宜しくない。Ugurは寧ろ恩屈に當てた方が穩當である。

隋書の鐵勒傳にいふ拂菻國の東方に據つてゐた鐵勒諸部族が、黑海の東海岸から始まつてゐるのは想像するのに困難はないが、此處から那邊まで及んでゐたかを究めて置くことは必要である。さうして是は鐵勒の他の部族の方位を定めて始めて推測し得られる事である。隋代の鐵勒はTurk種の民族を呼ぶ總稱であつて、當時東西の突厥に分屬し、隋書には之を七の集團に別けてある。Hirth氏が之をそれぞれTola河、天山、Altai, Transoxus, Aralo-Caspia, Ponto-Caspia, Kirghizと題したのは大體に於いて正鵠を失はない。然し第四の集團を「Transoxus」と題したのは、寧ろSyr河と改めた方が妥當である。隋書の本文に「康國北傍、阿得水、則有何々」とあるのは、阿得水の左右に據つてゐた部族の名を列擧したものである。康國は云ふまでもなくSamarkandを指すのであるから、其の北に流れてゐる大河は明かにSyr河である。裴矩が北道の道程を記した處に突厥可汗の王庭を經て「度北流河水、至拂菻國、達于西海」とある一節に見える「北流河水」は、上の阿得水に當るものと解して差支はない。唐代の史籍に Syr 河は質河、眞珠河、藥殺水など、あつて、阿得水と書いたものはない。然し Turk 語では河を ätil, ädel など、いふが、大河を呼ぶときには其が固有名詞のやうになる。例へば Wolga 河を此の國語で Ätil といふの類である。Syr 河が阿得水卽ち Ätil 水の名を得たのも、此の河がこの方面での大水であるからであらう。さうして此の河水の左右に據つた Turk 部族が隋代の支那人に知られたのは、多分其が拂菻に通ずる北道に當つてゐたからと察せられる。又 Hirth 氏は鐵勒の第五集團を Aralo-Caspi と題したけれど、それは確かに誤解である。隋書の本文には「得嶷海東西有蘇路羯、三索、咽蔑、促隆忽等諸姓八千餘人」とある。Hirth 氏は此處に見える得嶷海を Caspi 海と解してゐる。得嶷の二字は古代に tek-ngji と音じ、Turk 語で大なる湖水或は海洋を呼ぶ tengiz, dengiz の對音と見做される。Caspi 海は Turk 人の間で、Tengiz と云はれたことは勿論である。元史(卷百廿一)の速不台傳に Caspi 海を寬田吉思と云つてゐる田吉思は tengiz の對音である (Bretschneider, Mediaeval Researches, Vol. I. p. 297 note 722)。されば同氏が得嶷海を Caspi 海と見たのも無理はない。然し中央アジャの地域で tengiz と呼ばれた湖水は獨り Caspi 海に限らない。現時天山の西に位する Balkash 湖は Tengiz と稱へられてゐるから、隋代にあつても亦同樣のこと、思はれる。鐵勒傳の中に見える此の集團の一部族に咽蔑といふのがあつて、これは唐書(卷百十一)の裴行儉傳の中に現はれてゐる咽麪といふ部族と同名のやうに思はれる。さうして此の咽麪の住地に就いては、Chavannes 氏は Balkash 湖と Ala kul 湖との間に考定してゐる (Documents sur des Tou-kiue Occidentaux, p. 212)。 隋書の咽蔑が Balkash 湖にゐたとすれば、鐵勒傳の此の集團は Balkash-Tarbagatai とも改むべきものである。まづ此の如く天山以西の鐵勒諸部族の方位を推定すると、隋書が拂菻以東に置いた部族は Aral 海から黒海に至る地域に據つた集團を指したものと考へられる。 Hirth 氏が之を Ponto-Caspi と名づけたのは少しく西方に傾いた嫌があるので、余輩は之を Uralo-Caspi と題したいのである。

隋書の記する鐵勒の諸部族を上述の如く配置して見ると、此の書が拂菻以東に置いた部族は、Aral 海の北方から黒海に達する地域に據つたとしか思はれない。但しその中、阿蘭と恩屈とが裏海と黒海との間にゐたことは殆ど疑を容れないとすれば、自餘の部族は大體に於いて Wolga 河から Aral 海に至る區域に住んでゐたと想像して差支はない。さうして是等絶遠の諸部族が隋代の支那人に知れ渡つたのは、彼等が悉く Aral 海の北から黒海の方面に至る交通路に當つてゐたからであらう。南北朝の末期に西突厥の可汗と東ローマ皇帝との使節が數次に亙つて、裏海の北岸に連る荒野を往來したことは事實である。然しこれは帝王の命令を受けた使臣が沿道の人民の擁護を得て通過した特殊の行路であつて、普通の商客は此處より北方に位する Kama, Wolga 二水の流域を通つたのであらうといふのが、余輩の假定說である。漢魏の時代に Kama 河の流域に據つてゐたと思はれる嚴國と、Wolga 河の中流域に住んでゐたと考へられる柳國とが當時の支那人に知られたのは、所謂る北道が此の地方を通過してゐたからであらう。此の交通路は隋代になつても變化はなかつたとすれば裴矩が西域圖記に記した北道は殆ど漢魏時代の北道と見做して大過はなからう。さうして隋書の鐵勒傳の北褥九離伏嗢昏の部族が當時の支那人に知られたのも、其等が此の北道に當つてゐた爲めであらう。但し上に記した部族は何と讀んで又其が幾個であるかゞ問題であるが、それは隋の時代に北道の此の部分に據つてゐた著名の部族を究めてはじめて比較考定せられると思ふ。

中古時代に Wolga 河の中流域に Bulgar といふ民族が據つてゐたことは學者の一般に認める所である。歐洲の文獻に此の名の始めて現はれたのは紀元四八五年で、此の年に Bulgar の一部分は Tanais 河卽ち今日の Don 河を渡り、黑海の北岸に沿うて Danube 河の北に進み、遂に Moldo-Wallachia の地域を占領した。(Vivien de St. Martin, Etudes de Geographie Ancienne, T. II. p. 10-11 : W. W. Rockhill, Journey of Friar William of Rubruck, p. 130, note 2)。さうして此の Bulgar が Danube 河を渡つて東ローマ帝國を侵したのは紀元四八七年で、此の時 Ostrogoth の Theodoric 王に擊退せられた(Klaproth, Tableaux historiques de l'Asie, pp. 260-261)。是等の Bulgar 人は Wolga-Bulgar の一部であつて、其の本地には此の民族は殘つてゐたのである。然らば其の本地の Bulgar 人が何時何處より Wolga 河の中流域に移つて來たかは未だ詳かでない。Diesenbach 氏は Beker 氏の說に從つて、Alt-Bulgar 人は紀元二〇〇年の頃に Turan の高地 Kama, Wolga 二水の流域から黑海の沿岸に移つて來たと云つてゐるが、何を根據としてゐるのか明かでない(Völkerkunde Osteuropas, II Bd., pp. 119-121)。上の二水の流域に據つた Bulgar

國のことを始めて詳細に書き傳へた人は紀元九二一年に Baghdâd の Khalifa の使節に隨行して彼の國に渡つた Ibn Fozlân である。此の國の都城は今日の Kazan 省Spask縣の Uspenskoye 或は Bolgarskoye といふ村落の處で、Wolga 河から東約四哩、Kazan から八十三哩に位する。蒙古國勃興の際速不台將軍は一二二二年と一二三六年の再度に此の國を攻めて遂に之を占領した。それより以後 Bulgar は一國としての存立を失つた。此の國の名は Plano de Carpine の紀行には Biler とも Magna Bulgaria ともあり、Rubruck の紀行には Majori Bulgaria とあり、又元の經世大典の西北地圖には不思(里の誤)阿耳と見え、元朝秘史には孛剌兒と記してある (Bretschneider, Mediaeval Researches, Vol. II, pp. 81–84)。紀元十世紀の頃に已に Bulgar が Kama, Wolga 二水の合流する邊に都城を置いた大國であつたことは明白であるが、此の國家の建設が何時頃にあつたかは判然とわからない。Cordier 氏が Marco Polo の補注に'Bulgar 人の一部は Bulkan 半島に移つたけれども、自餘のものは Azof 海邊の故地に留つてゐて Khazar の臣民となつた。九世紀の初期に彼等は北方に退き、Kama, Wolga 二水の流域に於いて大 Bulgar 國を建設した'とあつて其の下に Reclus 氏の著書 (Europe russe, p. 761) を引用してゐる (Marco, Polo. Vol. I, p. 7-8)。Cordier 氏の此の注釋は多分 Reclus 氏の著作に據つたと思はれるが、此の人は何を根據として Bulgar 國の建設を九世紀の初期に置いたのであるか、余輩は未だ其の書を手にしてゐないので、之を知ることが出來ない。然し前にも述べた如く Beker 氏によると、Bulgar 人は紀元三世紀の頃に Turan の高地から黒海の邊岸に移つたとあるから、此處は Bulgar の本地でなく、Kama, Wolga 二水の合流する邊こそ其の發祥地と思はれる。されば Reclus 氏の說に從つて、Bulgar 國の建設が九世紀の初葉にあつたとしても、其の民族は早き頃から其の地に據つたものと察せられる。

余輩は Bulgar が紀元二〇〇年頃から Kama, Wolga 二水の流域に據つてゐたといふ Beker 氏の說を直に信ずる者でないが、此の民族が紀元四八五年に Azof 海の沿岸から Dauube 河の方面に侵入したことは事實であり、さうして此の民族が其の前に Azof 海の方面に移つて來ても、猶一部のものはその故地に留つてゐたに相違ない。されば此の Bulgar 人が隋の時代によしや儼然たる國家とまでに成らないとしても、可なり有力な部族として Wolga 河の中流域に據つてゐたに相違ない。余輩は前に詳說した理由に依つて、此の流域は北道に當つてゐたと信ずるが故に、隋書の鐵勒傳に「北褥九離伏嗢昏」とある部族名の中には Bulgar の名が含まれゐると想像して、伏嗢昏の三字をその對音と見做したのである。この三字は古代には通常 biuk-uen-χuen と音じたと思はれるが、嗢の古音には二樣あつて、其の一音は玉篇に乙骨切、音韻には烏沒切とあるから、此の場合には uet (ot) と響いたのである。されば伏嗢昏の三字は biuk-uet-χuen と音じ、Bulgar の音譯と見られるのである。唐代の記錄には嗢の字を以て外國の地名に現はれる or の綴音を譯した例がある。其は唐書（卷四十三）の地理志に Ordos の方面から回鶻の牙帳に至る道程を記した處に「至回鶻牙帳、西據烏德鞬山、南依嗢昆水、北六七百里至仙娥河、嗢昆獨邏河屈曲東北流、至牙帳東北五百里合流」とある一節に見える嗢昆河の場合である。此の文面に記された烏德鞬山は突厥の碑文に見える Ütekin 山であり、仙娥河は Selenga 河であり、獨邏河は Tuglak (今の Tola) 河であるから、嗢昆河は明白に Orχon 河の對音である。此の場合では嗢の字は uət と音じて or を譯したのである (G. Schlegel, Die Chinesische Inschrift auf dem Uigurischen Denkmal, p. 20)。然し支那の音譯法では外國語の r 音を n 音で譯することもある。例へば Arsak を安息と譯した類である。此の音譯法に從つたものとすれば、伏嗢昏の三字は普通の發音によつて、biuk-uən-χuən と音じたものと見做しても差支はない。又西方の文獻には Bulgar はまた Burgan とも Borgan ともあるので、伏嗢昏は Burgan の音譯とも見做される (Schafarik, Slavische Alterthümer, II. p. 168)。然し上に述べた支那の音譯法で外國語の r を n で表はすとすれば「伏嗢昏」の三字は biuk-uən-χuən と音じて Bulgar の對音と見ても差支はない。

隋書の鐵勒傳に拂菻國の東に據つた部族の名稱として記してある「恩屈阿蘭北褥九離伏嗢昏」の十一字の中、最も考定するに困難を感じたのは、北褥九離伏嗢昏の七字であつた。然るに伏嗢昏の三字が已に Borgar, Bulgar の對音に相違ないと決定すれば、殘る問題は北褥九離四字の考察である。此の四字を二分すれば北褥と九離となつて、二部族の名稱となり、之を一續に讀み下せば、北褥九離といふ一部族の名稱となる。古代の支那人が外國の名稱を音譯するときには二字に短縮するのが最も普通であるが、時には之を三字とし、又最も稀には四字にする事もある。例へば魏書に Furum 國を伏盧尼で譯したのは三字を用ひた一例である。されば余輩が上に伏嗢昏の三字を Bulgar の對音と見たのは、支那人の音譯法に反いた解釋でない。又漢書に Afghanistan の南部に據つた國を烏弋山離と呼んでゐるのは、四字を用ひた一例である。そこで余輩は北褥九離を一部族の名稱と見做して、之を Baškir の音譯と解したいのである。此の民族は現時 Ural 河の上流域から Kama 河の流域に亙つて散在し、恰も古の Bulgar 國の東南に連接して、所謂北道の通過する地域に當つてゐる。ただ問題となるのは、現在の Baškir が果して隋といふ古代に存在したか否かといふ點である。Vámbéry 氏によると、Baškir は太古から Russia の東南部 Ural 山脈の兩側で、Jekaterinburg から南は Orsk の邊まで擴がつてゐて、特に Orenburg, Ufa, Wiatka, Perm, Samara の諸州に住んでゐるといふ (Das Tükenvolk. p. 496)。蒙古帝國時代に此の民族が殆ど今の地域に住んでゐたことは確かである。Plano de Carpine の紀行に Bascart、Rubruck の紀行に Pascatir、同敎徒の文獻に Bašguird, Bašgird, Baskird, Bašgard などとあり、また此の民族自身は Baškurt と稱へてゐる (Diesenbach, Völkerkunde Osteuropas, II. p. 161)。元朝秘史に巴思吉惕とあるのは Baškirt の訛音である（那珂通世氏成吉思汗實錄卷の十一 五二二頁）。Ibn Fozlān が紀元九二一年に Baghdād の Khalifa、Mortadir Billah の命を受けて Bulgar 國に派遣された時に、Bašgird 國を通過して其の風俗を書き記した旅行記が Yākut の地理書の中に轉載せられてある。西暦紀元九二一年は支那の五代後梁の末帝龍德元年に當る。Baškir の名が西方の文獻に現はれたのは、此の時が始めであつて、それより以前の典籍には絶えて見えてゐない。此の民族が五代の初期に已にUral山脈の南部に據つてゐたとすれば、隋の時代に此の地域に住んでゐたと思はれる鐵勒の一部族北褥九離を Baškir の對音と見做してもまた大過はなからう。北褥九離の古音は前にも述べた如く、隋唐の時代には pək-nziwok-kiəu-ljie (Karlgren) と音じ、國字音では fok (u)-ziok (u)-ku-ri であるから、Baškir の原名 Baškurt を割合に正しく譯出したものである。

隋書の伏嗢昏が Wolga 河の中流域と Kama 河の下流域とに據つてゐた Bulgar であり、その北褥九離が Ural 河の上流域から Kama 河の流域に亙つてゐた Baškir であるとすれば、此の二部族の住地は魏略と後漢書の柳國(聊國)と嚴國(巖國)との疆域と殆ど同一と見做して差支はないやうである。然らば伏嗢氏人は柳國人の苗裔であり、北褥九離人は嚴國人の子孫かといふのに、其は必しも斯様に推測するを許さぬ事情がある。漢魏時代の柳國と嚴國との地域にゐたと思はれる Herodotus の Budini 人が Finn 種の民族であつたことを思ひ、又嚴國の名稱が Kam の訛音でそれが Finn 語であり、柳國の名稱が Rau, Raw の對音で其が亦 Finn 語であることを考へ合せると、此の二國の人民は何れも Finn 系統のものと察せられる。然るに Bulgar 人と Baškir 人とは現時學者の研究によると、何れも Finn と Türk との雜種であるといふに一致してゐるから、此の二部族は漢魏時代の柳國と嚴國と全然同一のものとは見做されない。然らば何が故に Finn 人の據つてゐた地域に Turk 種を混へた Finn 種の民族が現はれたかといふに、其は Turk 人が東方から此の地方に侵入して Finn 人を征服し、之と混合した結果であらう。已に前にも述べた如く、後漢の時代にTurk民族が裏海の北岸に就いてはUral河の邊まで及んでゐたことは、此の河がPtolemaoesの地理志にDaikh即ちJaixといふTurk語で示されてゐるので判かる。然しその頃此の民族は未だWolga河にまで達してゐなかつたと見えて、此の河水は彼の地理志にRha即ちRauといふFinn語で書かれてある。それ故に漢魏の時代にUral河の中流域から裏海に至る荒野にはTurk民族が侵入してゐたけれども、此の河の上流域とKama河の流域とには未だFinn種の嚴國があり、Wolga河の流域には同人種の柳國が據り、さうして其の下流域からKaukasus山脈の北方にかけてIran種の阿蘭卽ちAlanが住んでゐたのであらう。然るに其の時から隋代に至るまでの間に、Turk民族は益〻西方に進んで來てUral, Kamaの二水の流域とWolga河の中流域とに至るFinn種の諸族を伐ち從へて其の地を占領したので、隋代になるとUral, Kama二水の流域に北褥九離(Baškir)、Wolga, Kama二河の灌域に伏嗢昏(Bulgar)といふFinn, Turk二種の雜混の民族が現出したのであらう。漢魏時代にRhaと呼ばれたWolga河が隋代にAtil, Atila即ちÅdel, Åtilと稱へられたのは、當時Turk民族が已に此の河水の流域に據つてゐたからである。

以上論述した處に誤がないとすれば、隋の時代にはAral海からUral山脈の南部を經て黑海に至る間に、北褥九離、伏嗢昏、恩屈、阿蘭の四民族が順次に據つてゐて、拂菻國は阿蘭の西に接續してゐたのである。此の如き絕遠の諸民族が隋代の支那人に知られたのは、是等が悉く北道と稱する交通路に當つてゐたからであらう。此の交通路が果して何時頃から開通したかは詳かでないが張騫が西域に赴いた時には已に成立てゐたのである。其は何故といふと、Aral海の北、裏海の東北に據つてゐた行國奄蔡が史記の大宛列傳の中に載せてあつて、此の國が漢書の西域傳には北道に當つてゐた趣になつて居り、さうして大宛傳の安息國の條には、此の國の北に奄蔡と黎軒とが擧げてあつて、此の黎軒は魏略に阿蘭の西に接すとある大秦と、又隋書の鐵勒傳に阿蘭等の四國の西に位すとある拂菻とも該當するから、張騫は甚だ朧氣にも、北道の終點に黎軒があると想像したやうに思はれるからである。さうして後漢の時代になると、前代では空漠であつた奄蔡と大秦との間に、嚴、栁、阿蘭といふ三國が新に現はれて來て、北道の順路も稍明かになり、降つて隋代に至ると、此の間に上に論證した四國が知れ傳つて、北道の此の部分は殆ど判然となつた。まづ此の如く北道の道程を究めて見ると、隋代の拂菻國は黑海の縁邊に位し、狹く云へば小アジャ、廣く云へば Constantinople を含む Balkan 半島にも亙つてゐたやうに見える。

しからば隋代の拂菻國は Taurus 山脈以北の東ローマ帝國の部分を指したものか、但しは Constantinople を首府とする帝國全部を含んだものか、此の疑問を解決するに方ては、遠く前代に溯つて、縱に之を考察する必要がある。前漢の時代から隋代に亙つて、支那人は西域の極西に位する國を順次に黎軒、大秦、拂菻と呼んできた。さうして支那の方面から彼處に至るのに南北の二道があつて、南道即ち東洋學者の所謂絹街道に由るものは、Taurus 山脈の南に位する其の國の部分を指し、北道即ち余輩の所謂毛皮街道に由るものは、此の山脈の北に位する部分を指したやうに思はれる。例へば史記の大宛列傳に安息國の北に示された黎軒は北道に由つて知られた處で、其は黒海の沿岸に據つたギリシャ人の國家であるやうに見えるが、漢書の西域傳の烏弋山離國の條に條支と共に此の國の西に置かれた犂軒は南道に由つて知られた處で、其は Egypt の Alexandria を都城とするギリシャ人の國家である。又後漢書や魏略に海西國とあるのは、Taurus 山脈の南に位する大秦國であつて、南道に由つて知られた部分であるが魏略に阿蘭國の西に接すとあるのは、此の山脈の北に位する大秦國で、北道に由つて知られた部分である。又魏書の西域傳に見える伏盧尼國は Antiochia を都城とした國であるから、Taurus 山南の Roman Orient を指したもので、南道に由つて知られた國であるが、隋書の鐵勒傳と西域圖記とに見える拂菻國は、Taurus 山北の東ローマ帝國の部分であつて、北道に由つて知られたものである。然らば隋の時代に南道に由つて知られた拂菻國は無いかといふに、其は隋書の西域傳波斯の條に記された拂菻國であらう。其の本文には波斯の都蘇藺城から方向を取つて「西北去拂菻四千五百里」とあるからこれは南道に由つて得た知識に相違ない。波斯の都から西北に當る拂菻國は、單にその方向から云へば、之を Antiochia を都とする Taurus 山南の拂菻國と見做して差支はないが、其の里數から論ずれば Constantinople を都とする東ローマ帝國と解した方が妥當のやうに見える。然し波斯から拂菻に至る里數を擧げてあるのは獨り此の條のみであつて、他に之を支持する文獻のないのを思ひ、また漢史の西域傳の里數には往々甚しき誤謬の存するのを考へ、更に南道に由る終點が常に Taurus 山南の Roman Orient であるのを見ると、隋書の波斯傳にある拂菻國もやはり Antiochia を都城とする Roman Orient と見做した方が寧ろ穩當であらう。

（未完）

拂菻問題の新解釋（下）

白鳥庫吉（1865—1942）

《東洋學報》29-3・4，1944

拂菻問題の新解釋（下）

白鳥庫吉

一　緒　言
二　魏書大秦傳の批判
三　波斯と北魏
四　拂菻國號の解釋
五　魏晉の伏盧尼國（以上第拾九卷第三號）
六　隋代の拂菻國（以上第貳拾卷第一號）
七　南朝の記錄に見える拂菻國
八　唐代の大秦國
九　唐代の拂菻國（上）
十　唐代の拂菻國（中）
十一　唐代の拂菻國（下）（以上本號）

七　南朝の記錄に見える拂菻國

漢魏時代の大秦國は Taurus 山脈の南に位する Syria と、その西南に連る Egypt とを含む、所謂 Roman Orient を指した實在の國であつたが、南北朝時代に入ると、それは全く机上に於いて作製せられた空想の國と化し、Roman Orient の地方は新たに普嵐・伏盧尼・拂菻等の名によつて支那に知られることとなつた。これらの諸稱は共に中亞細亞の諸民族が東羅馬帝國を稱した Fróm の對音であるが、それらが實際に指し示してゐるのは Constantinople を中心とする東羅馬帝國の本部ではなくて、嘗て大秦國として知られたこの國の東方領土であつた。

さて南北朝時代に於いて西域の諸地方と頻繁な交渉を有したのは、勿論陸道によつて交通の便を得てゐた北朝の諸國であつた。晋嵐・伏盧尼・拂森の名もそれ〴〵魏書・北史・隋書等北朝系の記錄に見える所である。しかし當時西極の大國として知られてゐたFromの名が、よしや北朝ほどの便利を有しなかつたにせよ、なほ海陸の兩道から西域の諸國と交渉を有してゐた南朝に知られない筈はない。かゝる疑團を懷いて當時の記錄を檢索して行くと、果して唐の道宣の釋迦方志下に引かれた梁貢職圖の中にこの國のことを記してゐるのが發見せられる。

自此〔狼揭羅國 Lankar ?〕西北、卽至波剌斯國非印度。攝周數萬里。都城周四十餘里。人物甚盛。寺有三所、僧數人。天祠甚多。土出金・銀・鍮石・頗胝・水精。死多棄尸。作鉢在王宮中。東境有鶴秣城。郭周六十餘里、人衆盛。西北接拂懍一本琳國非印度。出伯狗子。本赤頭鴨生於穴中。案梁貢職圖云、去波斯北一萬里、西南海島有西女國非印度。拂懍年別送男夫配焉。

釋迦方志はその多くの部分に於いて西域記を刪略襲抄したもので、この記事の大部分も西域記十一から取つたものである。今兩者の關係を知るために、西域記の記事を次に摘錄して見よう。

自此〔狼揭羅國〕西北、至波剌斯國雖非印度三國、路次附見、舊曰波斯略也。波剌斯國、周數萬里。國大都城號蘇剌薩儻那。周四十餘里。川土既廣、氣序亦異。大抵溫也。引水爲田。人戶富饒、出金・銀・鍮石・頗胝・水精・奇珍異寶・工織・大錦・細褐・㲣毹之類。多善馬驝駝。貨用大銀錢。人性躁暴、俗無禮義。文字語言、異於諸國。無學藝、多工伎。凡諸造作、鄰境以重。婚姻雜亂。死多棄屍。其形偉大、齊髮露頭、衣皮褐、服錦氈。戶課賦稅、人四銀錢。天祠甚多。提那跋外道之徒、爲所宗也。伽藍二三、僧徒數百。竝學小乘敎、說一切有部法。釋迦佛鉢在此王宮。國東境有鶴秣城。內城不廣。外郭周六十餘里。居人衆、家產富。西北接拂懍國。境壤風俗、同波刺斯。形貌語言、稍有乖異。多珍寶、亦富饒也。拂懍國西南海島、有西女國。皆是女人、略無男子。多諸珍寶貨。附拂懍國。故拂懍王歲遣丈夫配焉。其俗產男、皆不擧也。

今この兩者を比較すると、釋迦方志に

出伯狗子。本赤頭鴨生於穴中。案梁貢職圖云、去波斯北一萬里。

とある記事は西域記に見えない所である。卽ち波刺斯國のことを西域記から摘錄しつゝあつた道宣は、波刺斯國が西北拂懍に接してゐるといふ箇條に至つて、梁貢職圖を引用してこれを說明し、その國が波刺斯の北方一萬里にあることを述べ、再び西域記によつて西女國のことを記したのである。この拂懍國が拂菻國の異譯であることは說明を要しない。慈恩傳の一本には拂郴に作り、釋迦方志の原注によると一に拂琳にも作つたのである。道宣は「〔拂懍國〕去波斯北一萬里」といふ一句のみを梁貢職圖から引用してゐるのであるが、「出伯狗子、本赤頭鴨生於穴中」といふ記事に就いては、その出典を明示してゐない。余輩は後に述べる如く「出伯狗子」を道宣自ら加へた唐代の知識とし、赤頭鴨云々は同じく梁貢職圖か、又はその他の南北朝時代の記錄から採つたものと推定するのであるけれども、それは何れにしても梁貢職圖に拂懍國のことが記されてゐたことは明かである。

梁貢職圖は一に〔梁〕職貢圖とも稱し、唐書六四經籍志に「職貢圖一卷梁元帝撰」とある如く、梁の世祖元帝蕭繹の著であつて、梁書五・南史八の元帝本紀には、それ〳〵元帝の著書の一つとして擧げられてゐる。

この書の著作年代と性質とは藝文類聚五五に引用せられてゐる本書の序文によつて明かにせられる。今その要點を抄出すると次の如くである。

梁元帝職貢圖序曰、(前略)皇帝君臨天下之四十載、垂衣裳而賴兆民、坐巖廊而彰萬國、梯山航海、交臂屈膝、占雲望日、重譯至焉。(中略)臣以不佞推轂上游、夷歌成章、胡人遙集、款開蹶角、沿泝荊門、瞻其容貌、訴其風俗。如有來朝京輦、不涉漢南、別加訪採、以廣聞見、名爲貢職圖云爾。

元帝は武帝の子であつて、この序文に皇帝とあるのは、その父武帝のことを指すのである。從つて「皇帝君臨天下之四十載」は武帝即位の四十年即ち大同七年(541 A. D.)に當るわけである。元帝はこの書を撰述した由來を敍して、それが彼が荊州刺史として任地に在つた時、その地に來る胡人の容貌風俗を調査し、もし京輦即ち首府建康に來朝しながら、漢南即ち荊州に來ない場合には、特別に(京師に人を派して)調査せしめ、この書を成したと述べてゐる。元帝が荊州に治したのは前後二回あつて、第一回は普通七年(526 A. D.)十月から大同五年(539 A. D.)七月までで、この月入つて安右將軍護軍將軍領石頭戍軍事となり、翌年十二月再び出でて江州刺史となり、太淸元年(541 A. D.)正月から承聖元年(552 A. D.)十一月その即位に至るまで第二回目の荊州刺史として在任した。そこで貢職圖がその荊州刺史在任中に資料を輯集し、武帝の四十年(541 A. D.)撰進せられたものであるとすれば、それは第一回の荊州刺史在任の時のことで、大同五年任を終つて中央に入侍すると共に編纂に着手し、大同七年上進したものであらう。この書は宋代までは傳へられた如く、宋史二〇四藝文志にも著錄せられ、玉海五六・一五二孫公談圃中學齋佔畢二にはそれ〳〵李公麟の所記や(中興館閣)書目の記事その他を引いて説明を加へてゐるが、本書に記された外國は百國とも三十餘國とも言はれ、南宋の時代にはその多くを佚して二十七國又は二十二國を存するに過ぎなかつたといふ。その體裁は外夷の畫圖と說明文とから成り、皇淸職貢圖等と一類のものであつたやうである。なほ Polliot 氏は梁貢職圖の成立年代を五四二年（大同八年）以後、五五二年（承聖元年）以前に置いてゐる (Notes sur quelques artistes des six dynasties et les T'ang. T. P., 1923, p. 265 Note)。これは Fr. Jäger 氏の考證に本づいたものゝ如くであつて、Jäger 氏の原文は余輩はこれを見るを得ないから詳しいことは判明しないが、やゝ精審を缺いた嫌がある。Jäger 氏は恐らく「皇帝君臨天下之四十載」を大同八年 (542 A. D.) と解し、何故かこれを編纂開始の年と定め、夫に荊州在任中に資料を集めたといふのを第二回の荊州在任のことにしたのであらうが、元帝が二回目に荊州に赴任してから二年後の太淸三年 (549 A. D.) 三月には侯景が建康を攻陷し、國内は大混亂に陷り、元帝は梁室復興の首班として軍國の大事に任じ、殆んど述作の遑などはなかつた筈であるし、又貢職圖の序文は Jäger 氏の如く解すべきものではない。なほこの書に就いて最初に注意を拂つたのは Hirth 氏であることをつけ加へて置く (Ueber die chinesischen Quellen zur Kenntniss Central-Asiens unter der Herrschaft der Sassaniden etwa in der Zeit 500 bis 650. W. Z. K. M. x, 1896, p. 227)。

梁職貢圖の編纂が普通七年 (526 A. D.) から大同七年 (541 A. D.) に亙つて行はれたとすれば、拂懍（拂菻）國の名もこの頃梁に知られたわけである。もしその序文の如く梁職貢圖が實際梁に朝貢して來た外夷のみを著錄したものであれば、拂懍國も亦實際南朝に來貢したことにならう。梁書本紀にも諸夷傳にもこの國の名は絕えて見えないけれども、魏書の本紀によると、普嵐國は太安二年 (456 A. D.) 十一月、和平六年 (465 A. D.) 四月、皇興元年 (467 A. D) 九月の三回に亙つて入貢してゐるから、梁書の本紀に朝貢記事が無いとしてもそれは必ずしも拂懍國が入貢しなかつたことにはなるまい。しかしかうした書物は常に誇大に傾き、好んで朝貢せざる國をも朝貢國の如く書き記すもので、皇淸職貢圖の中に當時自ら鎖國をし、又淸朝に於いても渡航を禁じた日本が朝貢國として記されてゐるが如きはその好例であらう。從つてかうした記事があつても、拂懍國が實際に梁に入貢したか否かは疑問であるが、少くともこの國の名が知られ、それが波斯の北一萬里にあつたことが了解せられてゐたことは疑ふべくもない。旣にこの國の位置が波斯を中心として示されてゐる以上、波斯に關する當時の記載の中にはこの國のことが記されて居てよい筈である。かく考へて梁書の諸夷傳波斯國の條を見ると、果して

國東與滑、國西及南倶婆羅門、國北與汎慄國接。中大通二年 (530 A. D.) 遣使獻佛牙。

とあり、南史の夷貊傳にこれを

國西及南倶與婆〇羅門、國北與泛慄國接。梁中大通二年、始通江左、遣使獻佛牙。

と記してゐるのが注意せられる。Karlgren 氏によると、泛・汎の唐代音は p'iuɐm, 慄の唐代音は liet であるが、慄は懍の誤であつて、泛（汎）懍は拂懍・拂菻と同じく From の對音と看做すべきであらう。册府元龜九五七には

波斯國都達曷水西蘇藺城。卽條支故地也。有城。周三十二里。城高四丈。皆有樓觀。城內屋宇數百千間。城外佛寺二三百所。東與滑國、西及南倶婆羅門、北與汎慄國接。西去海數百里。東去穆國四千餘里、西北去拂林四千五百里。東去爪州萬一千七百里。

とあつて、汎慄國卽ち汎懍國と拂林國とが劃然と區別せられてゐるために、これを相異つた國と解釋しよう

とする人があるかも知れない。しかし、冊府元龜のこの記事は梁書の波斯傳と隋書の波斯傳とを合綴したもので、「有城」から「北與汎慄國接」までは梁書により、他は隋書から採つたのであるから、この記事を根據にして汎慄國と拂林國との異同を論ずることは誤である。冊府元龜の汎慄國を拂菻國に比定せられたのは藤田博士が最初であるが、博士がこれを東羅馬帝國の本地の如く思惟せられたのは誤であつた(往五天竺國傳箋釋)。又、余輩は「大秦の木難珠と印度の如意珠」(市村博士古稀記念東洋史論叢)と題する論文を公にした際、Frōm の音譯の一として汎慄を擧げたが、これは右の如き論證の結論のみを示したものに他ならない。

さて梁職貢圖に拂懍國を波斯の北を去る一萬里としてゐるのは、北史や魏書に伏盧尼國を波斯の北にありと記してゐるのと同一の書法で、北は必ず西北の意に解すべきである。この頃波斯の首府は Madāin (Seleucia 及び Ctesiphon) であつて、そこから西北一萬里と言へばルーマニヤかハンガリーの附近に當ることに成る。しかしさる所に拂懍國のあつた道理はないから、一萬里といふ數字はこの國の正確な位置を理解してゐなかつた貢職圖の編者が、漠然この國が波斯の西北極遠の地にあることを示さうとして用ひたものであらう。普嵐・伏盧尼の名を以て北朝に傳へられた Frōm 國が Antiochia を中心とする Syria であるといふ余輩の議論に誤がなければ、同じ頃梁に知られた拂懍國も等しくこの地方を指したものとして誤あるまい。

先づ以上の如くにして、梁貢職圖の中に拂懍國の記載のあることが知られたが、次に釋迦方志に引かれた西域記に見えない拂懍國關係の記事は如何に解釋すべきであらうか。その第一はこの國から伯狗子を出したことである。伯狗子の伯は貊で、これは殆んど狆のことであらう。舊唐書の高昌傳によると、

〔武德〕七年 (624 A. D.)、〔麴〕文泰又獻狗雄雌各一。高六寸、長尺餘。性甚慧。能曳馬銜燭。云、本

出拂菻國。中國有拂菻狗、自此始也。

とあつて、これによると猧は拂菻の名物であつて高昌を通じて唐に輸入せられたものである。舊唐書の記事を正しいとすれば、これが拂菻狗輸入の嚆矢であるから、南朝には勿論この動物は知られてゐなかつた筈である。釋迦方志はその序文によると唐が國を肇めてから四十載にして著作せられたのといふから、それは高宗の顯慶二年 (657 A. D.) に相當し、著者道宣も拂菻狗のことはよく知つてゐたのであらう。余輩が前にこの一句を以て道宣自ら加へた所であらうとしたのは、かゝる理由からである。酉陽雜俎一前集には、天寶年間、玄宗が夏日に親王と棋を闘した時、旗色が惡くなつたので、觀戰してゐた楊貴妃が康國の猧子を放つて局に上らしめ、盤面を亂して玄宗を敗北から救つた話を載せてゐるが、康國の猧子は恐らくは康國産の狆ではなく、康國商人によつて齎された拂菻狗であつたのではなからうか。宋の治平中に丁度等の撰した集韻には猧を解して、「烏戈切、音倭、歌韻、小犬也」と見えるが、咼・媧・蝸・緺がそれぞれ現今 kua とも ua とも音じ、その唐代音が kʷa であり、鍋が kuo, uo, 過が kuo と音じて、その唐代音が kuâ であるのを考へると (Karlgren, Analytic Dictionary, 437)、猧の唐代音も亦 kwa, kuâ 等であつたと見て差支へあるまい。Sogd 語で犬のことを 'kwty とも 'kwt' とも言ひ、Yagnabi 語で kut, kud と言ひ (R. Gauthiot, Essai d'une grammaire sogdienne, 1, p. 51)、Sanglechi-Ishkashmi 語で kuδ, Shughni 語で kut, kud といふ (G. Morgenstierne, Indo-Iranian Frontier Languages, II, Oslo, 1938, p. 18)。猧子は恐らく Sogd 語の 'kwt', 'kwty' の對音で、子は語尾の t', ty' を寫すと共に指小辭としても用ひられたと思はれる。康國商人は狆を輸入するに當つて單にこれを犬と呼んだが、唐人はこの語を狆の特稱の如く考へ、猧といふ字を新造してこれに當てたのであらう。我が國にも狆の一名として拂菻狗の名が傳へられてゐるのは、興味のある事實である (B. Laufer, Chinese Pottery of the Han Dynasty, p. 280 & note)。

拂菻國の名產伯狗子が唐代に初めて傳へられた次第は以上の如くである。次に解釋を要するのは、拂懍國では「本赤頭鴨生於穴中」といふ所傳であるが、これに就いて直ちに想起せられるのは、北史及び魏書の伏盧尼國の傳に見ゆる次の記事である。

東有大河南流。中有鳥。其形似人。亦有如驝駝馬者。皆有翼、常居水中。出水便死。

伏盧尼國を南に流れる大河は Euphrates 河で、その中に生息する人形の鳥は、地中海や印度洋に產する Pinna 貝の茸毛が鳥の毛と考へられ、更にそれが人間の衣服の材料となる所から、その鳥が人間の形をしてゐるが如く聯想せられたのである。又、驝駝馬のやうな鳥といふのは駝鳥であつて、地上を走るこの鳥が水中に住む趣になつてゐるのは、魏略の西戎傳に大秦國の六畜は悉く水から生ずるとあり、杜環の經行記に拂菻國の西の女國では人が水に感じて生れるとあるのと同樣の說話である。このことは前に詳しく說明したから、今は繰返さない。思ふに釋迦方志に「本赤頭鴨生於穴中」とあるのは、「生於水中」の誤植であつて、伏盧尼國の所傳と同樣、水中に鳥が生息し、水を離れゝば忽ちにして死することを物語らうとしてゐるのではなからうか。釋迦方志は西域記の本文と比較して判るやうに、原書の章句を極めて簡略にして書を成したものであるから、赤頭鴨に關する所傳も元來はもつと長いものであつたに相違ない。唐代にはこの說話の一層發展した形である羊羔の話が拂菻國に就いて傳へられてゐるから、以上の解釋が正鵠を失はないものとすれば、赤頭鴨の話は伏盧尼國の水鳥の說話の一變形で、同じ頃南朝に傳へられたのであらう。

八　唐代の大秦國

南北朝時代に至つて、それまで西極の大國として歷代の史乘にその傳を絕たなかつた大秦國が空想の國と化し、普嵐・拂菻・伏盧尼卽ち From が Roman Orient を指す新たなる名稱として用ひられるやうになつた次第は、既に幾度か說いた所であるが、唐代景敎が流行すると共に、大秦國は新に實在の國として復活することに成つた。この新なる大秦國は漢魏時代の大秦國とはその性質を異にするものであるから、これに就いて少しく述べて見よう。

有名な景敎流行中國碑を讀むと、先づキリストが大秦國に降誕したことを述べて、

室女誕聖於大秦。景宿告祥。波斯覩耀以來貢。

と記し、次にこの敎が貞觀九年 (635 A. D.) 大秦國の上德阿羅本によつて、非常な歡迎を受けて支那に傳へられたことを敍し、更に大秦國が聖敎の本地に適しいこの上なく目出度い場所である事實を强調して、左の如く述べてゐる。

案西域圖記及漢魏史策、大秦國南統珊瑚之海、北極衆寶之山、西望仙境花林、東接長風弱水。其土出火浣布・返魂香・明月珠・夜光璧。俗無寇盜、人有樂康。法非景不行、主非德不立。土宇廣濶、文物昌明。

又、この碑文には、景敎が太宗を始め歷代の唐天子の厚い保護を受けて隆盛に赴いた次第を槪觀し、特に太宗の貞觀九年 (638 A. D.) 七月には勅命によつて長安の義寧坊に大秦寺が建立せられたことを記してゐる。景敎碑は德宗の建中二年 (781 A. D.) 景敎僧景淨の撰述に係るものであるけれども、これによると景敎はその支

那に傳來した當初から大秦國の敎とせられ、敎祖キリストは勿論、支那に布敎に來た景敎僧は大秦國の人として知られ、從つてその寺院も大秦寺と名づけられた趣に受取れるが、これは決して事實を得たものではない。元來、景敎卽ちネストル敎はキリスト敎の一派ではあるが、敎理の上に於いて正統派と相容れないものがあるために異端視せられて迫害を受け、東方にその布敎の領域を求め、やがてササン王朝の保護を受けてその首府の Ctesiphon に傳導の中心を設けてゐたのであつて、實は波斯の地から支那に傳へられたのである。從つてユダヤに生れたキリストを大秦國の產とするに於いては特に怪しむべきことはないけれども、阿羅本が大秦國の上德で景敎の布敎の中心が大秦國にある如く記されてゐるのは、人をして頗る奇異の念を懷かしめるものである。

かやうな疑團を抱いて、唐代の記錄を檢索して行くと、碑文に大秦寺勅建に關する太宗の詔書を引いて「大秦國大德阿羅本、遠將經像、來獻上京」とあるのを、唐會要九四に引かれた同じ詔勅には「波斯僧阿羅本、遠將經敎、來獻上京」と記し、この時義寧坊に建立せられた大秦寺は、韋述の兩京新記や宋敏求の長安志には波斯寺と記されてゐるのが知られる。そして波斯國が大秦寺と改められ、波斯胡寺が大秦寺と改められたのは、唐會要九四に揭げられた次の詔勅によつて天寶四載(745 A. D.)九月に他ならないことは、旣によく人の知る所であらう。

天寶四載九月、詔曰、波斯經敎出自大秦。傳習而來、久行中國。爰初建寺、因以爲名。將欲示人、必修其本。其兩京波斯寺、宜改爲大秦寺。天下諸府郡置者、亦準此。

卽ち、景敎はそれまで波斯の敎として行はれてゐたが、この時に至つて、その本源が大秦にあることが、明かにせられたため、名實を一致せしめる目的からこれを大秦の教と改め、その寺院も大秦寺と改稱することになつたのである。天寶四載九月はかゝる改稱が公式に宣布せられた時日であるから、景教僧の間にはその稍〻以前から景教と大秦國とが結びつけられてゐたのであらう。

波斯の地から傳へられた景教が波斯教として知られたのは當然であつて、貞觀九年以來一百十年の間この名で行はれたわけであるが、本來波斯に發した宗教としては、祆教が古く南北朝時代から支那に行はれ、その一屬である摩尼教も唐土に流行してゐた上に、ササン朝は六五一年アラビヤに滅されて、ペルシャは回教のカリフの支配に歸し、殊に八世紀の前半に入り西トルキスタンの地域にもアラビヤの勢力が及んで西亜細亜の地が新興の回教に風靡せられるやうになると、景教を波斯教と稱することは色々な點に於いて面白くないと感ぜられるやうに成つた。さる處へ漸く支那の事情にも熟し、この國の古典にも通曉するに至つた景教の宣教師等は、古來西極の理想郷として大秦國の名が喧傳せられてゐる事實を知り、遂にこれに一層の修飾を加へて大秦國を景教の本地に擬したのに相違ない。景教碑に殊更に西域圖記や漢魏の史策を按じて大秦國を說明してゐるのは、この國が支那人と古來關係の深い土地であることを示すと共に、さうした目出度い樂土に生じた景教の優秀なことを强調しようとする用意を窺はしめるものである。景教を大秦國に結びつけた宣教師等が果して大秦國が羅馬帝國の東方領土を指してゐることを正解してゐたか否か、それは勿論詳かにし難いけれども、少くとも彼等は大秦國が支那人の景仰措く能はざる遼西の仙境であることと、この國に關する歷代の所傳には支那風の潤色が極端に加へられてゐることをよく了解し、これを巧妙に利用したのである。なほ景教碑に見える大秦國の記事に就いては、「大秦傳に現はれた支那思想」（桑原博士還曆記念東洋史論叢）の中で詳しく說明を加へたから、詳細は省略する。

唐代景教僧によつて復活せられた大秦國は大體以上の如き性質のものであるが、景教碑に於いて大秦國に擬定せられたキリストの生地は、當時行はれた景教の經典序聽迷詩所（訶）經には、拂林園の烏梨師斂城中であるとされてゐる。拂林園は勿論拂林國の誤であり、烏梨師斂城は Jerusalem のことである。羽田亨博士はこの經典を貞観十五年（641 A. D.）に製作せられた一神論と相前後して編せられたものとし（「景教經典序聽迷詩所經に就いて」内藤博士還暦祝賀記念論文集一二六頁）、佐伯好郎博士は一神論より以前に阿羅本の一行によつて撰述せられた所であるとしてゐるが（景教の研究六七五頁）、何れにしてもこの經典が景教流入の初期の述作であることには疑を挾む餘地がない。一神論にも拂林の名は數個所に出て來るが、中でも「喩如從此（唐）至波斯、亦如從波斯至拂林」とあるのは、當時拂林國が波斯以西にあつた事實をよく示してゐる。蓋し序聽迷詩所經に拂林國の Jerusalem 城と記し、敢へて Judea の Jerusalem 城と書かなかつたのは、拂林國がその頃の支那人の耳に熟してゐたからであらう。そして天寶四年（745 A. D.）に波斯寺を大秦寺と改稱したのを考へると、キリストの生地が拂林國から大秦國に移されたのも、當然同じ頃のことでなければならない。かくて景教士によつて大秦國に新生が與へられ、同時にそれが拂林國の一名として用ひられるやうになると、從來大秦國のこととして傳へられてゐた諸事物は一轉して拂菻國の事物に幾じてしまつた。例へば大秦國の西（西南）の海中から珊瑚が採取せられる話は、最初晉の郭氏の玄中記に見え、太平御覽（八〇七）には

玄中記曰、珊瑚出大秦國西海中。生水中石上。初生白、一年黃、三年赤、四年蟲食敗。

とある。又同書には海中經といふ書物を引いて

珊瑚生海中。欲取之、先作鐵網沈水底。珊瑚貫網而生。歳高二三尺。高二三尺〇四字、衍か、有枝無葉。形如小樹。因絞網出之、珊瑚皆摧折在網中。

と記してゐるが、この兩者を合した記事が通典の大秦國傳に見えてゐるのはよく人の知る所である。所が太平廣記四〇三には洽聞記と稱する一書から次の如き記事を引用し、これには大秦國が拂箖國に改められてゐる。

拂箖國海去都城二千里。有飛橋。渡海而西、至且䕠國。自且䕠有積石。積石南有大海。海中珊瑚。生於水底。大船載鐵網、下海中。初生之時、漸漸似菌。經一年挺出網目間〇、變作黄色。支格交錯。高者三尺、大者丈餘。三年色青〇赤。似〇以鐵鈔發其根、於船上爲絞車、擧鐵網而出之。故名其所爲珊瑚洲。久而不採、却蠹爛糜朽。

洽聞記は唐書及び宋史の藝文志に鄭遂の撰す所で一卷あると言ひ、郡齋讀書志三十には唐の鄭常の撰で三卷あり、古今の神異詭譎の事凡そ百五十六條を錄したもので、一に鄭遂の撰と傳へられるが、その方が正しいと言つてゐる同書目錄。鄭遂は唐の何時頃の人か判然しないが、右の記事は當然大秦國とあるべき所を拂箖國と改めてゐるから、天寶四年以後に屬すべきものである。洽聞記の文は通典とは字句に多少の相異があるから、玄中記乃至は海中經の原文に據つたものであらう。海中經の撰者や年代は詳かでないが、玄中記と前後するものと見て大過あるまい。又、唐會要九九及び兩唐書の拂菻傳に「拂菻一名大秦國」とか「拂菻古大秦也」などと冒頭して、魏略や通典の大秦傳から多くの記事を轉錄し、更に太平寰宇記一八四の大秦國傳が唐會要・舊唐書の拂菻傳と通典の大秦國傳とによつて記事を成してゐるのは、何れも大秦國と拂菻國とが同一であると看做された結果、その所傳を相混淆するに至つた最も明かな例證である。從つて、唐代の拂菻國の實體を明確に把握するためには、先づこの國に關する記載から大秦國に附屬すべき所傳を除き去つてかゝらなければならぬ。

さてかゝる處置を爲すに當つて先づ問題と成るのは、通典の大秦傳である。申すまでもなく、通典は唐の杜佑が前後三十六年の苦心に成つた書物で、その完成上進せられたのは貞元十七年(801 A. D.)のことであるが(玉井是博氏「大唐六典及び通典の宋刊本に就いて」支那學第七卷三八三頁)、この書には大秦傳があつて拂菻傳はなく、更にその大秦傳の中には從來の正史の大秦傳に見えない幾つかの記事を含み、且つそれらの記事が唐會要・兩唐書等には拂菻國のこととして紹介せられてゐるので、それらが果して唐代に至り拂菻國のこととして新しく傳へられたものか、但しは正史以外の大秦國關係の記事を集成したものか、甚だ明瞭を缺いてゐるのである。しかしながら、余輩はそれらが何れも南北朝以前 Roman Orient が專ら大秦と呼ばれてゐた時期に屬する所傳に他ならないことを證明した。卽ち、第一の贙(贙)といふ猛獸の話は爾雅釋獸の贙の下に施した晉の郭璞の註から取つたものであり、第二の土中から自然に發生する羊羔の話は宋膺の異物志の文を轉載したものであり、第三の珊瑚採取の話は右に記した晉の郭氏の玄中記等に據つたものであり、第四の眩術の話は出處は不明であるが、第五の木難珠の話は晉の忱懷遠の南越志の文を殆んどそのまゝ採つたものである。又、眩術の話もその前後の記事が南北朝以前に屬する事實から推して、やはり同時代に屬するものと見て差支へはない。このことは既に「大秦の木難珠と印度の如意珠」と題する論文の中に記して置いた所である。當時余輩は通典の大秦傳は杜佑が魏略の西戎傳以下歷代正史の大秦傳と正史以外右の諸書に散見する零細な大秦國に關する記事とを集成して編纂したものであると論じたのであるが、淵鑑類函(二三八)大秦國の條に引かれてゐる後魏書には、大秦國に獅子が多く、行旅の害を成すことから書き始めて、第二の羊羔の話以下の悉くを載せ、その文章は全く通典と同一であり。唯ゞ文字に僅かの異同があり、其の人が質直であつて市に二價がなく、穀食が低廉で國用が足りてゐるといふこと、安息が絹貿易の利益を確保するために、大秦と漢との交通を阻害してゐるといふ通典に見えない二個條の記事を含み、獅子の話に至る通典の前半の文章と贊の話とを缺いてゐる點を異にするのみである。現行の魏收の魏書は早くから西域傳を佚し、宋初北史の西域傳を以てこれを補つたことは何人にも知られてゐる所であるが、後魏書と名づけられたものには、その他に隋の文帝の時魏澹の撰したもの、唐の龍朔年間榮えた張太素の編したものがある。後の二者は直齋書錄解題四等によると南宋には既に散佚してゐたと言はれるが、兎に角淵鑑類函に引かれた後魏書はこれら三者の何れかの佚文であり、杜佑は後魏書を本にして大秦傳を成したのかも知れない。しかし類函が果して何からこの記事を引用したのか頗る分明を缺くのみならず、太平御覽に引かれてゐる後魏書の西域關係の記事は北史の記事と吻合し、北史の西域傳は本來魏書の西域傳に據つたものの如くに考へられるから、通典の大秦傳と後魏書との關係に就いては斷定をさし控へて置きたい。又假に通典の大秦傳が類函に引く後魏書のひき寫しに過ぎないとしても、それは通典の大秦傳に唐代新に得られた知見は無いといふ余輩の結論を一層確實にするものに過ぎない。

通典の大秦傳の性質は以上の如くにして明かにせられたが、この書の本文には大秦傳はあるが拂菻傳はなく、拂菻國のことは大秦傳の末尾の注に七五一年から約十年間の中亞見聞錄である杜環の經行記をひいて紹介してゐるのに過ぎない。これはとりも直さず杜佑が大秦國と拂菻國とを同一視してゐたことを示すものであつて、通典に大秦傳があつて拂菻傳のない所以であらう。しかし唐代には拂菻國から幾度か使者の入朝があり、經行記以外にも西域記・慧超傳等釋家の旅行記が少くなかつた筈であるのに、さうした佛教徒の旅行記を參照した形迹がないのは、杜佑が自ら

諸家纂西域事、皆多引諸僧遊歷傳記。(中略)皆盛論釋氏詭異奇迹、參以他書、則紕謬。故多略焉(通典一九一西域總序)

と言つて、釋家の紀行文は原則として參考しなかつた結果である。そこで余輩は先づ杜佑の參照しなかつた慧超の往五天竺國傳並びに通典の注に引用せられた經行記の拂菻に關する記載を研究し、開元・天寶の頃唐人の有してゐたこの國に關する知識の程度を闡明して見よう。

九　唐代の拂菻國（上）

さて、紀元六一八年唐公李淵が隋朝を仆して天下を統一し、三百年に亙る大唐帝國を肇めたことは、東亞史上の一大變局であるが、あたかも時を同じくしてアラビアの半島にマホメットが蹶起し、宗教を以て國民を統一してサラセン帝國を建設したことは、西亞細亞の史上に新たなる紀元を劃したものである。マホメットが半島の統一を完成して六三二年歿すると、これを嗣いだ Abū Bakr (632-634 A. D) Omar (634-643 A. D) Othman (643-656 A. D) の三代のカリフは逐次亞細亞・アフリカの大陸にその勢力を伸長し、一軍はシリアに進攻して六三四年 Damascus を略し、六三八年 Jerusalem を占領し、Antiochia を陥れ、六四〇年 Caesaria を降して、Syria の地から東羅馬帝國の勢力を驅逐し、六三四年には Alexandria を奪つて Egypt を併せ、こゝに所謂 Roman Orient をその手中に收めると共に、一軍は Mesopotamia に進出して衰殘のササン王朝

に最後の一撃を加へた。ササン王朝に於いては、六二八年この王朝最後の榮華を誇つた Khusrō 二世が暗殺せられると、國内は非常な混亂に陥り、六三二年 Khusrō 二世の孫 Yezdegerd 三世が王位を正すまで僅か四年の間に十二人の皇帝が迭立したと傳へられてゐる程である (Grundriss der Iranischen Philologie, II, p. 545)。そしてこの王の登極によつて國内の紛亂は一時收まるかに見えたとき、サラセン軍の進撃に際會したのである。Darius 王以來、尙武の傳統を誇つたイランの軍隊も、新興のアラビア軍の敵ではなく、六三六年 Mesopotamia 侵入が開始せられると、翌六三七年早くも首都 Ctesiphon は陷落し、六四二年 Nihāvand の陥落によつてササン朝の本土は悉くアラビア軍に歸するに至つた。首都を脱出した Yezdegerd 三世は敵軍の追究を逃れて所在に流寓し、Media から Sijistan に奔り、更に Khurasān に移つて Merv に身を寄せようと試みた。當時 Merv はササン王朝領土の東境をなしてゐたが (Chavannes, Documents sur les Tou-kiou occidentaux, p. 252; A. Christensen, L'Iran sous les Sassanides, p. 495)、ササン朝の頽勢を知つたその領主は Yezdegerd を庇護することによつてアラビア軍の譴責を被らんことを恐れ Badghis の領主と謀り、一軍を出してこれを捕へんとしたため、王は單身逃れて Merv の東南に奔り、Jiranj の水車小屋で眠つてゐる所を粉挽きに殺されたとも言ひ、又 Merv の領主の部下の手にかゝつたとも傳へられてゐる(A. G. S. E. Warner, The Shahnāmah of Firdausī, II, p. 107 seq; Tabari, p. 2879 sq. ed. De Goeje)。時に回暦三一年（六五一―六五二年）。かくて Ardashir 以來連綿五世紀、西亞の覇者として榮えたササン王朝は滅亡する。

ペルシアを席捲したアラビア軍は、六四四年 Armenia を征服し、やがてその西北に隣る西トルキスタンの地に勢を及ぼした。卽ち六五一―二年には先づ Herat, Badghis がアラビア軍に歸し、次いで Khurasān

の要地 Jūzjān, Fāryāb, Tālaqān, Balkh が陷り、Khwārizm 及び Siminjan, Māimargh 等 Tukhāristān, Sogdiana 本部の諸要衝がその侵冦を被つたが、土侯の相次ぐ根强い叛亂と一方アラビアの本國に於ける內訌とによつてアラビアの支配權は十分にこの方面に確立せられるに至らなかつた (Gibb, Arab Conquest in Central Asia, Lond., 1923, p. 15-17)。當時サラセン帝國に君臨してゐたのは第三代のカリフ Othman (643-656 A. D.) であつた。Mecca の名族 Banū Omayyad 家の出身である彼は、早くから回敎に歸依して半島統一の事業を著しく容易ならしめたために、特に選ばれて新帝國の主裁者と成つたのであるが、資性凡庸にして治績の見るべきものがなかつた上に、信仰の方面に於いても民心を失つたので、遂に叛徒の手に仆れ、マホメットの一族にしてその女婿である Ali (656-661 A. D.) が推戴せられて第四代のカリフと成つた。しかるに Othman の甥でアラビア軍の Syria 平定に際しては兄 Yazid と共に主將として活躍し、六三九年以來 Syria の長官として Damascus に在つた Muāwiya は、Ali の即位を認めず、與黨を糾合してこれと爭ひ、六六一年遂に Ali をたふして新王朝を開いた。所謂 Omayyad 朝がこれである。Muāwiya は摩拽の名によつて唐土にも知られた人で、その治所 Damascus は今後九十年間回敎帝國の首府として一層の繁榮を見ることになる。かくて Muāwiya の即位によつて內訌が鎭まり、Ziyād b. Abīhi が東方の鎭臺として Merv に着任すると、こゝに再び西トルキスタンの經略が開始せられたのである。

アラビア勢力の東進が西トルキスタンの諸國に異常な脅威を與へたことは言ふまでもない。彼等は鋭意これに備へると共に、一面唐に賴つてその援助を求めやうとした。やがて顯慶三年 (658 A. D.) 二月阿史那賀魯が捕へられて西突厥の勢力が覆滅せられると、從來西突厥に制御せられてゐた西トルキスタンは自ら唐の支配に歸し、唐はこの地方に都督府を設け、州・縣を置いて、これを安西都護府に隷屬せしめた。當時サラセンの本國に於いては Ali と Muawiya とが相爭ひ東方を顧る遑がなかつたために、唐の勢力は容易に葱嶺以西を光被したのである。

かくて、唐と西域との交渉は一層密接となり、西トルキスタン方面への旅行者も多く出で、その見聞錄が相次いで公にせられると、拂菻國に關する知見は漸く增加するに至つた。就中、慧超の往五天竺國傳が出づるに至つて、拂菻國に大小の二種のある事實が知られ、從來 Syria, Palestina 方面に限られてゐた拂菻の名が、東く東羅馬の本土にも及されることになつたのは、西亞細亞に關する唐人の知識に飛躍を與へた劃期的な事實であつた。開元十五年 (727 A. D.) 印度から Tukhārestān に出で Pamir を越へて支那に歸つた慧超の往五天竺國傳には、吐火羅の西に波斯國があり、更にそれに隣つて大・小拂臨國がある事實を傳へて次の如く言つてゐる。

又從波斯國北行十日入山、至大寔國。彼王住不〇住本國。見向小拂臨國住也。爲打得彼國。彼國復居山島。處所極窄。爲此就彼。土地出駝騾羊馬疊布毛毯。亦有寶物。衣著細疊寛衫。衫上又披一疊布以爲上服。王及百姓衣服、一種無別。女人亦著寛衫。男人剪髮在鬚。女人在髮。喫食無問貴賤。共同一盆而食。手把匙筯。取見極惡。又小拂臨國傍海西北、卽是大拂臨國。此王兵馬强多。不屬餘國。大寔數廻討擊不得。突厥侵亦不得。土地足寶物甚足。駝騾羊馬疊布等物、衣著與大寔相似。言音各別不同。

この頃サラセン帝國の首府は Medina を去つて Domascus に移つてゐたから、大食王が本國に住せず、現に小拂臨國に住してゐるといふのは、明かにこれを指したものである。唯々慧超が「爲打得彼國」と言つてゐるのは、アラビヤ軍がSyriaを占領したことを述べてゐるのに相違ないが、これに續けて「彼國復居山島。處所極窄。爲此就彼」とある一句の意味は必ずしも明瞭でない。Hirth 氏はこの「彼國」を東羅馬帝國と解し、これは Syria を逐はれた Byzantine 軍が小亞細亞及び歐洲に退却したことを指したものであらうとし、

On account of their having gained possession of that country by overcoming it, that country has retreated to places in the hills [on the continents ?] and on islands but rarely visited.

と譯し (The mystery of Fu-lin, J. A. O. S. xxxiii, 1913, p. 205)、A. Herrmann 氏は Hirth 氏と同じく、

Ihr König wohnt jetzt nicht mehr im Heimatland, sondern er hat sich nach Klein-Fu-lin gewandt und hält sich dort auf. Durch Kämpfe hat er jenes Land in Besitz genommen. (Die Bewohner) jenes Landes haben sich in Berge (Kleinasiens ?) und auf Inseln (Cypern ?) zurückgezogen, wohin man sehr selten gelangt (Die Westländer in der chinesischen Kartographie, p. 259)

として、後の「彼國」をも小拂臨と定めたが、その國が山島に居るといふのを、小亞細亞及びキプロス島かと疑つてゐる。一方近年慧超傳の全譯を發表したW. Fuchs 氏はこれを

Da (die Araber) jenes Land erobert haben, haben sich die Einwohner auf Inseln und in die Berge zurückgezogen und weil diese Gegenden äusserst eng und schmal sind, haben sich deshalb dorthin begeben. Deshalb ist er dorthin gegangen.

と譯し、「彼國復居山島」の「彼國」をアラビヤ人の意に解し、その山や島が何處を指すのか明示してゐな

い (Huei-ch'ao's Pilgerreise durch Nordwest-Indien und Zentral-Asien, Sitz. d. Preussischen Akad. d. Wiss., phil.-histr. Klasse,

1888, p. 450–451)。一體慧超の「彼」とか「其」とかの使用法は曖昧な場合が多く、例へば吐火羅の條に

　至吐火羅國。王住城名爲縛底耶。見今大寔兵馬在彼鎮押。其王被其王被逼、走向東一月程、在蒲特山住。

とある初めの「其王」は吐火羅王、次の「其王」は大食王のことである。從つて「彼國復居山島」の彼國は大食を指してゐるとして一向差支へあるまい。當時 Cyprus 島はサラセンの勢力範圍にあつたが、勿論此處に大食王が居たことは無いから、この山島は恐らくアラビヤ半島の Medina 方面を指したもので、「處所極窄、爲此就彼」の窄は Fuchs 氏の説く如く窄の誤で、その地が窄いために小拂臨國に都したといふ意であらう。「土地出駝騾」云々以下は小拂臨國の物產風俗を述べたものに他ならない。さて慧超によると、小拂臨國から海に傍うて西北に行くと大拂臨國に行き、それは兵力強盛な獨立國で、大食は數々討撃したが成功せず、突厥も亦これを服從せしめ得なかつたといふ。この大拂臨國が Syria から小亞細亞に出で西北行して到達する Constantinople を指してゐることが甚だ明かであつて、これは支那の記錄に Constantinople のことが記された最初である。サラセン軍は Muāwiya の時に六六二年・六七二年の二回、Suleiman の時に七一七年・七一八年の二回 Constantinople を圍んだが失敗し、アラビヤ軍は遂に Taurus 山脈を越へて小亞の半島には進出し得なかつた。又、大拂臨を攻めたと傳へられる突厥は所謂可薩突厥で、西史の Khazār に他ならない。これは Bulghār の同族で Wolga 河の下流域から Caucasus 山脈方面に據つた强族で、六二七年には東羅馬帝國と協力してササン朝を侵し、ササン朝滅亡後は東羅馬及びサラセン帝國の强敵として北方に隱然たる勢力を有して居た。東羅馬皇帝 Constantine V Copronymus (741–775 A. D.) が Khazār の王女と婚し、その間に生れた Leo IV (775–780 A. D.) が The Khazar として知られ、同じ頃 Armenia の知事であ

つた Yazid b. Usaid al-Sulami が時のカリフ al-Mansūr (754-775 A. D.) の懇請によつて Khazar 王の女を娶つて北邊の安寧を計つたと傳へられてゐる如きは (Encyclopaedia of Islām, II, p. 935)、この部族が如何に東羅馬及びサラセン帝國から怖れられてゐたかを物語るものであらう。Khazār は東羅馬の史家からも Türk 又は東 Türk と稱せられ (Lebeau, Histoire du Bas Empire augmenté par M. de Saint-Martin, x, p. 116 note 3; J. Klaproth, Mémoire sur les Khazars, J. A. 1823, p. 154)、Ibn Khaldūn もこれを Türk 種の民族と傳へ (Prolégomênes d'Ibn Khaldoun, Notices et Extraits des Manuscrits de la Bibliothèque Nationale, etc., XIX, 1, p. 157)、唐代の支那の記錄にもこれを可薩突厥（杜環經行記）・突厥之可薩部（兩唐書、唐會要波斯傳）・突厥曷薩（唐書火尋傳）等と傳へてゐる。これは本來 Finn 種のこの部族が西突厥の支配を受け、その血液を混じた結果であらうと思はれるが、これに就いては後に論ずることとする。唯〻慧超が傳へてゐるやうにこの部族が東羅馬を侵したことは西方に所傳がないやうであるが、それが事實とすればこの記事は正に西史の缺漏を補ふものである。それは何れにしても、この大拂臨が東羅馬帝國を指してゐることは、何等の疑を容れぬ所である。

さてアラビア軍の西トルキスタン經略は Muāwiya の卽位以來絕えず行はれた。就中七〇五年から七一五年に亘る Qutayba 七三八年から七五一年に至る Nasr b. Sayyār の征伐の結果、サラセンの勢力は南は Sijistam から北は Syr 河の上流域 Ferghāna 地方にまで及び、遂に七五一年 Talas 河畔の一戰に高仙芝の統率する唐軍を擊破し、葱嶺以西に覇權を確立したことは周く知られてゐる所である。しかるにこの頃サラセン帝國の內部に於いては Ali を奉ずる一派が Muāwiya 及びその後繼者を正統のカリフと認めず、Khurasān に勃發した Abū Muslim の叛亂に呼應して革命を斷行し、Ali の子孫と稱する Abul Abbās を支援して新王朝を樹立せしめた。Abbās 王朝が卽ちこれで、唐會要・兩唐書の黑衣大食はこれを指すのである。時に七五〇年。都は Damascus から Kūfa に移され、更に七六二年第二代 Mansūr の時に Bagdad に移され、爾來一二五八年 Hulagu に滅されるまで約五百年の間、この地は所謂 Eastern Caliphate の中心として空前の繁榮を誇るのである。Talas 河の戰にアラビヤ軍に捕へられ、その本土に送致せられた杜環は、Bagdad 奠都の直前までサラセン帝國に滯留し、歸來その見聞錄を經行記と題する一書に纏めて世に公けにした。その書は今日既に佚し、僅かに佚文を止めてゐるに過ぎないが、通典一九三大秦の條の注には幸ひに拂菻國に關するこの書の記載が利用せられてゐる。これは慧超傳に次いで拂菻國のことを詳述した記錄で、その年代の明かなことと記事の正確なる點に於いて、頗る貴重なものである。

拂菻國有（在）苦（苫）國西。隔山數千里。亦曰大秦。其人顏色紅白。男子悉着素衣、婦人皆服珠錦。好飲酒、尙乾餠。多淫巧、善織絡。或有俘在諸國、守死不改鄉風。琉璃妙者天下莫比。王城方八十里、四面境土各數十（千）里。勝兵約有百萬、常與大食相禦。西枕西海、南枕南海、北接可薩突厥。

この記事は太平寰宇記一八四諸蕃志上文獻通考三三九通志一九六にも引用せられ、文字に僅かな異同がある。Hirth 氏は始め諸蕃志・文獻通考の記事を飜譯してこの拂菻國を Syria に擬し(China and the Roman Orient, p. 83, 91 etc.)、その後 Rockhill と共著で諸蕃志の英譯を出した際、通典を見て愈〻その信念を固くした(Chau Ju-kua, p. 108–110)。Hirth 氏は拂菻を以てキリストの生地 Bethlehem の音譯となし、その境域を Syria に限る論者であるから、相當な無理を犯しても、拂菻と言へば必ずこれを Syria に結びつけようとする傾きがあるが、しかし既に拂菻が Bethlehem の音譯ではなく、東羅馬帝國を呼ぶ Frōm の對音であり、慧超傳には Hirth 氏も認めた如く

Constantinople を大拂臨と稱してゐることが知られた今日に於いては、經行記の拂菻が Syria であるか、但しは Constantinople であるかは全く新規な立場から考察を下さなければならぬ。

Hirth 氏は先づ諸蕃志に引かれた經行記に「拂菻○國在苫國西」とあるのを

The country of Fu-lin is in the west of the Chan (苫) country.

と正しく譯出し、苫は Sham or ash-Shām の對音で Syria を指し、狹い意味では Damascus を言ふのであるが、こゝに言ふ西は北でも西北でもなく正西を意味してゐるとて、拂菻國は Syria（又は Damascus）の西部であると解した。そして同じ文章を通典に引かれた經行記には「拂菻國有苫國西、隔山數千里」とあるのに注意し、これを

In the country of Fu-lin there is the country of Chan (Sham); in the west screened off by (a range of) mountains several thousand li (in length).

と譯し、通典の引用文こそ經行記の原文であると考へ、これによると拂菻國は Syria に含まれてゐたものの如くであると論じてゐる。經行記は宋史藝文志を始め宋代の書錄に見當らないから、宋代には旣に佚してゐたらしい。そして太平寰宇記・通志・文獻通考等に引かれてゐる經行記の文は、悉く通典の引用文の中に見えるのであつて、通典に引く經行記が杜環の原文に最も近いことは事實である。しかし通行本の通典には誤字が少くなく、それらは却つて後出の書物の引用文によつて訂正せられる場合が少くない。右の如きもその一例であつて、拂菻國に苫國が有つたとするのは誤で、拂菻國は苫國の西に在つたとすべきものである。通行本の通典には苫を苫に作つてゐるが、諸蕃志には正しく苫に作つてゐる。苫は Hirth 氏の言ふ通り Sham

の對音で Syria を指すのであるが、もし氏の解釋の如く拂菻國に苫國が有つたものであるとすれば、右の經行記の文章は拂菻國の說明ではなく、苫國の記事に成つてしまう。しかるに經行記には別に苫國に就いては次の如き專傳があるのであるから、杜環の書には拂菻國と苫國とは劃然と區別せられてゐたと見なければならぬ。さて通典一九三大食の條に引かれた經行記には次の如くある。

苫國在大食西界。周廻數千里。造屋兼瓦、壘石爲壁。米穀殊賤。有大川、東流入亞俱羅。商客糴此糶彼、往來相繼。人多魁梧。衣裳寛大、有似儒服。其苫國有五節度。有兵馬一萬以上。北接可薩突厥。

この中、杜環が苫國に五節度が有ると言つてゐるのは、よく苫國の境域を物語つてゐる。卽ち、Omayyad 朝が Sham の地方を領有すると、その民政の實務はこれを土民に委ね、自らはこれを總轄しその貢賦を受けるのみであつたが (Wellhausen, Das arabische Reich und sein Sturz, Berlin, 1902, p. 20)、軍權はこれを一手に掌握してこの地方を五軍管區 (djund) に分けて支配した。北から數へて Kinnasrin, Hims (Emesa), Damascus, al-Urdun (Jordania), Palestine がそれである。經行記の五節度は明かにこれら五軍管區の長官を指したものであるから、經行記の苫國は西は地中海の西海岸から東は Euphrates 河域に至り、北は Syria の北端から南は Palestina に至る地域を指したもので、中世アラビヤの地理學者の所謂 Sham の地方に全く一致するものであり、それは同時に唐代の初期に拂菻と稱せられた地域に他ならない。但し苫國は北の方可薩突厥に接するとあり、可薩突厥は當時 Caucasus 山脈によつてサラセン帝國と境を接してゐた Khazar に他ならないことを考へると、Caucasus 山脈と Syria との間にある Armenia の山地も杜環は苫國の中に入れてゐたのであらう。從つて拂菻が苫より格段に廣い地域を指すものであつたとすれば、拂菻國の中に苫國があつたとして別段差支へないけれども、その領域が一致してゐるとすれば、拂菻國の中に苫國があるとは言へないのである。殊にこの苫國の記事と拂菻國の記事とを比較すれば、拂菻國は四面の境土各〻數千里、勝兵百萬を擁する大國であるのに反し、苫國は周廻數千里、兵力は各節度使が一萬餘を有するとしても合計數萬を出でないもので、拂菻とは比較にならぬ小國である。この小國苫の中に大國拂菻が含まれてゐたとは考へられない。

次に Hirth 氏は拂菻國が常に大食と相禦いでゐるといふ記事を以て、Omayyad 朝の末期新興の Abbās 朝に對して Syria 人が叛亂を企てた事實を指してゐると苦しい解釋を施してゐるが、これは東羅馬帝國とサラセン帝國との爭戰を言つたものとして極めて自然に解釋出來る。サラセン軍が Constantinople に大攻擊を加へたのは、Muāwiya の時六六二年と六七二年の二回、Suleiman の時七一七年と七一八年の二回であるが、何れも完全な成功を見るに至らず、殊に七一八年の攻擊はサラセン海軍の全滅に終つたために、以後サラセンは東羅馬攻略を斷念するに至り、東羅馬も亦國內的な事情のためにサラセンに反擊することが出來なかつた。Hirth 氏はかゝる事實に基いて、杜環が大食に至つた頃には東羅馬との間に爭戰はなかつたから、この記事は東羅馬と大食との關係を述べたものとは見られないと論じてゐる。しかしこれは强辯に過ぎた議論で、杜環は大食がその國初以來東羅馬帝國と爭つてゐる事實を述べたものとして何等差支へはない。アラビヤ人が新附の領土を支配するに當つては、强力な軍權を樹立して新附の民を仰へるが、その直接管理する所は財政のみで、他は土民にこれを委ねてゐた。勿論、時代が下ると共に、アラビヤ人の支配權は逐次强化せられ擴大せられて行くが、少くともその初期に於いては左樣であつて、Omayyad 朝治下の Syria にも相當の自由と多くの特權とが與へられてゐた。しかし決して大食とは獨立の國であつたのではなく、大食の西部に在つて、その將領の嚴重なる管理を受けてゐたのである。經行記に「苫國在大食西界。(中略)有五節度」とあるのは、よくこの間の消息を物語つてゐる。拂菻國がもし苫國であるとすれば、かゝる事情をよく了解してゐた杜環が、Syria 人の叛亂を叙して拂菻が常に大食と相禦ぐと言ふであらうか。Omayyad 朝の沒落に際し Syria の人々が國土回復を目的として蹶起し、Abbās 朝に對抗したことは如何にも事實であり、七五九年から七六〇年に至る間に重稅に堪へかねた Lebanon 地方のキリスト敎徒の叛亂があつたこともよく知られてゐるが、Syria 地方に常に叛亂があつたわけではない。Hirth 氏の解釋は餘りにも不自然であらう。更に氏は「或有俘在諸國、守死不改鄉風」とあるのを解釋して、これは五四〇年ササン朝の Khusrō 二世が東羅馬と戰つて Antiochia を攻陷し、そのキリスト敎徒を國都 Ctesiphon に移し、これら俘虜の子孫が時として行はれた彈壓迫害に屈せず、よくキリスト敎の信仰を維持したことを言つたもので、杜環が大食に來つた翌年(七五二年)にも有名な殉敎事件が起つたと述べ、拂菻國はこの點から見ても Syria 方面に求むべきであると論じてゐる。成程 Khusrō 二世の時多數の Syria の人士が Antiochia から捕虜としてペルシヤにつれて來られたのは事實に相違ないが、Mesopotamia 地方に居たキリスト敎徒の悉くがこの時の俘虜の子孫ではあり得ない。サラセンと東羅馬帝國との爭戰に於いても、多數の捕虜がつれて來られた筈で、その中には Syria の人のみではなく、遠く東羅馬の本國から來た者も多數あつたに相違ない。Khusrō 二世は首府 Ctesiphon の近くに Antiochia と寸分異らない都市を建設して、Antiochia からの俘虜を收容したと言はれてゐるが (Nöldeke, Geschichte der Perser u. Araber, p. 165, 329; Christensen, L'Iran sous les Sassanides, p. 381)、杜環は俘として諸國に在るものに就いて述べてゐるのであるから、それは一地方に置かれた捕虜ではない筈である。要するに、拂菻國の捕虜は必ずしもSyria地方の人々と限らるべきものではないが、死を賭しても鄕風を守るといふのが、迫害に抗してキリスト敎の信仰を棄てない意であることは、誤らぬ解釋であらう。又、氏は拂菻國が「織絡に善く（中略）琉璃の妙なる者は天下に比がない」とあるのは、Syriaの諸地方に工藝の發達してゐる事實と合致すると言つてゐる。Damascus, Tyr, Antiochia, Alexandria等Syria, Egyptの諸都市が古來絹織物の名産地であり、美しい硝子器の製造地であつたことは、紛れもない事實であつて（O. von Falke, Kunstgeschichte der Seidenweberei, 3. Auf., Berlin, 1936, p. 2-3, 11; A. Kisa, Das Glas im Altertum, Leip., 1908, 1, p. 96-100其の他）、魏略の西戎傳にも多くの織物と硝子製品とを大秦の特産として紹介してゐる。しかし紀元三三〇年Constantinus帝がByzantiumに奠都してからは、この新都には東西の各地から熟練工が集められ、帝室の保護と奬勵とによつて盛んに製作に從事し、各〻その技工の精巧を競つたのである。殊にJustinianus帝の時にはSerindia (Khotan)から桑の種子がConstantinopleに齎され、養蠶の秘訣が知られるに至つたといふ傳說すらある程で、十三世紀の初頭十字軍にこの都が占領せられるまで、君府の絹織物は世界に珍重せられ、今日なほその遺品の多くが殘存して人々に嘆賞せられてゐる程である（G. Migeon, Les arts du Tissu, Paris, 1909, p. 18; Yule-Cordier, Cathay², 1, p. 203-205）。又、硝子製品の中でも、その精巧・華麗なる點に於いて、Constantinople製のMosaik Glasは文字通り天下にその比を見ないものであつた（A. Kisa, op. cit. II, p. 376; Wallace-Dunlop, Glass in the Old World, Lond. n. d., p. 91; Feldhaus, Die Technik d. Vorzeit, Leip. u. Berl., 1914, 455）。されば右の記事は拂菻國をConstantinopleを中心とする東羅帝國を指したものとする證據にもなり得るものである。

先づかやうに Hirth 氏の見解を批判して來ると、氏が經行記の拂菻國を Syria に擬定する根據は頗る薄弱なことが知られるであらう。そして氏の擧げた證據は寧ろこの拂菻國の東羅馬帝國なるを思はしめるものである。先づ經行記には拂菻國の位置を示して、「拂菻國在苫國西。隔山數千里」とある。しかし苫國の正西は地中海であるから、この西は西北の意であらう。又前に記した如く杜環が Armenia をも苫國の中に入れてゐたとすれば、苫國の西は小亞細亞の半島に他ならない。それは何れにしても、苫國の西又は西北で小亞細亞の山地を隔てること數千里の地と言へば、Constantinople より他にない筈である。經行記に拂菻國人の顏色が紅白であることを特に記してゐるのはそれが白皙人種の國に他ならぬことを示すものである。もしこの拂菻國が Syria を指したものとすれば、その住民は白皙人と多數の Semitic 人種との混合である筈であるから、その全體を以て「其人紅白」とは言ひ難い道理である。因みに例の商人 Sulaymân の旅行記に附せられた Abū Zayd Ḥasan の九一六年頃の補記と稱せられるものに東羅馬皇帝 (le roi de Rum) を「美しい人々の王」(le roi des beaux hommes) と呼び、かく呼ぶのは「地上にビザンチンの人々ほど立派で、美しい容貌をしてゐる國民はないからである」と言ひ (G. Ferrand, Voyage du Marchand arabe Sulaymân, etc., Les classique de l'orient, Vol. VII, Paris, 1922, p. 87)、Mas'ūdī の「黃金の牧場」にもこれと同樣の記事を掲げて「東羅馬皇帝 (le roi de Roum) を我々は fantassins（步兵）の王としてゐるが、これはその國民ほど端正にして容貌の美しいものはないからである」と述べてゐるのを想起せしめる (C. B. de Meynard et P. de Courteille, Les Pairies d'or. 1, p. 315)。この步兵に當る原語は Sulaymân の本文に於けると同じく rijal (rajul or rajil の複數) とあつて、これは步兵といふ意味 (Lane, An Arabic-English Lexicon, 1, 3, p. 1048) の他に、男子 (Salmoné, An Arabic-English

Dictionary, 1, p. 267-268)、特に「知識及び同情心に於いて優れたる男子」(Dozy, Supplément aux dictionnaires arabes, I, 2, p. 514) を意味する。從つて、この場合に於いても、步兵といふよりは、「秀れた男子」と解した方がよいであらう (cf. P. Pelliot, La théorie des quatre fils de Ciel, T. P. 1923, p. 118 note 1)。

次に回教では飲酒は禁止せられて居り (Koran, II. 216, V. 92, 93, XLVI. 16)、經行記にも大食の風俗を傳へて「斷飲酒」と言つてゐる。されば、飲酒を好んだ拂菻人は、決して回教徒ではなかつた筈である。Hirth 氏はこれは Syria の非回教徒に就いて言つてゐるのだと言つてゐるが (Chau Ju-kua, p. 109)、Syria に散在する非回教徒は一所に團結して國を成してゐたのではないから、これら非回教徒を抽出して拂菻國と言つたとするのは無理であるが、これを東羅馬の風俗を指したものと解すれば何の問題も起らない。經行記によると拂菻國の王城は方八十里、その境土は四方各〃數十里であるといふ。方八十里は Tudela の Benjamin に Constantinople は周十八哩(即約九十里)とあるのに大體一致する (Yule-Cordier, Cathay², 1, p. 46 note)。又「四面境土各數千里」は太平寰宇記・通志・文獻通考によつて數千里の誤であることが知られるが、既に述べた如く、これは東羅馬帝國に就いて言へても、苫國の如き狹少な地域に對しては當て塡らない。「兵約有百萬」も同樣である。「常與大食相禦」とあるのも拂菻國を東羅馬帝國と見て最も自然に解釋せられる。又、拂菻國が Syria だとすれば、杜環がこれとは別に苫國のことを記してゐる意味が判らない。唯〃拂菻國が北、可薩突厥に接するとあり、苫國も亦北可薩突厥に接するとあるのは、この拂菻國を Syria に置く論者に有利な根據を與へるが如くに見られやう。前に記した如く、可薩突厥は西史の Khazār で、その名は早く五世紀の Moïse de Khorène の「アルメニヤ史」の中に見えてゐる (P. E. Le Vaillant de Florival, Moïse de Khorène, Venise,

1841, p. 303, 305)。その發祥地は詳かでないが、その遠祖は Bulgar の祖先と兄弟であつたといふ傳說があるから、恐らく初め Wolga の下流域方面に據つてゐたものと思はれるが、漸く發展して Caucasus 山脈にまでその勢力を伸長し、七前紀の前半には既にこの方面の大勢力となつた。そして東羅馬の Heraclius と聯合してサッサン朝を討ち、その滅亡に際しては Armenia の北半を併合して勇名を東西に轟した (D'Ohsson, Des peuples du Caucase, p. 46)。Caspi 海が彼等の名に因んで Khazār 海と呼ばれるのもこの頃のことである。この部族は當時の東西の記錄に Türk の一類の如く傳へられてゐるために、一時 Türk 種であると考へられたが、現今では Finn 種を主としこれに Türk 種の血液を混じた民族であらうといふことに成つてゐる。余輩の研究によると、隋代には拂菻の東にある國として恩屈・阿蘭・北褥九離・伏嗢昏の名が知られてゐた。恩屈は Ongur (Ogur, Ugur) で Wolga の下流域からその西方にかけて國をなし、阿蘭は西史の Alan で Caucasus 山脈の北邊に據り、北褥九離・伏嗢昏はそれ〳〵 Bashkir, Bulgar で、Ural, Kama, Wolga の灌域に居住してゐた。然るに唐代に入ると、これら諸國の名は沒して獨り可薩突厥のみがこの方面の强國として喧傳せられるに至つた。唐書西域傳の火尋 (Khwarizm) の條によると、火尋は「西北突厥曷薩に抵る」とあるから、その勢力は東は Khiva の西北方 Aral 海と Caspi 海の中間地方にまで及び、隋代の伏嗢昏・北褥九離等は悉くその傘下に包容せられてしまつた趣に見える。しかしこれは Ural, Wolga 兩河の水域地方に對する唐人の知識が缺如し、僅かに可薩突厥の存在のみを知つてゐたことに基くのか、又は實際に可薩がそれほど優勢であつたためか、詳細は明かでないが、恐らくは前の事情によるものではなからうか。隋代にこの地方の狀況が知られたのは、余輩の所謂毛皮街道を直接往來して Ural, Kama, Wolga 方面から毛皮を仕入れた商人等の報告に基いたのであるが、唐代には主として康國の商人等が仲繼販賣を行つて實際毛皮の原產地には赴かず、自らこの地方の狀況も唐土に傳へられる機會がなかつたのであらう。さてそれは何れにしても、Khazār は當時 Byzantium 帝國の同盟國として、新興サラセンの敵國として、Caucasus 北方の大勢力であつたことは疑ひない。この國は八世紀の後半卽ち杜環が大食に在る頃その最盛時代に達し、その境域は西は Karpat 山脈から Dnieper 河の上流域に至り、東は Wolga の下流域から北は Russia の中心なる Aka 河に及び、南は Caucasus に接してゐた(Saint-Martin, Sur les Khazars, Nouveles Années, 1851, p. 153–154)。卽ち Khazār の領域は東方に於いては Caucasus, Armenia を隔てて Syria に連り、西は黑海を隔てて小亞細亞に接してゐたのである。杜環が苫國及び拂菻國が北方可薩突厥に接してゐると記したのはこれを言つたのであらう。唯〻彼が黑海の存在を知らなかつたのは不思議であるが、何れにしても Wolga 以西の狀況は唐代には殆んど知られてゐなかつたのである。經行記によると拂菻國の西界は西海に枕し、南界は南海に枕すると言ふ。この南海が地中海なことは甚だ明瞭であるが、この頃東羅馬帝國の領域は西はギリシャの半島からイタリア半島の南半に及んでゐたから、所謂西海が Marmora 海及び Aege 海を言ふのか、Ionia 海を指すのか、又は Tyrrhenia 海を意味するのか明かでない。しかし、既に裏海が杜環に知られてゐなかつたとすれば、この西海は Marmora 海及び Aege 海を總稱したもので、杜環は小亞細亞の半島が遙か西にまで延び、その西方には洋々たる大海があり、Constantinople もこの半島の西端にあると信じてゐたのではないであらうか。大食に十年間も滯在した彼が、東羅馬帝國の疆域に就いて、かゝる茫漠たる知識しか有してゐなかつたのは甚だ奇異に感ぜられるが、少くとも現存の經行記の佚文に基く限りではかやうに考へる他はないのである。要するに、余輩は Hirth 氏とは反對に經行記の拂菻國を Syria ではなく、Constantinople を首府とする東羅馬帝國と定めるものである。

往五天竺國傳と經行記とに見える拂菻國の性質は右の如きものであるが、これによつて唐初所謂 Roman Orient の地方を指してゐた拂菻は、開元・天寶の頃に至つて Constantinople を中心とする東羅馬帝國領をも指すやうになり、これを大拂臨又は單に拂菻といひ、これに對して Syria 地方を小拂臨又は苫 (Sham) と稱するに至つたことが知られる。往五天竺國傳は建中の末 (783 A. D.) から元和二年 (807 A. D.) 二月にかけて作られた同門慧琳の一切經音義 一〇〇 に法顯傳と共にその字句の解釋が揭げられ、敦煌からもその殘本が出土してゐるから、世に行はれてゐたに相違ないし、經行記は通典と共に一部の人々の歡迎を博したことと思はれるが、書物の流傳が後世ほど容易でなかつた唐代に於いて、右の如き區別が果して人々に徹底してゐたか否かは頗る疑はしい。開元・天寶以後の記錄に就いて見ても、拂菻は依然漠然と極西の大國として知られ、Syria 方面も從來通り拂菻と呼ばれてゐたやうである。例へば唐書 二二一下 西域傳に天寶六載 (747 A. D.) 高仙芝が小勃律 (Gilgit) を征討した結果、拂菻・大食以下七十二國が唐に歸服したと記してゐるが、この拂菻は唐の威力が西域に隅なく行亙つたことを誇張するために用ひられたものであつて、Constantinople とか Syria とかいふ特定の地域を指したものではない。又、段成式の西陽雜俎 前集十八 に拂菻國産の植物の名が少からず擧げられてゐるが、その多くが Syria, Armenia の言語によつて解釋せられるのは (Hirth, The Mystery of Fu-lin, J. A. O. S., XXX, 1910, p. 19-24; B. Laufer, Sino-Iranica)、この書の編纂せられた咸通の初年 (860 A. D.) 前後 (cf. P. Pelliot, L'auteur d'une traduction sanscrite de Tao-tö-king, T. P., 1912, p. 375 note) に Syria 地方が依然として拂菻と稱せられてゐた一證であらう。從つて開元・天寳以前の拂菻は專ら Roman Orient を稱したものであり、それ以後の拂菻は必ず Constantinople を指すと斷定し難いことは勿論、Constantinople のことが唐土に傳へられたのも慧超以前にあつたかも知れない。そこで唐代の記錄に拂菻國とあつても、それが果して何處を指してゐるかは、その記事の内容を十分に批判檢討した上でなければ決定し得ないのである。

十　唐代の拂菻國（中）

唐代の拂菻國に關する史料として最も纒つたものは、唐會要及び兩唐書の拂菻傳である。この中、兩唐書の拂菻傳に就いては、明治三十七年に發表した「大秦國及び拂菻國に就いて」と題する論文に於いて、これを Syria に比定する Hirth 氏の說に反對して、Constantinople を中心とする小亞細亞以西の東羅馬領と見るべきことを强調したのであるが、旣に唐代の拂菻國は時期によつて必ずしもその指す所を同じくしない事實が明かになつた今日に於いては、それが果して何れの地方を指したものであるかは、更めて嚴密に吟味する必要がある。

先づこれら三書の中、新唐書が舊唐書を基礎としてこれに通典の大秦傳、通典の注に引かれた經行記、魏略・魏書（北史）等の大秦傳の記事の一部を加へて編纂せられてゐることは一見して明かな所である。尤も唐書に拂菻國が「去京師四萬里」とあるのが、他の何れの記錄にも見えぬ所から、これを以て唐書の編者の新に得た知識であると考へる人があるかも知れぬが、これは北史や魏書の大秦傳に「去代三萬九千四百里」とあるのに本いたものに相違なく、決して唐代實際の計算によつて得られた數字ではないのである。從つて唐書の拂菻傳はその内容に於いて最も豐富であるけれども、系統を異にする幾つかの記錄を集成したため、往々に混雜を來し矛盾を生じてゐる。例へば、この傳に拂菻國が「在苫西、北直突厥可薩部」とあるのは、經行記の記事を採つたものであり、「東南接波斯」といふのは舊唐書に基いたのであるが、もし拂菻國が苫卽ち Syria の西（北）にあるのならば、波斯と直接してゐるのは苫であつて拂菻ではない筈である。元來、舊唐書のこの記事は隋書や西域記等に據つたものと思しく、實は Syria のことを指してゐるのであつて、新唐書は Constantinople を指す拂菻と Syria を指す拂菻とを混淆してしまつたために、かゝる矛盾を來すことに成つたのである。かやうな次第であるから、唐書の拂菻傳は特別の必要のない限り、批判の對照とすることを避けたいと思ふ。

次に唐會要の記事は要するに舊唐書の拂菻傳を簡單にしたものに過ぎない。但しこれは唐會要が直接舊唐書を刪節したことを物語るのではなく、恐らく兩者が他の同一の史料に基いたことを示すものであらう。それは開元七年の拂菻國の朝貢に就いて、舊唐書には

開元七年正月、其主遣吐火羅大首領、獻獅子羚羊各二。不數月、又遣大德僧來朝貢。

とあるのに、唐會要には

開元十年正月、遣吐火羅大首領、獻獅子二羚羊二。四月、又遣大德僧來朝。

とあつて、前者に「不數月」とあるのを「四月」と明記してゐることによつても知られる。但しこゝに開元十年とあるのは、開元七年の誤であらう。唐書・冊府元龜九七一及び太平御覽九七五に引く〔舊〕唐書拂菻傳には等しく七年に作つてゐる。唐會要の外國傳が舊唐書とは獨立の記事であることを示す例は、大食傳にも

見られる。即ち舊唐書に大食建國の始末に關する所傳二つを掲げ、後者を單に「一日」としてゐるのに、會要はこれを「又案賈耽四夷述云」と記し、その出典を明かにしてゐる。元來、舊唐書は五代の晉の開運二年(945 A. D.)に撰成せられたのであるが、趙翼の研究(二十二史劄記十六・陔餘叢考十)や四庫全書總目提要四六の説によると、その前半は唐の國史・實錄に本き、それらの根本史料を缺いた後半は種々雜多な記述を集成したものの如くである。唐代には高祖から第十五代の武宗(841-846 A. D.)に至る歷朝の實錄が編纂せられ、第十六代の宣宗から二十代の昭宣帝（哀帝）に至る五代の實錄は、宋代に入つてから宋敏求が補ひ、國史は武德・貞觀の兩朝國史以下、韋述・吳兢・于休烈・柳芳・張說・令狐峘等の撰述にかゝるものがあつたが、それらは何れも玄宗朝又はその次に立つた第七代肅宗(756-761 A. D.)に終つてゐて、これ以後に就いては國史の編せられたことはなかつた(玉海四八・四六、郡齋讀書志六、直齋書錄解題四、四庫提要四六等)。郡齋讀書志五には、舊唐書が主として韋述の著作を參考して成つたと言つてゐるが、韋述の書はその死後柳芳が完成して、高祖から肅宗の乾元年間までの史實を記したものであるから、舊唐書全體がこれに基いて作られた筈はないのである。それは何れにしても、舊唐書は前出の國史・實錄等にその材料の多くを仰いでゐるのである。一方現行の唐會要は宋の建隆二年(961 A. D.)に王溥の上進したもので、舊唐書に遲れること十六年にして完成したのであるが、この書は德宗の貞元十九年(803 A. D.)蘇弁の撰した會要及び宣宗の大中七年(853 A. D.)崔鉉等の著したその續編を底本として、それ以後の事實を增補したものであるから(唐會要三六、書錄解題十四、郡齋讀書志十四等)、宣宗以前の記事の多くは蘇弁・崔鉉の書に依つたものと思はれるが、この書の性質から考へて、その材料の多くは國史・實錄乃至はその根本資料となつた官府の記錄から採られたのに相違ない。要するに、兩書の拂菻傳の如きも、かうした前出の諸資料の中にその共通の源があるのであらう。それが果して何であつたか、遺憾ながら明言は出來ないけれども、とにかく唐會要の拂菻傳が舊唐書の拂菻傳と全くその系統を等しくし、且舊唐書より遙かに簡略にせられたものに他ならないことは明かであるから、以後特に必要のない限り、舊唐書の記事を中心に研究を進めて行きたいと思ふ。

さて、舊唐書の拂菻傳が、魏略を始め、歷代正史の大秦傳から拔萃せられた記事に、唐代に得られた拂菻國に關する新しい知識を附加して篇を成してゐることは、「大秦國及び拂菻國に就いて」に於いて詳かに指摘した所である。唐代に入つて新たに得られた拂菻國に關する新事實とは、第一にこの國の位置、首府の情況、その國の政治・風俗に關する記事であり、第二は貞觀十七年から開元七年に至る朝貢記事である。そこで先づ考察すべきことは、かゝる新事實が果して何時唐土に傳へられたかといふことである。それには第一に舊唐書拂菻傳の祖本が何時頃成立したかを決定しなければならぬが、余輩は先づこの傳の劈頭に「拂菻國一名大秦」と書き出してあることによつて、この傳が天寶四載以後に成つたものと定めるものである。

既に記した如く、景敎の本地が大秦であることが公式に認められ、それまで波斯等と稱してゐた景敎寺院を大秦寺と改名せしめたのは天寶四載（745 A. D.）のことである。元來、唐に景敎を傳へたのは波斯在住の景敎僧で、貞觀九年（635 A. D.）來朝した阿羅本は始め波斯僧と稱せられ（唐會要四九）、開元二十年入朝した大德及烈も波斯王の遣す所であつた。景敎寺院が波斯寺と呼ばれ、景敎が波斯敎と名づけられたのは全くこれがためである。しかし景敎徒自身にとつては、波斯はその派遣せられた敎團の本地でこそあれ、敎の發祥地ではなく、景敎の本地として景仰してゐたのは、言ふまでもなく拂菻國であつた。例へば序聽迷詩所〇經にはキリストの生誕地を拂菻園〇の烏梨師斂城とし、一神論には「一切拂林如今並禮拜世尊」と記してゐるが如きは、明かにこの間の消息を物語るものであらう。しかるに漸く唐土の文物に通じて來た景敎徒は、Palestina の方面が古來西極の理想郷として、歴代の史策にその記載を絶たなかつた大秦國に他ならぬことを悟り、景敎の本地が古くから支那と關係の淺からぬ西方の樂土である事實を强調して、布敎の效果を一層大ならしめんとした。そしてこの主張が朝廷の認むる所となつて、天寶四載の改名となつたのに相違あるまい。かやうに考察すると、天寶四載の改稱は單に波斯寺を大秦寺と改めたばかりでなく、同時に拂林をも正式に古の大秦國に比定することを認めたものでなければならない。勿論、景敎徒自身の間に於いては、かゝる比定はこれ以前から行はれてゐたのであらう。かくて景敎碑にキリストが Nazareh に生れたことを記して、「室女降誕聖於大秦」と言ひ、大秦景敎宣元本經に「時景通法王在大秦國那薩羅 (Nazareh) 城」と述べてゐる如く、本來ならば當然拂林國とあるべき所を、何れも大秦國と書き改めるに至つたのである。嘗て Hirth 氏は拂菻國を大秦國に比定することは、阿羅本が始めて景敎を傳へた頃、その派の僧侶の行つた所で、大秦は拂菻即ちキリストの生地 Bethlehem を稱する支那名であると論じ (China and the Roman Orient, p. 286-289) Herrmann 氏はこれに反對して、拂菻を大秦と定めたのは經行記が最初であると述べてゐる (Die Westländer in der chinesischen Kartographie, Hedins Southern Tibet, VIII, p. 260-261; Ta-ch'in oder das China des Fernen Westens, Monumenta Serica, V, p. 262-263, 265)。この中、Hirth 氏の説は根據のない想像に過ぎないけれども、Herrmann 氏の説く所も亦正鵠を得たものとは思へない。成る程、拂菻の一名を大秦と記したのは、現存の文獻に徴する限り、杜環の經行記が最初であるけれども、彼の所謂拂菻は小亞細亞及びそれ以西の東羅馬帝國を指したもので、それ以前の拂菻が主として Syria, Palestina 方面を指してゐるのとは異つてゐる。これは恐らく杜環自らが歴代の史書を按じて東羅馬を大秦であると考定した結果ではなく、拂菻とし言へば大秦であると考へられるやうに成つてゐた時代に歸朝したために、世上の所謂拂菻と自分の所謂拂菻とが相違してゐることを無視して、これを大秦とも呼ぶと記したのであらう。從つて拂菻卽大秦の論は決して杜環から始つたのではなく、彼の歸朝に先立つ十三年の天寶四載に既に行はれてゐたと見るべきである。

以上の推論が幸に正しいとすれば、舊唐書の拂菻傳が今見られるが如き形を整へたのは、少くとも天寶四載以後のことと考へられるが、この傳の中には、その成立年代の下限を積極的に決定すべき記事を發見することは出來ない。舊唐書の拂菻傳に杜環の經行記や慧超の往五天竺國傳が參照せられた形迹は少しも見られないけれども、それは適、この拂菻傳がこれら二書と系統を異にすることを示すだけであつて、これによつて舊唐書の拂菻傳が慧超・杜環以前に成つたと斷定することは許されない。又、この傳には羊羔に就いて通典と略、同樣の記事を揭げてゐるが、これは兩者が共に宋膺の異物志又は後魏書等から採錄したものと看做すべきであつて、舊唐書が通典に據つたと見るべきではなからう。たゞ拂菻國と最も密接な關係のあつた景敎が唐に流入し發達した始末を記してゐる景敎碑が、少しも參照せられてゐない事實は、この拂菻傳が建中二年（781 A. D.）卽ち景敎碑の建立せられた年以前に成つたことを示すものと見てよからう。この景敎碑が元來何處に建設せられたか、多少の異論もあるやうであるが、その長安の義寧坊の大秦寺の境內であつたことは、桑原博士の論證によつて疑ひない所である（「東洋史說苑」二八八—二九一頁）。Pelliot氏はこの碑を景敎僧伊斯の頌德表であると言つてゐるが（T. P., xv, p. 625）、全文を熟讀玩索すると、やはりその標題に示す通り中國に景敎の流行してゐる有樣を謳歌したものであつて、文末に詳しく伊斯の功德を記して、「清節達娑、未聞斯美、白衣景士、今見其人、願刻洪碑、以揚休烈」とあるのは、たま〳〵この人が當時在留の景敎僧として世俗的な方面に於いても、又僧侶の仲間に在つても最も人望のあつた、代表的な人物であり、且つ「大施主」と記されてゐるのによつて知られる如く、この碑の建立資金の寄進者であつたからであらう。碑文には伊斯の德行功業を色々に褒めてゐるけれども、要するにそれはこの人の行爲に託して、景敎そのものの德を謳歌するのが根本の精神に他ならない。碑文には本文の次に「詞曰」として四言の頌が掲げられてゐるが、それは景敎と唐天子との德を讚仰することに終止してゐて、特に伊斯に就いて述べた所はない。この事によつてもこの碑が伊斯の頌德碑でないことが明かである。この碑文には、前に述べた如く、景敎の本地である大秦國即ち拂菻國の狀況が、頗る理想化せられて抽象的に述べられてゐるが、拂菻傳は少しもこれを參照した形迹がない。この碑は大秦寺に建てられて多くの人々に知られてゐたに相違ないし、景敎の本質を說明し、その支那に於ける歷史を詳述してゐる點に於いて、恐らく一般識者の間に大いに重んぜられてゐたことと想像せられる。從つても し拂菻傳がこの碑文より後に撰述せられたものとすれば、何を措いても先づこれを參照し、拂菻の狀況とその唐との文化的交涉に就いて記す所がなければならぬ筈である。然るに全くかゝる事の無いのは、拂菻傳が景敎碑以前に作られてゐた何よりの證據と言へないであらうか。以上の考察が誤ないとすれば、舊唐書の拂菻傳の祖本は天寶四載 (745 A. D.) 以後、建中二年 (781 A. D.) 以前に成立したわけである。當時專ら拂菻と稱せられてゐたのは、Constantinople を中心とする東羅馬領であるが、前章の末に述べた如く、Syria 地方も依然として拂菻とも呼ばれてゐたと思はれるから、舊唐書の拂菻傳が天寶四年以後の制作にかゝるとしても、それによつて直ちにこれを Constantinople に比定することは許されない。然らばそれは何處であらうか。

これ余輩が本章に於いて決定しようと思ふ問題である。因みに近年 J. J. Hess, O. Franke, H. H. Schaeder の諸氏は、大秦をアラビア語で Ctesiphon を指す Taisefūn の音譯と看做し、唐代大秦國卽ち拂菻國をもこゝに求めようと試みてゐる (T. P., Vol. xxii, 1923, p. 119 n. 1: Franke, Geschichte des chinesischen Reiches, iii, p. 209-210: A. Herrmann, Ta-ch'in oder das China des Fernen Westens, Monumenta Serica, v, p. 215)。余輩は不幸にしてこれら諸氏の所說の詳細を知るを得ないけれども、唐代の大秦國は屢々記した如く、景教の流行に伴つて復活した特殊の國であつて、これを Ctesiphon に擬することは出來ないのみならず、唐代以前の大秦國もかゝる地方を指したものでないことは、更めて說くを要しない。何れにしても、かゝる提說には一顧の價値をも認めることは出來ないから、今はこれを考察の範圍から除外するものである。

さて舊唐書拂菻傳には、先づ拂菻國の位置を示して次の如く述べてゐる。

　拂菻國一名大秦。在西海之上。東南與波斯接。

この中、拂菻國が「西海の上に在る」といふのは、この國が地中海の沿域に在ることを示したもので、唐代の知識として何等碍げない。魏略には、大秦國の位置を記して、

　大秦國一名犂靬。在安息・條支西、大海之西。（中略）其國在海西。故俗謂之海西。（中略）其國西、又有大海。

とあるが、舊唐書は必ずしもこれによつて文を成したのではあるまい。しかし、何れにしても、これだけでは拂菻の位置は明瞭に知られないが、この國がその東南に於いて波斯に接してゐたとあるのは、明かに舊唐書の拂菻國が Syria であることを示してゐる。この記事は隋書[三八]波斯傳に

　波斯國（中略）西北去拂菻四千五百里。

とあり、西域記十一に

波剌斯國（中略）西北接拂懍國。

とあるのに相應ずるものであつて、これらは何れもSyriaを指したものである。尤も、舊唐書が隋書の如く四千五百里といふ數字を特に擧げてゐないこと、及び舊唐書の波斯傳に

波斯國（中略）北鄰突厥之可薩部、西北拒拂菻、正西及南、倶臨大海。

と記して、波斯がその西境に於いて大海卽ち地中海に臨み、Syriaは波斯の領域の中に含まれてゐるが如く書いてゐることは、波斯の西北にある拂菻國が小亞細亞であつてSyriaでないといふ疑問を懷かしめるものである。しかし、この記載の誤つてゐることは、隋代から唐の永徽二年（651 A. D.）その滅亡の年に至るまで、波斯の領土が絶えて地中海沿岸にまで擴張せられた事實の無いのによつて知られる所であつて、隋書の波斯傳には、明かに、

波斯國（中略）西去海數百里。

と記してゐるのである。この方面の地理に暗い舊唐書波斯傳の編者は、恐らく波斯がその西北に於いて拂菻に接してゐるといふのを文字通りに解釋し、波斯の正西にはこれに接する國を見出すことが出來なかつたので、遂に隋書波斯傳の記事を書き更めて、波斯はその正西に於いて地中海に臨むと述べたのであらう。舊唐書の拂菻傳に拂菻國と波斯との距離を擧げなかつたのは、特別な意味を有するのではなく、單に書き脱しただけのことであつたと考へられる。

舊唐書の拂菻國がSyriaであらうと考へられる證據は他にも求められる。それはこの書の拂菻傳に貞觀十

七年 (643 A. D.) 拂菻王波多力の入貢に續けて、拂菻が大食に降服臣屬した事實を敍した次の記事である。

自大食强盛、漸陵諸國。乃遣大將軍摩栧伐其都城。因約爲和好、請每歲輸之金帛、遂臣屬大食焉。

Hirth 氏はこの大將軍摩栧を Omayyad 朝第一代の Caliph Muâwiya となし、右の征伐は貞觀十七年と乾封二年 (667 A. D.) の朝貢記事の間に書き記されてゐるから、乾封二年以前の事件であるに相違なく、それは恐らく貞觀十七年 (643 A. D.) の入貢使の語つた所であらうから、摩栧が拂菻國の都城を攻擊したのは、實は六四三年以前にあつたのであらう。アラビヤ軍の Constantinople 攻擊は六六八年に始り、六七五年まで續いたが、Constantinople は征服を免かれ、租稅を支拂ふ如きことも無かつたのであるから、右の記事は Constantinople の攻擊を言つたものではない。これに反して、Antiochia がアラビヤ軍に包圍せられたのは六三八年で、「東方の女王」と稱せられた Antiochia は貢稅を支拂つて生命と信敎の自由とを得、サラセン帝國の一市と成つたのであるから、これは正に右の記事に吻合するとて、摩栧の攻略した拂菻の都城を Antiochia に擬した (China and the Roman Orient, p. 296-297; Do., The Mystery of Fu-lin, J. A, O. S., xxx, 1910, p, 16)。これに對して、Chavannes 氏はこゝに見える摩栧は Khalif たりし Muâwiya ではなく、その子 Yazid ben Muâwiya を指し、回曆四九、五〇、五二年 (669-672 A. D.) Yazid 指揮のもとに行はれた Constantinople 攻擊こそこれであると論じた (T. P., 1904, p. 38-39 note)。アラビヤ軍の Constantinople 攻擊の年代に就いては、東西の所傳が一樣でない。これを六六八年から六七五年までとする Hirth 氏の所說は、恐らく Gibbon に從つたものと思はれるが (The Decline and the Fall, etc., VI, p. 2, ed. Bury)、Gibbon は Elmacin, Abulfeda に據つたのである。Theophanus は六七二—三年に Muâwiya は攻擊の準備を調へ、六七三年から翌六七四年まで Constantinople

を包圍したと傳へ、Bury 氏はこれら諸種の所傳を研究して、東羅馬がサラセンと戰爭狀態に入つたのは、Constantinus 四世卽位（六六八年九月）の後間もない時で、六七〇—六七一年に於ける Phadalas の Cyzicus 占領に始まり、六七七年まで繼續したのであらうと述べてゐる (Ibid., note 1)。が、何れにしても、アラビヤ軍の Constantinople 攻擊は、六六八、九年乃至は六七二、三年に始められたものと思はれる。しかるに、Hirth 氏の言ふ如く、舊唐書には摩栧の拂菻攻略の記事を貞觀十七年 (643 A. D.) と乾封二年 (667 A. D.) の朝貢記事の間に置き、更に大食傳に同じ事實を述べて、

龍朔初、擊破波斯、又破拂菻、始有米麪之屬。又將兵南侵婆羅門、呑併諸胡。勝兵四十餘萬。

と記してゐるのは、龍朔の初年卽ち六六一年以前に既に拂菻が征服せられてゐたことを示すものである。因みに、冊府元龜一〇〇〇には、これを

大食國、以高宗龍朔中 (661-663 A. D.) 擊破波斯、又破拂菻、又南侵波羅門、呑併諸國。勝兵四十餘萬。

と記し、龍朔年中のことと記してゐるが、この中サラセン軍の波羅門卽ち印度侵入は七一一年に開始せられるのであるから (Cambridge History of India, III, p. 27)、これを龍朔中に含めて書いてゐるのは不正確の譏を免れない。六六一年は Muāwiya が第四代の Calif Ali を仆して Omayyad 朝を開いた年であつて、この年に繫けて舊唐書の編者がサラセン帝國の盛況を敍したのは決して偶然ではないが、拂菻の都城を攻略した摩栧が大將軍と稱せられてゐるのは、この征伐が Muāwiya の卽位以前に行はれた何よりの證據である。アラビヤ軍の Syria 攻略は六三三年 Mahomet 死去の翌年から始められ、六三四年からは Khālid b. al-Walīd が主力を率ゐて隨處に東羅馬軍を破つたが、六三六年八月に於ける Yarmuk 河畔の會戰は戰局の大勢を決し、最

後まで頑強に抵抗した Jerusalem, Caesarea の二市がそれぐ\ 六三八年、六四〇年に陥落するに及んで、Syria はアラビヤ軍に完全に占領せらるるに至つた。これより先 Khalid に政治的外交的手腕の缺けてゐるのを憂へた Media 當局は、Yarmuk 河畔の戰の直前に Abū Ubaida を派遣してこれを助けしめ、Calif Omar の代理人として Syria 全土の統率に任ぜしめたのである。しかるに六三九年疫病の大流行によつて Abū Ubaida が卒すると、Yazid b. Abi Sufyān が之に代つたが、Yazid も亦間もなく、この疫癘に仆れたため、その弟の Muāwiya ibn Abi Sufyān が Damascus の長官として Syria を支配することに成つた (Cambridge Medieval History, II, p. 329-346)。Yazid は六三三年以來 Syria 征討軍の先鋒として Palestina の平定したのを始めとして赫々たる武勲を立て、六三八年八月 Antiochia を攻略したも、この將軍に他ならなかつた (Lebeau et Saint-Martin, Histoire de Bas-Empire, XI, p. 260)。そして彼を襲いだその弟 Muāwiya は彼の副將として戰陣の間に活躍したと傳へられてゐるのであつて (Lebeau, Ibid, p. 262 note 2; Encyclopaedia of Islām under Sham and Muāwiya)、Abū Ubaid, Yazid の亡き後、推されて Syria の完全占領と統治とに任じたのを見ても、その勳功聲望の程を想見することが出來るであらう。

先づかやうに考察して來ると、舊唐書に傳へられた摩栧の拂菻の都城攻略の記事は、要するにサラセン軍による Syria 征服の事實を述べたもので、それが摩栧 (Muāwiya) によつて行はれたと記されてゐるのは、Muāwiya が實際にこの戰役に大功があつたばかりでなく、六三九年以來 Syria の支配者となり、その聲名が遠く極東の天地にも響いた結果でなければならない。サラセン軍の攻略を被つた Syria の諸都市は何れも貢税 (contributions) を呈上し、Syria の完全占領後は、サラセン當局はこれを始め四、後に五軍管區に別ち、各管區の長官はその軍權を掌握すると共に、地税・人頭税を徴集し、他は住民の自治に委ねたことは、既に前章に述べた如くである。これは拂菻の都城が和好を約し、「毎歳之に金帛を輸さんことを請ひ、遂に大食に臣屬した」とあるのに吻合する。Syria の平定は六四〇年に完成し、Muāwiya はその前年に Syria の長官に就任してゐるから、拂菻傳に見える拂菻の都城陷落の報知は、Hirth 氏が想像した如く、貞觀十七年 (643 A. D.) に入朝した拂菻王波多力の使節によつて齎されたものとして差支へなく、又、大食傳に記された波斯・拂菻攻略の事實は、永隆二年 (681 A. D.) 五月大食から派せられた第二回の朝貢使の語る所であつたと考へてよからう。永隆二年の朝貢は兩唐書には見えないが、冊府元龜 九七〇 に記されてゐる。この年の四月(陽暦) に Muāwiya は卒し、Yazid 一世が Omayyad 朝第二代の Calif と成つた。恐らくこの使節は新王の即位を傳へるためのもので、それと同時に西亞細亞に於ける新王朝の勢威を詳かに説明したのであらう。大食が波羅門を平定したことは、開元年間唐に知られたのに相違ないが、波斯・拂菻征服の記事に併せて書いてしまつたので、これ亦龍朔中に行はれたかの如く受取られるに至つたのである。それは何れにしても、舊唐書に見える拂菻の都城陷落の記事は、サラセン軍の Syria, Palestina 地方攻略を傳へたもので、決して Constantinople 攻撃を言つたものと解すべきではないのである。

しかしながら、これによつて所謂拂菻國の都城が Antiochia を專ら指したものか、Jerusalem, Caesaria 乃至は Damascus の何れかを指したものか、但しは唯漠然と拂菻國の中心地といふほどの意味に用ゐたものか、これは遽かに決定することは出來ない。殊に Damascus, Jerusalem の攻略は Khalid や Amr ibn al-Ās 等が直接その衝に當つたやうであるが、地中海沿岸の要地に位した Caesarea を、七年の抗戰を壓して陷落せしめ、Syria 完全征服の大業を成しとげたのは、職として Muāwiya の努力に由るものであるから、所謂拂菻の都城は寧ろ Caesarea に比定すべしと論ずる人があるかも知れない。Caesarea は地中海東岸の要港で、Palestina の政治の中心である。しかし、拂菻傳に摩栧の名が點出せられてゐる理由が彼がこの地方の總督となり、Omayyad 朝を開いたためであるとすれば、Muāwiya が直接攻擊に參加したか否かは、所謂拂菻國の都城を決定するのに、必ずしも決定的な論據を與へるものではないであらう。又、Caesarea に次いで頑强な抵抗を試みた Jerusalem に就いては、講和に際してかなりの曲折があつたことが傳へられ、一說によれば、Jerusalem 市民は Calif Omar が來て直接折衝するならば和議に應じてもよいと言つたので、攻城軍の司令官 Ubaida は Omar に司令部のある Djābiya まで出張せんことを要請したと言ひ、他の一說によると、Omar は自らの發意で Djābiya に來り、Khalid b. Thābit を遣して Jerusalem を包圍せしめ、Thābit が敵と締結した媾和條件に承認を與へたといふ。諸書に記されてゐるその媾和條件なるものは、キリスト教徒の生命・財產・教會・十字架の安全を保證し、その代償として Djizya 即ち「貢物 (tribute) 又は人頭稅」を支拂ひ、東羅馬軍を擊退するのに協力するといふ、頗る寬大なものであつた (Encyclopaedia of Islām under Jerusalem, al-Kuds)。Antiochia に就いては、その降服に大いなる曲折があつたことは少しも傳へられず、簡單にサラセン軍に降つた趣である。從つて拂菻傳に「因約為和好、請每歲輸之金帛、遂臣屬大食焉」とあるのは、Antiochia より、寧ろ Jerusalem に就いて、一層よく吻合するやうにも思へる。殊に右の報告が貞觀十七年拂菻王波多力の使節の傳へた所であり、波多力が Patriarch の對音で、Ctesiphon の景教法主を指し、唐初述作せられたと思はれる序聽迷詩所○詞經に拂林園○圖島梨師斂城と記されてゐることなどを考へ合せると、この使節の語つた拂菻國都城の陷落は、キリスト教の聖地たる Jerusalem の陷落を指してゐるものの如くにも思はれる。しかし何と言つても、東羅馬治下の Syria の中心は、Antiochia であつた (W. Heyd, Histoire du Commerce du Levant au moyen âge, 1, 1923, Leipzig, p. 19)。この地は Seleucid 王朝以來この方面の政治・文化の中心で、東羅馬では全領土を十二の Dioecesis に分割し、Syria, Palestina は合して Dioecesis Orientis と稱せられる一 Dioecesis を形成してゐたが、その長官の治所は、この地にあつた。紀元三世紀サッサン朝がその東隣に國を成し、Tigris, Euphrates の河岸に新なる政治・文化の中心が出來、更に三三〇年 Constantinople に東羅馬の都が奠められるに及んでは、やゝその重要性を減ずるかと思はれたけれども、Orontos 河下流域の沃土を占め、温暖なる氣候に惠まれ、アジヤ・ヨーロッパ・アフリカ三大陸を結ぶ交通路の會點を扼し、永い歷史と光輝ある傳統とを誇り、Rome, Constantinople, Alexandria, Jerusalem 等と並んでキリスト教東方教區の中心を成した Antiochia の繁榮は、寧ろ以前に勝るものがあつたであらう。不幸にして五三八年サッサン朝の Khosrō 一世の蹂躪を破り、更に幾度か大震災の厄を受けて、昔日の面影を失つたが、それが Syria 地方の政治・文化の中心であつたことは、依然それまでと變る所がなかつた。そして南北朝以來支那人が拂菻の名を以て呼んだのが、この地を中心とする地方であり、舊唐書の拂菻傳に於いても、拂菻は東南波斯に接すと明記せられてゐるのであつて、Caesarea, Damascus, Jerusalem 等が拂菻國の疆域内にあつたことは勿論であるけれども、その中心地として、唐人に知られてゐたのは Antiochia であつたと思はれる。しかるに、傳中の記載には、これを Antiochia のことと考へたのでは解釋の出來ない部分が甚だ多い。

例へば、拂菻國は方萬餘里とあるけれども、これは經行記に苫國即ち Syria, Palestina 方面の疆域を敍して「周廻數千里」とあるのと頗る差がある。尤もこれは、正確な數字を示したのではなく、その廣大なことを誇張した表現であるとすれば、特に異とするに足らないとして、次にその都城の狀況を記して、

其都城疊石爲之。尤絶高峻。凡有十萬餘戸。南臨大海。城東面有大門。其高二十餘丈。自上及下、飾以黃金。光輝燦爛、連曜數里。自外至王室、凡有大門三重。云々。

とあるのは、Antiochia のことを記したものとしては決して解釋がつかない。Hirth 氏は右の記事に「城東面有大門」といふのを、Spruner, Menke 共著の Atlas Antiques に揭げられた Antiochia の古圖の Porta Orientalis に比定し、現在 Bab Boulous と稱せられる東門がこれであらうと論じ、拂菻の都城が Antiochia に他ならぬことを主張してゐる (China and the Roman Orient, p. 209, 213 and note 2, 214)。余輩は不幸にして中世の Antiochia の詳細を記した書物を座右に有しないから、當時果して Porta Orientalis と稱する門が東にあり、それが現在の Bab Boulous に他ならぬものであるか否かを詳かにしない。元來 Antiochia の市街は Orontos 河の南部の狹小な平地を中心に營まれ、現在に於いては三重の城壁の遺構を認めることが出來る。即ち最も外部にあるものから列擧すると、Epiphanes-Tiberius の城壁、Theodosius の城壁、Justinianus の城壁がそれで、各〻建造せられた時の帝名をもつて稱せられてゐるのであるが、Hirth 氏の附圖に見えるのは、この第二の城壁である。この中、第一の Epiphanes-Tiberius の城壁は、その西部の一部の遺趾のみを存するものの如く全體の規模を窺ふことが出來ない (W. Smith, Dictionary., p. 144 に再錄せられた K. O. Müller, Antiquitates Antiochenus, (Göttingen, 1839) の古蹟圖に據る)。中間の Theodosius の城壁は Theodosius 帝の時に出來たもので、北は Orontos 河に境せしめて壘壁を設けず、東西及び南方に幅の廣いU字形に作られてゐるが、大地震とそ

れに續いたササン朝の Khusrō 一世の大侵入（五三八年）によつて、市街は殆んど原形を止めぬまでに破壞せられたので、Justinianus 大帝はこれを復興し、Theodosius の城壁の內部に所謂 Justinianus の城壁を築いて、新都市を營んだ。この新都はその規模に於いてこそ以前より遙かに少さかつたが、輪煥の美に至つては却つて以前に勝るとも劣らぬものがあつたといふ (Cambridge Medieval History, II, p. 40)。Justinianus の城壁は現在の市街を含み、更に南方山地の尖端部を容れた不整な四邊形をなし、その西北部に於いて北壁及び西壁の先端が相合することなく Orontos 河に連なり、Orontos 河の北岸を東北に走る所謂 Seleucia Road に接してゐるのである。唐代の Antiochia は卽ちこの Justinianus の城壁內に榮えてゐた Antiochia 市に他ならなかつた。Hirth 氏がかゝる點に何等の考慮を施さず、唐代の Antiochia を以て Theodosius の城壁の內部に營まれてゐた如く解したのは、決して正しいと思はれない。そして Bab Boulous と呼ばれる門は、Justinianus の城壁の東門と思はれるのであるから(W. Smith, Dictionary of Greek and Roman Geography, p. 145 b)、氏がこれを Theodosius の城壁の東門と同一視しようとするのが誤である。それは兎に角 Antiochia の位置する盆地は東方に開けてゐるので、古來この市の東方には Mesopotamia に通ずる大道があり、その東門がこの大道に接する要點に當り、中亞細亞を經てこの地に至る人々もこの門を經て來るものが多かつたことと思はれる。Bab Boulous 門の近傍には、今日なほ往昔の鋪裝道路の遺趾が存するといふ (W. Smith, op. cit., p. 145 b)。されば Hirth 氏の意見はその細部に於いて誤解が少くないけれども、とにかく唐代の Antiochia に東門があつたとする結論は否定すべきでない。しかし、この門が二十丈の高さを有する金色燦爛たるものであつたとすれば、それは恐らく四隣に喧傳せられて、西人の記錄にも書き殘されてゐる筈であるが、さうしたことの無いのは何故であらうか。二十丈といふ數字は勿論誇大に失するとしても、かゝる壯麗なる大門が記錄に止められぬ筈はあるまい。又、「自外至王室、凡有大門三重」とあるのは、外部から王室に至るに三つの門を通過して行くといふ意味であるから、これは自ら拂菻國の王宮が、三重の城壁に圍まれてゐたことを想像せしめる。もしこの想像が正しいとすれば、Antiochia が Epiphanes-Tiberius の城壁、Theodosius の城壁、Justinianus の城壁と三重の城壁に包圍せられ、最も內部の Justinianus の城壁の中に市街があり、官衙があつたことと、契合する如くに思はれ、又十萬餘戶の人口が五十萬餘であるとすれば、それは紀元五二六年の大地震で二十五萬人の死者を生じたと傳へられる (John Malalas, BK. xvii, p. 420 cf. G. B. Bury, History of the Later Roman Empire, I, London, 1923, p. 88) Antiochia の人口としても敢へて差支へないとも言へやう。Libanius は Antiochia の人口を十五萬と記し (Bury, History of Later Roman Empire, I, p. 88 note)、その弟子で紀元四〇七年に歿した Constantinople の僧正 Chrysostom は、人口を二十萬と傳へてゐる (Cambridge Medieval History, II, p. 494; Smith, Dictionary of Greek and Roman Geography, I, p. 145)。從つて二十五萬といふ死者の數は、過大に失して信用が出來ないから、この點に就いても大いに疑問があるが、更に又三つの城壁に就いて考へても、Antiochia に當時これらが完全に殘つてゐたか否か、殊に第一の Epiphanes-Tiberius の城壁がその東部に於いて何處まで伸びてゐたか、共に全く知ることが出來ない。因みに、十二世紀に至つて十字軍がこの町を攻略した時の記錄が幾つか傳へられてゐるけれども、當時攻防戰は Justinianus の城壁を中心に行はれたもので、他の二つの城壁に關しては、何等記されてゐないのである。この事實は、Theodosius, Tiberius の二城壁が、Antiochia を防衛するに足るほど殘存してゐなかつたことを物語るものであらう。

要するにAntiochiaが東門を有してゐたこと、三重の城壁を存してゐたらしいこと等は、拂菻の都城の構造に多少類似するのであるが、Antiochiaが決して拂菻の都城でなかつたことは、舊唐書にこの都城が「尤絕高峻」とあり、「南臨大海」とあるのによつて頗る明かである。言ふまでもなく、Antiochea は Amanus, Casius の二山に圍まれた Orontos 河の低平な盆地の西南隅にあつて、四周を俯瞰するやうな高敞な地勢に位置してゐるのではない。十二世紀の中頃にこの地を通つたユダヤ人の旅行家 Benjamin も、Antiochia は非常に高い山に見下されてゐると記してゐる (C. R. Beazley, The Dawn of Modern Geography, II, London, 1901, p. 238)。又、Antiochia は地中海の海岸から東に百二十 Stadia (Pauly-Wissowa, Realencyclopädie, etc. I, 2, 2444) 即ち約二十餘粁の距離にあるのであるから、南部に於いては勿論、西部に於いても海に臨むとは言ふことが出來ない。余輩はかうした記事に少しの注意を拂ふことなく、ひたすら拂菻の都を Antiochia に當てようとする Hirth 氏の態度を不思議に思ふのである。

先づかやうにして、以上の二點に於いて、舊唐書に見える拂菻の都城を Antiochia に擬することは困難であるが、この二點は却つてこの都が Constantinople であることを思はせる有力な根據を提供するものである。Constantinople が南に於いて Marmora 海に望み、東は Bosporus 海峽を控へ、北に金角灣を擁してゐる略〻三角形の半島であることは、更めて說くまでもない。Constantinus 大帝が三三〇年こゝに都を奠めると、先づ金角灣から Marmora 海に亘る城壁を市街の西部に築造して、蠻狄の侵入を防止したが、Theodosius 二世 (408-450 A. D.) の時、この城壁の西方一哩に新なる城壘を建造して市街を擴張し、更に南北東三方の海岸に沿つて城壁を築き、市街の四周は城壁を以て圍まれるに至つた。これらの城壁には諸處に塔を設けて外敵の監視と防衛に任じたが、就中、西面のそれは最も厳重に築造せられ、先づ最外面に幅六一呎の濠を環らし、濠と城壁との間には、同じく幅六一呎の土堤を作り、この土堤の後部にこれと接續して二呎から六呎半の厚さで外壁を、更にその後部に平均十四呎の厚さを有する內壁を設け、この內壁を防衛の根幹とした。外壁は多くの部分に於いてアーチから成つてゐたが、內壁の上には略ゝ六十ヤードの間隔を置いて、高さ六十呎(一說に百呎)の塔が九十六基築かれてゐた。この塔の所は、厚さ百九十呎乃至二百七呎の防塞となり、ここから集注的な攻撃が行へるやうに成つてゐた。內壁と外壁との距離は五十乃至六四呎あつた。內壁には總計十の門があり、市民通行用のものと軍事用のものとが更互に存した。この西部の城壁が成つたのは紀元四一三年のことであるが、四四七年この市街を襲つた大地震に損傷したので、直ちにこれを復舊した。この頃 Attila の統率する Hun が西北部から虎視眈々として侵入の機會を伺つてゐたのであつて、大規模な城壁の擴張强化が行はれたのは、主としてこれに備へるためであつたと思はれる。海岸の城壁の成つたのは四三九年のことであつた (J. B. Bury, History of the Later Roman Empire, I, p. 67–88; Encyclopaedia Britanica, 14th ed.; Pauly-Wissowa, Realencyclop. d. Altertumsw., etc.)。これらの城壁の高さが幾何であつたか傳へたものはない。しかし、西部の城壁の上に建てられてゐた塔の高さ六十呎(又は百呎)といふのは、何十呎かの城壁があつて更にその上に六十呎の高さの建物があつたといふのではなく、城壁の一部がその基底の所から半月形に隆起して塔となり、更にその塔の頭部が相當の高さに上部に突起してゐたのであらう。この構造は多くの中世都市の古圖や現存の遺構に見られる所である。從つてもしこの想察が誤らなければ、Constantinople の城壁は恐らく三、四十呎を出でなかつたであらうが、三、四十呎の城壁が屹立して三方の海面を睥睨してゐる有樣は、正に

「尤絶高峻」の形容に適しい偉觀であつたに相違ない。黒海又は地中海から水路この地に來るもの、小亞細亞乃至東歐の諸地から陸路この都に集つた人々は、何れも先づこの壯大な城壁に驚異の眼を見張つたことであらう。さてそれでは拂菻傳の他の記事がその都をConstantinopleとして解釋出來るか否か、次にこのことを考へて見よう。

さてもしこの拂菻の都城がConstantinopleであるとすれば、それは言ふまでもなく、東羅の首都で、そこに記されてゐる王は東羅馬皇帝でなければならない。舊唐書によると、

其王冠形如鳥擧翼。冠及瓔珞、皆綴以珠寶。着錦繍、衣前不開襟、坐金花牀。

とあり、新唐書にはこれを

王冠如鳥翼。綴珠。衣錦繍、前無襟。坐金蘤榻。

と記してゐる。金蘤榻の蘤は花の意、榻は床と同義の語であるから、金蘤榻は舊唐書の金花床を別の字で書き改めただけであつて、意味に變化はなく、その他の部分も舊唐書の本文を簡略にしたに過ぎない。これら拂菻傳に見える諸事物を詳細に西方の記載に比較し、拂菻國をConstantinopleに擬定したのはG. Pauthier氏で、氏は一八五七年「西安府の景教碑の眞なることに就いて」(De l'authenticité de l'inscription nestrienne de Si-ngan-fou)と題する論文を發表してこれを論じた。氏は先づ王冠が鳥の翼を擧げたやうな形をしてゐるといふのは、牌(Médailles)に刻された Anastasius II (713-716 A. D.), Theodosius III (716-717 A. D.)等の像に見られる如く、翼の如き形に作られた羽で飾られた兜を指したもので、それは寶石で飾られてゐると述べてゐる(De l'authenticité, p. 43-44 note)。Pauthier 氏がこゝに例として示した兵帽は、有名なJustinianus大帝

の凱旋を現した金牌に見えるそれと同じものと思はれるが (E. Babelon, Mélanges numismatiques, 3 ème Série, Paris, 1900, p. 321–327; H. Weiss, Kostümkunde, II, Stuttgart, 1860, p. 1063–1064)、もしさうだとすれば、これはその兵帽の上部に羽毛が叢生してゐるものであつて、決して鳥がその雙翼を擧げてゐる形はしてゐない。そして、拂菻傳に記されてゐるのは、王の平生着用する王冠のことで、戰時に使用する兵帽のことではないから、Pauthier 氏の說には從ふことは出來ないが、これを東羅馬皇帝の王冠についてゐる十字架のことを記したものとすれば容易に解釋出來る。中世の繪畫や貨幣の刻文に表はれた東羅馬皇帝の像を見ると、何れも王冠の頂上に十字架がついて居り、殊に貨幣の刻文ではその陵線が圓味を帶びて、恰も鳥が雙翼を張り擴げてゐるかの如くに見られる。そして王冠が珠寶を鏤めてあるのは勿論、その左右には、二條の糸に寶石が連綴されて兩頰に垂れてゐる。これが拂菻傳の所謂瓔珞で、編者は恐らく貨幣に記された王の肖像などを見て、この文を作つたのであらう。次に王の服裝は錦繡を着、その衣は前に襟を開いてないとある。Pauthier 氏はこれに就いても、「東羅馬諸皇帝〔の像を刻した〕牌を見よ」と言つてゐるが (op. cit., p. 44 note 1)、錦繡を着るといふのは王衣の外被に就いて言ひ、前に襟を開かぬといふのは、王が直接身體の上に纏つた tunica を言つたものであらう。tunica は一般男子の常服であつて、現代の所謂簡單服に類し、膝の下まで達し、リンネル又は毛織物の二布片を縫合せて作られ、通常短い袖があり、腹部は屢〻革帶を以て緊められてゐる (H. Weiss, Kostümkunde, II, Stuttgart, 1883, p. 24 ff.: Sir J. E. Sandys, A Companion to Latin Studies, Cambridge, 1938, p. 194)。これは、羅馬の彫刻の類に就いて直ちに見られる所である。王は莊重嚴肅なる儀式等に望む時は、divestesion (διβητήσιον) と稱せられる長い tunica を着、その上に重いマント (Χλαμύς) を羽織るか、又はスカーフ

(λωρος) を肩乃至腕に纏つて出席する。さして厳粛を要しない時及び遠乗りをする時は、divestesion よりは更に簡單で輕便な scaramangion (σκαραμάγγιον) といふ tunica を着し、その上に輕い外套 (σαγίον) を羽織る。もつと氣輕な場合には、肘の所までの袖がある（無いのもある）colovion (κολόβιον) といふ tunica を着る。そして以上掲げた三種の tunica は、それ〴〵公式の場合必要に應じて普通に王の着てゐる tunica (χιτών) の上につけられるのであるけれども、要するに王の服裝と一般民衆のそれとの間には、格段の差異が無かつたのである (Gibbon, Decline and Fall of the Roman Empire, ed. Bury, vi, p. 83 note by J. B. Bury)。王が錦繡を着たといふのは、第一公式の際着用する所謂「重いマント」(Χλαμύς) のことを指してゐるのであらう。

次に王の坐してゐた金花牀に就いては、Pauthier 氏はこれを lit ou trône à fleurs d'or（金の花のついた寢臺又は王座）と譯し、十二世紀の後半この方面を旅行した Bejamin de Tudela の記述を引用し、

Constantinople では皇帝は金と寶石の玉座に鎮し、その玉座の上に、金の鎖で金の天蓋が吊されてゐる。(中略) この天蓋には殆んど價の測り知れない寶石が鏤められてゐる。

更に Lebeau の「東羅馬史」の記事を掲げて、これに對比せしめてゐる。

高價な絨緞で被れた高い臺の上に、金の玉座が設けられてゐた。玉座は寶石で飾られ、その上には東洋の最も美しい眞珠が輝いてゐる天蓋がある。國君はこの玉座に坐し、燦ゆい緋の衣を着て居たが、その衣には上から下まで、眞珠や色とり〴〵の寶石が鏤められてゐた。

中世の旅行家の中で、Tudela の Benjamin ほど Constantinople の状況を精細に敍述した人はなく、こゝ

に記された Blachernae 宮殿の内部の描寫も、その親しく目睹した所であらうと思はれる (Beazley, Dawn of Modern Geography, II, p. 235-236)。Paul Borchardt 氏がこの紀行の諸部分に就いて研究した所によると、その記事は頗る正確であるといふことである (Karavanenstrassen in Arabien nach R. Benjamin von Tudela. Anthropos, Wien, 1922-23 [4-6], p. 1055 et seq. : L'itinéraire de Rabbi Benjamin de Tudela en Chine, T. P., 1924, p. 31-35)。Benjamin は一一五九年から一一七三年に亙つて各地を旅行した人であるから (Yule, Cathay [2], I, p. 114; Beazley, The Dawn of Modern Geography, II, p. 218 一説には一一六〇年から一一七三年までといふ)。右の記事は Manuel 一世 (1143-1181 A. D.) 時代のことを言つたものでなければならない。Gibbon の「羅馬衰亡史」にも Justinianus (527-565 A. D.) 帝が黄金で玉座を作り、Theophilus (829-842 A. D.)が黄金や寶石を鏤めた玉座に坐してゐたことを傳へてゐる(Gibbon, Decline and Fall of Roman Empire, ed. Bury, VI, p. 81)。金花牀の金花を Pauthier 氏は文字通り「金の花」と譯したのに對し、Hirth 氏は「金の飾のついた玉座」と解してゐる (China and the Roman Orient, p. 53)。金花といふ語は西域傳の諸所に見えてゐて、舊唐書の康國傳にも「婦人盤髻、幪以皁帛○巾、飾以金花。」とあり、同書の波斯傳には「其王冠金花冠」とあるが、それが黄金製の花の意に他ならぬことは、北史の波斯傳に、その婦女の髪飾りを記して、「飾以金銀花」とあるによつて明かであらう。舊唐書の龜茲傳を讀むと、その王が「坐金獅子牀」とあり、波斯傳には「其王(中略)冠金花冠」とあり、北史の波斯傳には「坐金羊牀」とあり、隋書の波斯傳には「王著金花冠、坐金師子座、傅金屑於鬚上」と記されてゐる。こゝに言ふ金獅子牀・獅子牀・金羊牀・金師子座等は、何れも黄金製の獅子や羊のついた玉座の意味であると考へられるから、所謂金花牀も亦金の花の裝飾のついた玉座といふほどの意であつたらう。何れにしても、これによつて當時の唐人は金色燦爛たる玉座に坐してゐる拂菻國王を想像してゐたのである。勿論これらの事實は東羅馬皇帝に就いて言へても、Antiochia に住した地方官に就いては言はるべきことではない。

拂菻傳には、この國の一般人の風俗を次の如く傳へてゐる。

風俗男子剪髮、披帔而右袒。婦人不開襟、錦爲頭巾。

唐書にはこれを書き改めて、

男子剪髮、衣繡右袒而帔。（中略）婦人錦巾。

と記してゐる。先づ羅馬帝國の男子が剪髮であつたことは明かで、彼等は哀悼の意を表する時に限つて頭髮を伸した (Sir J. E. Sandys, A Companion to Latin Studies, p. 187)。帔は釋名に「帔披也、披之肩背、不及下也」とあるが如く、肩掛け或ひはスカーフに類似したものに他ならない。唐代の土偶や繪畫の中に、この帔を纏つた女子を現したものがあり、我が國上代の女子に用ゐられたヒレ（領巾）もこの帔の傳來したものであらうが、既に漢の劉熙の著した釋名にその解が見えてゐるとすれば、支那人の間にも古くから用ゐられてゐた服飾で、決して唐代に西方から輸入せられたものと見るべきではない。帔は支那人の間に於いては、專ら女子の間に用ゐられてゐた趣であるが、唐人がその見慣れた帔に當てた拂菻國の男子の服飾は、羅馬人の男子が外出の時 tunica の上に着用した toga であらう (H. Weiss, Kostümkunde, Stuttgart, 1860, II, p. 965 ff.)。toga は白色の毛織の半圓形の布で、元來は厚く粗なものであるが、後に段々優美な布地を用ゐるやうに成つた。羅馬人の像で左腕・右肩から背を被ひ、右腕・右肩及び胸部の右半分を殘した下半身をぐるりと被つてゐるのがそれであつて、拂菻傳に右袒すとあるのは、極めて劉切な表現である。toga には着用する人の身分や着用の場合に應じて幾つかの種類があつたが、白色のそれが最も普通に用ゐられてゐた。杜環の經行記に「拂菻國（中略）男子悉著素衣」とあるのは、恐らくこれを言つたものであらう。Pauthier 氏がこの帔を解して「Pallium 卽ちローマ風のマント」と說明してゐるのは、正しくないと思はれる (De l'authenticité, p. 47 note 1)。又、唐書に「衣繡右袒而帔」とあるのは、tunica の上に toga を着てゐることを鄭寧に述べたもので、繡は下着の tunica のことであらう。從つて唐書の編者は繪畫等に就いて見た所に基き、舊唐書の記載を補つたものとして誤あるまい。

さて拂菻國では、婦人は襟を開かず、錦を頭巾としてゐたと記されてゐる。羅馬帝國では婦人は stola といふ衣服を常用し (H. Weiss, Kostümkunde, II, p. 27 ff.)、外出に際しては palla といふ外被を着用した。stola は男子の着る tunica に相當し、その形式も殆んどこれに等しかつた。たゞ短い袖が必ずつき、下端は足の先端に達してゐた。stola の下には tunica interior 又は tunica subcula といふ下着をつけ、stola に袖のない場合は、必ずこれに袖がある仕組になつてゐた。palla は方形の廣い毛織の布片で、その三分の一を左肩の上にかけ、殘りを背から右腕下に捲きつけ、右端を右肩にかけるのが常式であつた。「襟を開かず」と特に注意してゐるのは、唐代の婦人の着用してゐた衫又は襦が必ず襟を開いてゐたからであらう。tunica を着した男子も無論襟は開いてゐないが、唐代の男子は衫又は襦の上に袍を着け、帔を開いてゐなかつたから、特に相異を認めなかつたためか、或ひは又右袒すと書いたので「帔を開かず」と書くわけに行かなかつたのであらう。さればこそ唐書はその實際と違つてゐることを氣にして、繡を衣、帔を着けてゐるが、帔を着け方は右袒であると書き改めたのではなからうか。それは何れにしても、これらの記載は、よく東羅馬人の風俗と一致するものである。殊に男子が皴卽ち tunica を着用するのは、他の諸國にその例を見ない所であつて、服飾の他の部分に就いては、西域の諸國に類似のものも少からず存し、必ずしもこれを東羅馬帝國の風俗とのみ見なければならぬ理由はないが、皴を着用して右袒するとあるのは、これを東羅馬人の服裝と見て始めて解釋出來るのである。唯、婦人が「錦を頭巾にしてゐる」といふことは明白な解を得ない。Pauthier 氏はこれを婦人が頭につけた Velum (又は Velamen) であると説明してゐる。Velum の形式や材料が如何なるものであつたか、よく判らないが、東羅馬の婦人が布製又は金、銀絲のついた頭巾を被つてゐたことは、Weiss 氏の「古代風俗史」に見えてゐる (Kostümkunde[2], 1, p. 977–978; Ibid[2], 1, p. 30–31)。經行記には、拂菻國の婦人の服裝を「婦人皆服珠錦」と言つてゐるから、この國の婦人が錦を頭巾としてゐたとして、少しも怪しむべきではない。

拂菻傳には男女の風俗を記した右の記事につづけて、「家資滿億、封以上位」と記し、唐書にはこれを「家貲億萬者、爲上官」と改めてゐる。これは單に財力ある者が社會的に尊敬せられたと言ふのではなく、彼等が一定の地位と特權とを與へられたことを意味するのに相違ない。羅馬では都市在住の富裕な階級の中、一定以上の資産を有するものは、curia 卽ち「地方元老院」(local senate) の議員及び長官職 (magistracy) に選出せられる資格」を有し、これら有資格者は curiales と稱する一階級を構成し、senate の議員と成つたものは decuriones と稱せられたが、紀元三世紀の末から、これらの階級は地方行政を分擔すると共に、租稅の徵集を請負せられて一般には大いに苦んだが、これに對して、中央の元老院議員の多くは、地方の廣大な土地を所有者として莫大な收入を有し、しかも國家に對する經濟的負擔は他の階級に比して僅少であつた。

中央の元老院に入るのは、世襲を原則とするが、元老院及び皇帝の推薦によつてもその議員たるを得たのであつて (J. B. Bury, History of Later Roman Empire, 1, p. 59, 47, 50, 18-19 : Pauly-Wissowa, Realencyclopädie d. Altertumsw.)、この場合には財産の多少がその資格を決定する一要素となることもあつたと考へてよからう。拂菻傳の記事は、殆んどかうした事實を傳へようとしたものと解釋せられる。

拂菻傳にはその都城の戸數を十餘萬戸と記してゐる。今、一戸の人口を平均五人とすればその人口は五十餘萬人となるわけである。E. A. Foord 氏の研究によると、(五世紀に於ける) Constantinople の人口は五十萬であるといひ、A. Andreades 氏はこれを訂正して八十萬と百萬の間であるとし、Bury 氏はこれらの說を折衷して百萬よりは稍〻少かつたであらうと述べ (J. B. Bury, History of Later Roman Empire, 1, p. 88 & note)、Hertzberg 氏は五世紀の初期の口數を約五十萬人と推定してゐるが (Pauly-Wissowa, Realencyclop, IV. 1, 1004)、Alexandria の人口が七世紀の末まで六〇萬人を下らなかつたこと、一八八五年の人口統計では Istambul 市の人口は三十八萬九千五百四十五人であつたこと等を考へ併せると (Bury, op cit: Pauly-Wissowa, op cit.)、唐代に於ける Constantinople の人口は大體五、六十萬を算したことと思はれる。從つて舊唐書の十餘萬戸といふ數字は、これを Constantinople のことと考へて何等支障はない。因みに Antiochia の人口も、前に記した如く、正確なことは傳へられてゐないのであるから、こゝでは單に十萬餘戸といふ戸數が、拂菻の都城を Constantinople に擬する上に、大いなる障碍とならぬことを注意して置けば足りる。

以上述べた所を要約すると、拂菻國が西海の上にあり、東南は波斯と連接してゐること、大食の大將軍摩栧の攻擊を被つて和約を結び、遂にこれに臣屬したことは、Antiochia のことを言つたものとしなければ釋けないが、この國の都城が「南は大海に臨み」、「尤絶高峻」であるといふのは、これをConstantinopleに比定して始めて解釋の出來る記事であり、そこに記された國王や一般民衆の風俗の如きも、これを東羅馬帝國の首府のことと考へて始めて正しく了解出來るのである。これらの考察が幸に誤らないとすれば、拂菻傳にはAntiochiaに關する記載とConstantinopleに就いての記事とが混合せられてゐることに成るが、然るに同じ記事の中には、これをその何れの都市のこととしても、解釋のつかぬものが少くない。その第一は都城の構造である。前にも掲げた如く、拂菻の都には東に大門があり、それが高さ二十餘丈の黃金造りであり、更に外部から王室に至るには三重の大門を通過して來るのであるが、拂菻傳にはその第二門卽ち中門とも稱すべき所に不思議な時計が置かれ、市民に時を報じてゐたことが記されてゐる。今、煩を厭はず、その全文を次に掲げて見よう。

城東面有大門。其高二十餘丈。自上及下、飾以黃金。光輝燦爛、連曜數里。自外至王室、凡有大門三重。列異寶雕飾。第二門之樓中、懸一大金秤、以金丸十二枚、屬於衡端、以候日之十二時焉。爲一金人。其大如人。立於側。每至一時、其金丸輒落、鏗然發聲、引唱以紀日時。毫釐無失。

唐書にはこれを

〔城〕廣八十里。東門高二十丈。釦以黃金。王宮有三襲門。皆飾異寶。中門中有金巨稱一。作金人、立其端、屬十二丸、率時改、一丸落。

と記してゐる。この中、都城の廣さが八十里あるといふのは、杜環の經行記に「王城方八十里」とあるのに據つたもので、正にConstantinopleのことを言つたのであるが、「廣八十里」乃至「方八十里」といふのは、その城壁の周圍の總長で、決して八十里四方の意に解すべきではあるまい。この長さは、前に記した如く、Tudela の Benjamin の紀行に Constantinople の城壁の周圍は十八哩（約九十唐里）とあるといふのと略〻一致する正確な數字であるが、經行記に本いてゐることが明かであるから、今は問題にする必要はない。その他は唯〻舊唐書の文を簡略にしたまでのことで、金巨箱一は一大金秤といふに同じである。さて右の文の中、城の東面にある門を Hirth 氏は Antiochia の Porta Orientalis と見たのに對し、Pauthier 氏はそれが黃金を以て飾られ、燦爛として數里に耀いて居たことから、これを Constantinople の Porta Aurea 卽ち金門に擬し、Yule 氏もこれに贊成した (De l'authenticité., p. 45 note. Yule, Cathay², 1, p. 47 note)。この金門は Constantinople の西部城壁の最南端卽ち Marmora 海に最も近い所にある門で、通常 Theodosius 一世 (379-395 A. D.) の建造した凱旋門で、Theodosius 二世 (408-450 A. D.) の城壁築造の際その中に取入れられたものであると言はれ (Bury, History of Later Roman Enpire, 1, p. 71 ; Encyclopaedia Britanica, 14 th ed.)、又一說によれば Theodosius 二世の創建にかゝり、Theodosius 一世とは關係がないとも論ぜられてゐる (Bury, Ibid., p. 71 note 4)。この門は三つのアーチから成り、磨かれた方形の大きな大理石で作られ、中央のアーチの前後面に、金屬板に次の如く銘を刻してあつたといふ。

hœc loca Theodosius decorat post fata tyranni.

aurea soecla gerit qui portam construit auro.

これは「タイラントの訃宣の後に、Theodosius これらの地を飾る。門を黃金もて築く人は、黃金の時代を導き入る」の意である。元來、この西部城壁には十の門が設けられ、それは軍事專用のものと、一般人の通行用のものとが、交互に五つづつあつたのであつて、市民用の門にはこの金門の他に Melantia, Rhegion, St. Romanus, Charisius の四門があつたが、中でも最も往來が頻繁で重要な位置を占めてゐたのは金門に他ならなかつた。皇帝の出入、外國からの使節の入朝には必ずこの門を通過することになつてゐた。Porta Aurea の名が中世の諸記錄に屢〻見えてゐるのは、そのためである。そして Porta Aurea の名や、右の刻銘に「この門を黃金もて築く人は」とあるのは、拂菻傳に「自上及下、飾以黃金、光輝燦爛、連曜數里」とある記事に如何にも吻合するが如くに聞える。しかし實際は、前に記した如く、このアーチは大理石で造られてゐ、その門扉は靑銅製とも(Masūdi; Prairie d'or, ii, p. 319)鐵製で金メッキされてゐたとも(Ibn Khordādhbeh, ed. De Goeje, p. 104: Idrisī, trad. Jaubert, p. 96: F. Taeschner, Der Bericht des arabischen Geographen Ibn al-Wardi über Konstantinopel, Beiträge zur historischen Geogrophie, etc., Leip. u. Wien, 1929, p. 88 & note 25) 傳へられてゐる。金門の高さに就いて傳へたものは無いが、二十餘丈あつたとは考へられない (cf. E. Diez & H. Glück; Alt Konstantantinopel, München 1920; A. M. Schneider und B. Meyer, Die Landmauer von Konstantinopel, S. P. A. W., 1933, p. 1157–1172)。先づから考へて見ると、拂菻傳の記事には頗る誇張があるとしても、更に角この金門に就いての知識を反映してゐるものと考へてよいやうにも思はれやう。唯〻金門は Constantinople の西門であるのに、拂菻傳のそれは城の東門であることが、これら兩者を同一のものと看做すに最も障碍となることは注意すべきである。

次に拂菻傳には、外から王室に至るに大門三重があり、異寶雕飾を列ねてゐることを記してゐる。しかし Constantinople に於いては、西壁の一門を通過すると市內に入るのであつて、王宮に入るのに三つの大門を經過するが如きことは絕えて傳へられてゐない。この點も拂菻の都城を Constantinople としては解釋の出來ない點である。この記事は王宮に至るまでの間に三重の城壁が環らされてゐたことを意味すると解釋すべきで、大門が三つ横にならんでゐることを言つたのではなからう。もしこの解釋が正しいとして、拂菻の都城が三重の城壁から成つてゐたものとすれば、それは Antiochia にも Constantinople にも當嵌らない。この頃西亜細亜で三重の城壁を有してゐたのは、Abbas 王朝の都である Bagdad のみであり (Le Strange, Baghdad during the Abbasid Caliphate, Oxford, 1924, p. 15 ff.)、Jerusalem の町も Agrippa の城壁、Josephus の第二城壁、同第一城壁の三門を經て舊市内 (Obere Stadt, Akra od. Unter Stadt) に入る構造になつてゐるが (G. Droysen, Allgemeiner Historischer Atlas, p.4)、これらが共に拂菻の都城に擬し難いのは言ふまでもない。又、Pauthier 氏は Codinus の書に、Constantinople のこととして、

Amastrianus のアーチの上に所謂秤 (Modium quod vocant) と時計 (horologium) と、Lamia の標識 (signum) の近くにあるので Valentinianus (364-375 or 375-392 A. D.) の建造した所と知られる、二つの腕の間に置かれた秤の檢査器 (examen modii) があつた。

とある記事を引用して、この秤を拂菻傳の一大金秤に當て、この時計を拂菻傳の時計に當ててゐる (De l'authenticité, p. 45 note 4)。元來 Codinus の書は十世紀末の無名氏の撰した πάτρια κωνσταντινουπόλεως を不完全に鈔したもので (Bury, History of the Later Roman Empire, 1, p. 68 note 2)、その記事が何れほど正確であるか、多少疑はしいのであるが、假に右の記事が誤のないものであるとした所で、それは決して拂菻傳の記載に合致するものではない。拂菻傳の記事を讀むと、所謂一大金秤が即ち時計なのであつて、これを Pauthier 氏の如く、秤と時計とに別けて考へるのは誤である。又、Codinus に見える horologium がこれと同樣の特殊の構

造の時計であることが記されてゐるのであれば兎に角、さうでない以上、この両者を同一視することは出来ない。Constantinople にも Antiochia にも、時計は必ずあつた筈で、Anthologia Graeca (IV, 59, 56) にも、紀元五五〇年頃に Constantinople に水時計が置かれたと記されてゐる (F. M. Feldhaus, Die Technik der Vorzeit, Leip. u. Berlin, 1914, Spr. 1236) から、問題は時計の有無ではなく、その置かれた位置と構造の如何である。Yule 氏が Pauthier の比定を斥けたのは當然であつた (Cathay², 1, p. 47 note 3)。

次に拂菻傳には、その都城に巧妙な裝置の家屋があつて、夏日涼を取つてゐたことが記されてゐる。

至於盛暑之節、人厭囂熱。乃引水潛流、上徧（太平御覽七九五引〔舊唐書〕作遍）於屋宇。機制巧密、人莫之知。觀者惟聞屋上泉鳴、俄見四簷飛溜、懸波如瀑。激氣成涼風。其巧妙如此。

しかし、かゝる構造の建築が Constantinople や Antiochia にあつたことは絶えて記載がない。たゞ Lebeau の東羅馬史によると、紀元六二三年、Aderbaidjan の征伐に向つた東羅馬帝 Heraclius が、その火神廟の中に、かうした裝置を有する建築物を發見して大いに驚いたことが記されてゐるから、次にこれを引用して見よう。

Heraclius は何の躊躇もなく Atropatène (Aderbaidjan) の首府 Ganzac に入り、有名な火神廟を燒却した。Atropatène ほど火神に對する信仰が古く且つ根强い所はなく、この地方が Aderbaidjan と稱せられたのも、この故であつた。即ち、ader といふのはペルシャ語で火の意である。傳へられる所では、Zoroastre はこの國に生れ、こゝで薨じたといふことである。しかも、Heraclius を最も驚かし、同時に最も憤激せしめたのは、（ペルシャ皇帝）Chosroès の柱像であつて、それは古代のバビロニャの諸王よりも遙かに尊大なものであつた。この柱像は神殿の中央にあつて、天空を像つた圓蓋の下にあり、その周圍に太陽や月やその他の天體があり、先頭には杖を持つた天使がついてゐる。そして或る機械裝置によつて、天蓋からは雨が降り、雷がなる仕懸になつてゐた。Heraclius はこの柱像を仆し、それを粉碎せしめた。(Lebeau, Historie de Bas-Empire, XI, p. 97–98)。

Saint-Martin 氏はこの特別な機械裝置云々の記事に注して、これは Nicepharus, I. 12 に據つたものであるが、Tzetzès (Chil. 3, hist. 66) もこれに言及してゐると言つてゐる。又、Herzfeld 氏は八世紀中葉の Theophanes の記事に據つて、この裝置のことを論じてゐる (Herzfeld, Der Thron des Khosrô, Jahrb. d. preuss. Kunstsammlungen, XL 1, cf. Christensen, Iran sous les Sassanides, p. 401)。Ganzac の火神廟は Atar-Gūshnasp と稱せられ、數あるペルシャ國內の火神廟の中でも、最も國民の信仰の厚かつた廟の一つである。その所在地 Ganzac (Shtz) の位置は明かでないが、Urmia 湖南岸附近であらうと言はれてゐる (H. G. Rawlinson, J. R. G. S. 1841, X, p. 65–158 : W. Jackson, Persia, Past and Present, p. 124–143 : Do., The Location of the Farnbāg Fire, etc., J. A. O. S., XLI, 1921, p. 82)。Heraclius がこの地を襲つたのは、Chosroès がこゝに駐在してゐることを知つたからであつたが、何れにしても、かゝる裝置に彼が驚異の眼を見張つたことは、それが東羅馬には知られて居なかつたものであることを物語つてゐる。

十一　唐代の拂菻國（下）

かくの如く、拂菻傳に見えるその都城の構造や、その中の特殊建築物は、これを Antiochia 乃至 Constantinople のものとしたのでは決して解釋することが出來ないけれども、もしこれらが唐都長安の狀況を基礎として、机上に畫かれた空想の產物とすれば、何等の困難もなく解釋が出來る。唐の上都長安は東西が約我が二里半、南北約二里の矩形の都市であるが、その中央の北端に天子常住の所である宮城(西內)、その南に三省六部が甍を連ねた皇城があり、宮城・皇城の東西及び南部に一般市民の住居のある京城があつて、十二街・九衢・一百十坊の街割りが整然と區劃せられてゐた。市街の中央を南北に走るのは朱雀の大街で、都城南面の中央に設けられた明德門を潛り、北に向つてこの街路を直行すると、やがて朱雀門を經て皇城に至り、更に北に進むと承天門（順天門）を通つて宮城（西內）に入る。拂菻の都城に於いて、三重の大門を經て王室に至るといふのは、かゝる長安の構造を基礎に、唐に拮抗すべき西極の大國拂菻に於いても、恐らくかくあるに相違ないと考へた結果ではあるまいか。尤も長安に入るに當つて最も頻繁に用ひられたのは、東面の春明門と西面の開遠門とであつた。春明門は東壁中央の門であつて、東は東都洛陽に至り、北は北都太原に達する大道の出づる所で、中原諸地方より長安に來るものは必ずこの門によつて入京し、開遠門は蜀及び西域に通ずる大道の出づる所で、西方より入京する者は必ずこの門を通過した。從つて所謂三重の大門とは、春明又は開遠の何れかと朱雀・承天の三門から類推したものかも知れない。かゝる推測を一層確かにするのは、承天門にあつた鼓樓である。唐代に於いては、都鄙とも、日沒と天明とに各坊の門を閉開し、特別の許可無くして夜間市中に出たものは、所謂犯夜の罪に當てられたが、長安に於いては、坊門の開閉を報ずるために、特に鼓を撃つてこれを報らせた。唐律疏議の雑律犯夜の條によると、次の如く記されてゐる。

宮衛令。五更三籌、順天門撃鼓、聽人行。晝漏盡、順天門撃鼓四百槌、訖閉門、後更撃六百槌、坊門皆閉。禁人行。違者笞二十。

こゝに謂ふ順天門は卽ち承天門のことで、それが承天門と改められたのは、神龍元年 (705 A. D.) のことであるが、同様の制度が唐一代は勿論清朝の末期まで行はれてゐたことは、更めて記すまでもない。唐代に於いては、始め順天門の撃鼓を聞くや、諸街に人を遣して傳呼せしめる習慣であつたのを、貞觀十年 (636 A. D.) 馬周の上奏によつて改め、各街に鼓を置き、順天門の撃鼓に相應じて之を撃たしめることにした(舊唐書七四馬周傳、唐會要七一左右金吾衛)。唐書四九上百官志左右街使の條によると、

日暮、鼓八百聲而門閉。乙夜街使以騎卒循行囂諱、武官暗探。五更二點、鼓自内發。諸街鼓承振、坊市門皆啓。鼓三千撾、辨色而止。

とあつて、日暮に八百、黎明に三千回鼓を撃つて坊市の門を開閉したことが知られる。Marco Polo の紀行には、元の大都には中央に高樓があり、大鐘を吊して毎夕これを鳴らし、これが三度鳴つた後には、何人も市街に出ることを禁止せられたと述べ (Yule, Book of Marco Polo^{3}, I, p. 375)、杭州では重要な橋毎に衛所があつて、十人の番人が五人づつ晝夜交替に詰めて居り、各番人は木製又は金屬製の大きな音のするものを渡され、また衛所には晝夜の時刻を計る水時計が備へてあつて、番人は一時間毎に右の器具を撃つて時間を傳へ、日沒後は特に失火に注意する次第を詳細に記してゐる(Yule, Book of Marco Polo^{3}, II, p. 187–188)。かうした事實が

Marco Polo の記載に上つたのは、それが西方の諸都市に見られぬ風習であつたからに相違ないが、八五一年（唐の宣宗の大中五年）に編纂せられたといふ「アラビヤ商人スライマーンの印度・支那旅行記」にも、唐代に於ける同様の風俗が記されてゐる。この書の原本は巴里の國民圖書館に藏せられ、Langles, Renaudot, Reinaud 諸氏の校訂譯註が世に行はれてゐるけれども、次に Ferrand 氏の新譯によつて、關係の記事を揭げて見よう。

聞く所によると、支那には二百以上の主要都市があつて、その各〻に［それを支配するための封建の］王と一人の宦官とがゐるといふことである。他の多くの町はこれら主要都市に從屬してゐる。廣府もその二百都市の一つで、船舶が來つて投錨し、二十の町がこれに附屬してゐる。市街の中央に jâdam を有するもののみを都市と稱するのであるが、jâdam といふのは、一種の喇叭で、吹く樂器であり、［その器械の胴の周圍は］一抱もある大さで長く、同じ塗料が塗つてある上を、支那陶器で被つてある。その長さは三、四 Coudées あり、その口は人が銜へられるやうに小さくなつてゐる。jâdam の音は約一哩の彼方に達する。各都市には四つの門があり、各門には五個の jâdam があつて、晝夜一定の時刻に鳴される。各都市には、何れも十個の太鼓があつて、jâdam を鳴すと同時にこれを叩くことに成つてゐる。人々はこれによつて陰ながら天子に敬意を表し、市民は同時にこれによつて、夜でも晝でも、今何時であるかを知るのである。彼等はこの他日時計と分銅のついた［器械］とを有し、時間を計つてゐる (G. Ferrand, Voyoge du marchand arabe Sulaymân en Inde et en Chine rédigé en 851 suivi de remarques par Abû Zayd Hasan (Vers 916), Paris, 1922, p. 53 : cf aussi, Renaudot, Anciennes relations des Indes et de la Chine, etc., Paris, 1718, p. 24–

25 et M. Reinand, Relation des voyages faits par les arabes et les persans, etc., Paris, 1845, 1, p. 33-35)。この中、市中で一定時に jâdam を鳴したり、太鼓を擊つて時を知らせることを、皇帝に敬意を表する所以でもあると說いたのは、回敎徒の間に存した nouba の風習から類推したもので、回敎徒は太鼓を鳴したり喇叭を吹いたりして、敎主に敬意を表したのである (Reinand, op. cit, p. 23 note)。因みに、街鼓によつて城市の門を開閉する制度の起源は頗る古いと考へられるが、これが明瞭に文献に記載せられてゐるのは、水經注三㶟水の條に見える、北魏の平城に於けるそれが最も古いやうである。

魏神瑞三年 (416 A. D.)、又建白樓。樓甚高竦、加觀榭於其上、表裏飾以石粉、皜曜建素、赭白綺分。故世謂之白樓也。後置大鼓於其上、晨昏伐以千椎。爲城里諸門啓閉之候。謂之戒晨鼓也。

この記事は加藤繁博士の注意によつて知つたのである。

先づかやうにして、街鼓の制度は遠く西方にも鳴響いた有名なもので、それは長安のみならず、全國の主要都市に行はれた所であつたと思はれる。就中、長安に於いて承天門の所に鼓樓があつて、朝夕の時刻を知らせ、これを標準時として坊市の開閉が行はれた事實は、拂菻の都城の制度を考へる上に大いなる暗示を與へるものである。拂菻の都では王室に入るまでに大門が三重あつて、その第二門に珍奇な時計が置かれ時を報じてゐたといふのであるが、これは承天門に太鼓が置かれ、これを擊つて時を報じてゐたことから思ひついたものであらう。但し承天門に時計があつて刻々の時を報じてゐたのか、乃至は司天監で正確な時を測り、これを承天門の鼓樓に通知してゐたのか、詳しいことは知られないが、承天門の下に時計があつたことは記錄に見えないから、坊市開閉の時刻は、始めは皇城の中に在り後永寧坊に移つた司天監から通知せられたのであらう。尤も承天門は宮城の入口であつて、城外から至る場合には第三門に相當するのに、拂菻の都では第二門の所に時計があつたとされてゐるのは、殊更にその記述を眞實らしく見せようとした作者の用意を示すものに他なるまい。この推定が正鵠を失はないとすれば、そこに置かれてゐたといふ時計も、必ず當時長安に實在した時計で、その巧妙な構造が人々の驚異の的になつてゐたものであつたらう。この時計が支那のものであることは、それが毎時金丸一個づつを落下せしめ、日の十二時を報じてゐたといふことから容易に察せられる。支那では漢代以來晝夜を百刻に分ち、更にこれを十二時に均分してゐたのであつて（日知錄三〇・陔餘叢考三四）、拂菻傳に「候日十二時焉」とある日は一晝夜のことで、それは、唐代一晝夜を十二辰に分つてゐた事實に基いた記事に過ぎないと見るべきであらう。東羅馬に於いては、一晝夜は二十四時間に分たれ、日出から日沒まで及び日沒から日出までをそれぞれ十二時に均分したため、晝夜の一時間に差があつたのは勿論、同じ晝又は夜の一時間も、氣節によつて一定してゐなかつたやうである。濠洲のタヒチ族の間では、晝夜はそれぞれ六時間に分けられてゐるといふけれども(F. K. Ginzel, Handbuch der matmatischen und technischen Chronologie, II, Leipzig, 1911, p. 131: M. P. Nilsson, Primitive Time-Reckoning, Lund, 1920, p. 39)、さうした特殊な例を除いては、中世以後、晝夜を十二時に分つたのは支那及び支那の時法に倣つた東亞の諸國のみであつたのである(Ginzel, Handbuch, I, p. 465–466, III, p. 88–97)。又、後に記すやうに、支那の漏刻には必ず司辰と稱する金人乃至はこれに類似した、人形が附屬してゐた。拂菻國の時計の傍に人間大の金人が立つてゐたといふのは、この時計が支那のものであることを愈〻信ぜしめるのである。

この時計の正確な構造は勿論知ることは出來ないが、それが或る種の動力を用ゐた時計であつたことは、毎刻金丸を落下せしめる仕掛に成つてゐたことから容易に想像せられる。唐代には、日時計と水時計が最も普通に行はれたが、就中、水時計の中には水の動力を利用した巧妙な構造のものが少くなかつた。元來、支那に水時計が行はれたのは極めて古い時代からのことで、周禮の夏官にも挈壺氏が漏刻を司つたことが見えてゐるが、史記六四司馬穰苴傳に、齊の景公の時(547–490 B. C.)司馬穰苴が燕晉の軍を扞がんとし、莊賈と會合の時を約し、表卽ち日時計を立て漏を下してこれを待つたことを記してゐるのなどが、比較的確實な記錄に水時計のことが見える始であるやうである。尤もこの記事から直ちに春秋の末に水時計が存したと斷定することは困難であるけれども、Assyria には紀元前六四〇年 Ashurbanipal 王の時、水時計が用ゐられたと言はれてゐるから(Feldhaus, Die Technik der Vorzeit., Spr. 1235)當時支那にも水時計が存したとして差支へないであらう。それは何れにしても、支那で水時計の使用せられたのは極めて古いことで、歷代諸種の構造の水時計が行はれたことは、諸種の類書等に詳かに記されてゐる。今こゝにそれら水時計の構造を詳細に説明するのは必要のないことであるから、悉く省略するが、水時計の原理は、要するに定時間內に定量の水を一つの水槽から他の水槽に流入せしめ、その水の量を一定の目盛で標示することによつて時間の經過を知ることにある。支那の水時計にあつてはこの標示は大別して三種の方法で行はれた。その第一は最も普通の方法で、箭を水中に浮べ、水量の增加するに從つてその高さを增し、これによつて時刻を知るもの、第二は權器を用ゐるもので、流入した水の重量を秤で標示して時を知らすもの、第三は水を定量づつ放出し、その動力によつて輪軸を廻轉せしめ、これによつて時を示すものである。唐の長安の司天臺の漏刻がこの第一の形式に屬してゐたことは、舊唐書四三職官志司天臺の條の末尾の注に

漏刻之法、孔壺爲漏、箭爲刻。其箭四十有八。晝夜共百刻。冬夏之間、有長短。冬至之日、晝漏四十刻、夜漏六十刻。夏至晝漏六十刻、夜漏四十刻。云々。

とあり、五官司辰十五員の注に

(上略) 皆掌諸漏刻、孔壺爲漏、浮箭爲刻、以告中星昏明之候也。

とあるのによつて明かであらう。この式の水時計には多く司辰と稱せられる金人が造りつけられ、その手に箭を執るやうになつてゐた。淵鑑類函に引かれた殷夔の漏刻法に

自午至子、亦五十刻。壺上有蓋。其中水浮載、箭出於蓋。蓋上鑄金人爲司辰。

とあり、後漢の張衡の漏水制に

鑄金仙人、居左壺、爲金胥徒、居右壺。

とあり、唐の李商隱の詩に

玉童收夜鑰、金狄守更籌。

とあり、唐の竇鞏の漏賦に

蓋以重金壺之器、建銅史之司。

とあり、符子璋の漏賦に

銅史應其方、金箭刻其數。

とあり、南齊の陸倕の新漏刻銘に

銅史司刻、金徒抱箭。

とあるのはその例である。因みに藝文類聚 六八 には陸倕のこの銘の全文を引き、彼を梁の人としてゐる。次に第三式の水時計が唐に存したことは、舊唐書 三五 天文志の次の記事によつて窺はれる。

又詔一行與梁令瓚及諸術士、更造渾天儀。鑄銅爲圓天之象、上具列宿赤道及用天度數、注水激輪、令其自轉。一日一夜、天轉一周。又別置二輪、絡在天外。綴以日月、令得運行。每天西轉一帀。日東行一度、一月行十三度十九分度之七。凡二十九轉有餘而日月會、三百六十五轉而日行帀。仍置木匱以爲地平、令儀半在地下、晦明朔望、遲速有準。又立二木人於地平之上、前置鐘鼓、以候辰刻。每一刻、自然擊鼓、每辰則自然撞鐘。皆於櫃中各旋輪軸、鉤鍵交錯、關鏁相持。既與天道合同。當時共稱其妙。鑄成。命之曰水運渾天。

同様の記載は、新唐書 四一・唐會要 四二・資治通鑑 二一三・全唐文 二二三 に見えるが、資治通鑑によると、この器の成つたのは開元十年十月のことであつた。所謂水運渾天儀は水力を用ゐて天體の運行を示す裝置で、それに附屬して時計がついてゐたのであるが、この時計も亦水の動力によつて動くものであつたことは、この文を一讀して知ることが出來る。十二の齒を有する齒車と百の齒を有する齒車とを嚙み合せ、これを一定速度に動かすやうにすれば、容易に得られる裝置である。かうした構造の時計は宋以後にも少からず製作せられたことが記錄に見えてゐる。

唐代に第一式と第三式の水時計の存したことは、以上の說明によつて明かになつたけれども、權器を用ゐた水時計が當時存したか否か、殘念ながらこれを證すべき文獻は未だ管見に入らない。淵鑑類函 三六五 には李蘭の漏刻法といふ書物を引用して、その一例を示してゐる。

以器貯水、以銅爲渴烏狀、如鈎典、以引器中水於銀龍口中、吐入權器。漏水一升、秤量一斤、時經一刻。

李蘭が何時頃の人か詳かでないが、余輩は拂菻國の時計が一大金秤であつたといふことによつて、この時計もこゝに記されてゐるやうな水時計ではなかつたかと思ふ。拂菻國の時計は金體が秤で、その衡の端に十二の金丸があり、一時毎に落下して鏗然として音響を發するやうに造られてゐた。金丸が落下するのは權器に溜つた水の重量で落下するやうに成つてゐたか、或ひは第三式の水の動力を用ゐる構造を併用したか、何れかであらう。歐洲に於いても水時計は紀元前六世紀の中頃から行はれてゐるが、權器を使用する式のものはないやうである (Ginzel, Handbuch., III, p. 380–380, II, p. 167, 304–305 : F. M. Feldhaus, Die Technik der Vorzeit, Leipzig u. Berlin, 1914. Spr. 1203 sqq: Pauly-Wissowa, Realencyclop., XI, 2. 60–77)。このことは拂菻國の時計が實は支那のものであつた事實を推定せしめる有力な一證である。そして唐代にも、日時計と水時計の他に權器を用ゐる水時計が存したことを想像せしめるのは、前に掲げた Sulaymân の旅行記に見える時計である。Ferrand 氏の譯文によると、Sulaymân は支那人が時を計るに二つの機械を用ゐるとて、次の如く記してゐる。

Ils ont, en outre, des points de repaire (gnomons) et [des instruments] à poids pour compter les heurs. (Voyoge du marchand arabe Sulaymân, p. 53)

同じ文章を Renaudat 氏は

Ils ont aussi des cadrans, et des horloges à poids.

と譯し、Reinaud 氏は

De reste, ceux-ci ont des signes et des poids pour connaître les heurs.

と譯してゐる。そこで Reinaud 氏の書に附載せられた原文を參照すると、先づ Ferrand, Reinaud 兩氏が points de repaire, signes（共に標識の意）と譯した原語は alâmat とあつて、これは ʻalâmet, ʻalâme の複數形で標識・表象・旗・看板等の意であることが知られる(Zenker, Dictionnaire turc, arabe et persan, II, p. 63 ab; R. Dozy; Supplément aux dictionnaires arabes, II, p. 164 b)。支那では古來日時計は表とも稱し、前に引いた史記の司馬穰苴傳に「立ㇾ表下ㇾ漏」とあり、藝文類聚八六に引く呉錄に孫權が「立ㇾ表下ㇾ漏」して關羽の投降を待つたとあるのは、共に日時計を立て、水時計を動かす意味に他ならない。銅製の日時計は銅表、石製のは石表と呼んだ。儀表といふのも日時計のことで、天下に時間の標準を示す所から、轉じて模範の意に用ゐられてゐる。從つて Sulaymân の alâmat はこの表の意譯であつて、日時計のことに相違なからう。Renaudat が cadrans, Ferrand 氏が gnomons と譯し、Reinaud が Renaudat の說に贊成してゐる (II, p. 22-23) のは何れも正鵠を得た解釋と思はれる。次に〔instruments〕à poids, horloges à poids, poids 等と譯出せられてゐる原語は wazn と記され、これは目方を計る場合に用ゐる分銅のことである。wazn は動詞としては、重量を測る意があり、こゝでは名詞の單數形（複數形は auzân）に用ゐられてゐる (G. W. Freytagii, Lexicon arabico-latinum, IV, p. 463 : H. A. Salmoné, Arabic-English Dictianary, 1, p. 1200 : A. Hondjéri, Dictionnaire français-abrabe-persan et turc; III, p. 141 a)。重量の單位である waznah,「目方を測る人」wazzân,「平均」siyzan 等の語は、何れもこの wazn から派生したものである (R. Dozy, op. cit., II, p. 800)。分銅のついた時を計る裝置とは一體如何なるものであらうか。Renaudot はこれを horloge à poids と解釋したが、horloge à poids といふのは分銅を具へ條索の末に結びつけ、心軸にこの條索を巻きつけ、分銅の重みによつて條索が漸次下に伸び、心軸を廻轉せしめ、時計の指針を動かす構造のものである。しかしかゝる構造の時計が唐代には勿論、その後の支那に存したことを聞かない。所謂 Tower clock (Turmuhr, Uhr für Türmen) はこの式に屬するものであるが、これが歐洲に行はれたのは十三世紀以後のことである (Feldhaus, Die Technik der Vorzeit., Spr. 1233–1235)。中世のアラビア方面にも、これが存したことはないやうである (G. Sarton, Introduction to the History of Science, II, Baltimore, 1931, p. 27)。Ferrand 氏や Reinaud 氏が單に poids と譯したのは、かゝる事實を考慮してのことであつたらう。唯、朝野僉載六(寶顏堂祕笈本)に、十二辰車といふ時計のことを記して、

則天如意中 (629 A. D.)、海州進一匠。造十二辰車。廻轅正南則午、門開馬頭人出。四方廻轉、不爽毫厘。

とあるのが、水力を用ゐたものか、或ひは又右のやうな分銅を用ゐる構造のものか判明しないので、確かなことは知られない。アラビヤ語では、重量を測る場合に用ゐる分銅を、wazn とも、sanjah とも、sanjat el-mīzān ともいふ (Hondjéri, III, p. 141 a)。sanjah (sanjat) はペルシャ語 seng (石) から出で、元來重量を測定する時分銅として用ゐた石を意味し、後、金屬製の分銅及び分銅狀の金屬片を廣く意味するやうに成つた (Dozy, op. cit., II, p. 690–691)。sanjat el-mīzān は mīzān が「辨別する」「識る」といふ動詞 mīz から轉じた語と思はれるから、識別の分銅といふ程の意であらう。Hondjéri 氏の佛亞字典によると、「廻轉を與へるために時計又は燒串の條紐につける金屬片」はフランス語では同じく poids といふが、アラビヤ語では sanjat esh-shâqul といふと記し、これを wazn と區別してゐる。sanjat esh-shâqul とは shâqul 卽ち振子の sanjah (分銅) といふことであるから、sanjat esh-shâqul のついた時計は振子時計のことで、所謂 horloge à poids

を指すのではない。そして、sanjah も wazn も共に同じ意味の語であるとすれば、sanjat esh-shâqul は又wazn esh-shâqul とも言つてよい筈で、wazn のついた時計は振子時計と見ても不可ないやうでもある。尤も Hondjéri 氏は振子時計 (horloge à pendule) はこれを sâ'ah besh-shâgul（振子のついた時計）と譯してゐるけれども (III, p. 68 b)、sanjat esh-shâqul は振子時計の振子のみを稱したものであるから、shâqul のついた時計も、sanjat esh-shâqul のついた時計も結局同一のものに他ならない。しかし振子時計が發明せられたのは十七世紀後半のことで (A. Berthelot, Grande Encyclopédie, XX, p. 269; Feldhaus, op. cit., Spr. 1221)、九世紀後半にこれが存在してゐた筈はない。從つて Sulaymân に wazn のついた時計といふのは、horloge à poids でもなく、horloge à pendule でもないと考へなければならぬ。そして Sulaymân が日時計のことを 'alâmat と稱し、これが表といふ支那語の意譯である事實を考へると、wazn 即ち〔重さを計る〕分銅（のついた時計）といふのは、一定時内に溜つた水の重量によつて時を計る權器の分銅を指したものと解すべきである。當時水時計は勿論アラビヤ・ペルシャ方面にも用ゐられてゐたのであるが、權器を用ゐた装置はなかつたので、これを見た Sulaymân は忠實に分銅によつて時を計ると記したのであらう。彼が何處に於いてこれを見たか、それは詳かでないが、唐代の支那にかゝる水時計の存したことは、疑を容れない。

以上の如く、唐代に行はれた時計の種類に就いて考察した後、拂菻國の時計がその何れに屬するかを考へて見ると、先づこの時計が權器であつたことは、それが一大金秤であつたと記されてゐることから容易に知られる。そしてその衡の先端には金丸が十二個つけられてゐて、一時經つ毎にその一個が落下し、錚然と音響を發して時を報ずる仕掛になつてゐた。これは恐らく水が一定の重量に達し、衡が多少傾くと、それに從

つて金丸が落下するやうにしてあつたのでもあらう。朝野僉載六に、

將作大匠楊務廉甚有巧思。常〇當?於沁州市內、刻木作僧。手執一椀、自能行乞。椀中錢滿、關鍵忽發、自然作聲、云布施。市人競觀、欲其作聲。施者日盈數千矣。

とあるのも、一定の重量によつて或る裝置が動き、音響を發する仕掛である點に於いて、これと類似したものであつたと思はれる。Feldhaus の Die Technik der Vorzeit の挿圖第七六九及び Saussure の L'Horométrie et le système cosmologique des chinois, (Neuchatel, 1919. p. 18) の挿圖二三には、それぞれ Holzerne Kerzenuhr, Horloge à feu et reveil matin と題する支那の一時計を揭げ、その背上に線香を燃す裝置を有する龍形の器具を示し、兩端に小さい金丸のついた絲をその上に渡し、各自が欲する時刻の所にその絲を掛けて置くと、線香が燃えて行つてその絲を絕ち、金丸が下にしつらへてある金屬皿の上に落ちて音を發し、時を知らせる裝置を示してゐる。石田幹之助氏の示敎によると、西鶴の五人女の中、八百屋お七のことを敍した所に行香板（ケフカウバン）と稱する同樣の時計が時刻を知らせる情景が書いてある。これは恐らく支那から渡來したものであらうから、かうした時計が淸朝に存したことは確かであつて、その起源は詳かにし難いが、少くとも金丸を落下せしめ、その音響によつて時を報ずる器具が支那にあつたことだけは明瞭である。

なほ宋の洪芻の香譜下（百川學海本）によると、百刻香と題して

近世尚奇者、作香篆。其文準十二辰、分一百刻。凡然一晝夜已。

と記し、又、香篆と題して

鏤木以爲之。以範香塵爲篆文、然於飲席或佛像前。往往有至二三尺徑者。

とあるから、香を燃して時刻を計ることは、少くとも宋代には行はれてゐたのである。それは何れにしても、拂菻國の時計が權器を應用した水時計であつたこと、次にそれに附屬して等身の金人が立てられてゐたこと、第三に一晝夜が十二時間に區別せられてゐたことは、この時計が決して Syria 又は東羅馬方面に在つたものでなく、支那に於いて行はれてゐたものである事實を雄辯に物語つてゐる。要するに拂菻傳の作者は、當時支那に於いて行はれてゐたこの珍らしい時計も拂菻國にあるに相違ないと考へ、その都城の景況を示す一資料として、これを挿入したのであらう。

右の推想を一層確かにするのは、自雨亭の記事である。前にも記した如く、拂菻國の都には炎暑を避けるために特別の建築があつて、その屋上から水が流出し、四簷に注ぐやうに造られてゐた。かゝる構造の家屋がペルシャに存し、東羅馬になかつたことは、六二三年 Azerbaidjan の火神廟で始めてこれを見た Heraclius が驚嘆したといふ Theophanes 等の記事によつて明かであるが、その後、東羅馬に輸入せられたか否かは、西方の記錄には何等傳へられてゐない。しかるに、その後約一世紀を經た唐の玄宗朝には既に支那に同樣の建築が行はれ、長安の都人に驚異の眼を見張らしめてゐたことが、宋の王讜の唐語林五に見えてゐる。學友石田氏が余輩のために特に抄出された所によると、次の如くある。

武后已後、王侯妃主京城第宅、日加崇麗。天寶中、御史大夫王鉷、有罪賜死。縣官簿錄鉷太平坊宅。數日不能遍。宅内有自雨亭子。簷上飛流四注、當夏處之、凜若高秋。

これは正に拂菻國の自雨亭と同一の構造のもので、天寶年間 (742-756 A. D.) に長安に實在したのである。又、同書四には玄宗が涼殿と稱する宮殿を作つて、そこに暑を避けたことが記されてゐる。

明皇起涼殿。拾遺陳知節上疏極諫。上令〔高〕力士召對。時暑毒方甚。上在涼殿。坐後水激扇車、風獵衣襟。知節至。賜坐石榻。陰霤沈吟、仰不見日。四隅積水、成簾飛灑。坐内含凍。復賜冰屑麻節飲。陳體生寒慄、腹中雷鳴。再之請起。方許。上猶拭汗不已。陳纔及門、遺洩狼籍。逾日復故。謂曰、卿論事宜審。勿以己方萬乘也。

これも自雨亭と似たものであつたらう。思ふに、拂菻傳に記された自雨亭は、決して拂菻の都に於ける見聞に基くものではなく、實は唐都長安に實在した同種の建築を、西極の大國たる拂菻の都にも必ずあるべしと考へ、その都城が長安に劣らない文化の疆域たることを示さうとして點出したものであらう。石田氏や、氏に基いた向達（「唐代長安與西域文明」三九—四〇頁）Franke 氏 (Geschichte des chinesischen Reiches, III, p. 433) 等は、何れも自雨亭の起源を拂菻國に求めてゐるが、これはペルシャに求めるのが正しいと思はれる。

拂菻の都城の構造（プラン）や、その第二門にあるといふ珍奇な時計及び都人が炎暑を避けるために設計した自雨亭が、何れも長安の構造やそこに實在した裝置・建築を基礎として寫し出されたといふ余輩の推定が、幸に正鵠を失はないとすれば、拂菻傳にこの國の宮殿の建築を記して

其宮宇柱櫳、多以水精琉璃爲之。（中略）其殿以瑟瑟爲柱、黄金爲地、象牙爲門扇、香木爲棟梁。其俗無瓦。擣白石爲末、羅之塗屋上。其堅密光潤、還如玉石。

と言つてゐるのも、果して拂菻國に於ける見聞を記したものか否か、甚だ疑はれる。唐書にはこの文章を

以瑟瑟爲殿柱、水精琉璃爲棁、香木梁、黄金爲地、象牙闔。（中略）。無陶瓦屋、白石甃之屋。堅閏如玉。

と書き改めてゐる。闔は門扉のことで、舊唐書に門扇とあるに等しい。この中、舊唐書に「其宮宇柱櫳、多

以水精琉璃爲之」と言ひ、唐書に「水精琉璃爲梲」とあるのは、魏略に「以水晶作宮柱及器物」とあり、後漢書八八に「宮室皆以水精爲柱、食器亦然」とあり、晉書九七に「屋宇皆以珊瑚爲梲栭、琉璃爲牆壁、水精爲柱礎」とあるのに據つたのであり、舊唐書に「其俗無瓦、擣白石爲末、羅之塗屋上、其堅密光潤、還如玉石」といひ、唐書に「無瓦陶屋、白石甃屋、堅潤如玉」と記してゐるのは、後漢書八八に「以石爲城郭、列置郵亭、皆堊壁之（既由飾也、音火既友、郭璞爾雅註曰、堊白土也、音惡）」とあるのを敷衍したもので、何れも大秦國の風俗として前史に傳へられてゐる所を採つたのに過ぎない。從つて右の文章の中、唐代に始めて得られた知識と稱すべきものは、拂菻國の殿宇は瑟瑟を柱となし、黃金を床となし、象牙を門扇卽ち門扉となし、香木を棟梁としてゐたといふことのみとなるが、これらが共にその殿宇の壯麗なことを誇張した表現であることは一見して知られる。黃金を以て床を造つたりすることは、實際にあり得べきことではあるまい。黃金も象牙も香木も、これらは悉く唐代の上流階級の奢侈生活と切離すことの出來ないものであつたので、拂菻國には唐に於いて珍重せられるこれらの品物が、建築の材料として使用せられる位豐富に存在することを說明しやうとしたのに相違ない。Pauthier がこれを東羅馬皇帝 Theophilus (829–842 A. D.) が Bagdad の Caliph の宮殿に倣つて作つた宮殿の實況を述べたものであるとしてゐるのは (De l'authenticité, p. 46 note 1)、誤であらう。この中、瑟瑟が如何なる語の對音で、何を指したものか、今日なほ定說を得ない (Laufer, Notes on Turquois in the East, p. 25–35, 45–55, 67–68 ; Do., Sino-Iranica, p. 516–519、章鴻釗「石雅」六三—九〇頁)。元來、瑟瑟は裝身具として用ゐられる寶石であつて、柱とする程大いなる瑟瑟のある道理がない。拂菻國の宮殿の柱が瑟瑟で造られてゐたといふのは、明かに誇張の甚しいものである。Laufer 氏がこの見易い道理を悟らないで、拂菻傳の記事を根據に、瑟瑟は時に建築用材に用ゐられたことがあるとして、これを孔雀石 (Malachite) に擬定してゐるのには賛成出來ない。しかしこれに關聯して想起せられるのは、宋の吳曾の能改齋漫錄七の次の記事である。

杜「石笋行」、雨多往往得瑟瑟。按「華陽記」、開明氏造七寶樓、以眞珠結成簾。漢武帝時、蜀郡遭火燒數千家。樓亦以燼。今人往往于砂土上獲眞珠。又趙清獻「蜀郡故事」、石笋在衙西門外、二株雙蹲。云、眞珠樓基也。昔有胡人。于此立寺爲大秦寺。其門樓十間、皆以眞珠翠碧貫之爲簾。後摧毀墜地、至今基脚在。每有大雨、其前後人多拾得眞珠瑟瑟金翠異物。今謂石笋、非爲樓設而樓之建適當石笋附近耳。蓋大秦國多璆琳琅玕明珠夜光璧。水道通益州永昌郡、多出異物。則此寺大秦國人所建也。杜田嘗引西陽雜俎謂、蜀少城飾以金璧珠翠、桓温怒其大侈焚之、之事爲證。非也。

この文は杜甫の詩「石笋行」(仇兆鰲詳註卷十)に、

君不見益州城門。陌(一作街)上石笋雙高蹲。古來相傳是海眼。苔蘚蝕盡波濤痕。雨多往往得(一作有)瑟瑟。此事恍忽難明論。恐是昔時卿相冢(一作墓)。立石爲表今仍存。(下略)

とあるのに對する註釋で、成都の西門外にある石笋と呼ばれる Menhir の附近から瑟瑟が出土する理由を說明したものである。趙清獻の蜀郡故事といふ書物は他に著錄せられてゐないが、直齋書錄解題八・郡齋讀書志八等に著錄せられる成都古今記三十卷と同一のものではないかと思はれる。この書は成都知府事であつた趙抃(字は閱道、謚は清獻)の著で、著者は慶曆年間から熙寧にかけて、前後四度成都の知府として赴任し、蜀に關する故實百餘條を記して熙寧七年 (1074 A. D.) この書を成したといふ。そして Laufer 氏 (Notes on Turquois., p. 49–50) や Pelliot 氏 (Un traité manichéen retrouvé en Chine, J. A. 1913, I, p. 308 note 5: Chrétiens en Asie centrale et d'Extrême-Orient, T. P. XV, 1914, p. 626) も Moule 氏 (Christians in China before the year 1550, p. 72 note 86) も專らての記事に基いて、唐代成都に大秦寺があつたことを論じてゐるが、趙抃の傳へる所は宋の慶曆・熙寧の頃この方面に行はれた俗傳を記したまでであつて、それが大秦寺の遺趾か否かは全く明かではない。（南宋の姚寬の西溪叢語上には同じ俗傳を「舊說」として記してゐるが、石筍の附近を大秦寺の遺趾とする所傳は宋代を溯らない。）杜甫（712-770 A. D.）のこの詩は上元二年（761 A. D.）の作であるといふことであるから、それは景敎に對しても大彈壓の加へられた會昌五年(845 A. D.)の破佛に先立つ八十四年で、もし成都に大秦寺があれば、必ずその建物は嚴存した筈で、破摧せられる理由はない。又、杜甫自身が「恐是昔時卿相冢」などと想像するわけがない。これは大秦國に璆琳・琅玕・明珠・夜光璧等が出るといふ所傳から、逆にこれらの寶石類の出土する土地を大秦寺の遺趾であらうと想像したものに他ならない。この遺趾が何であるかに就いては、右に記されてゐる如く、華陽記や酉陽雜俎等に諸種の所傳があつたのであつて、これらは何れも右の遺蹟が大秦寺の跡でないことを雄辯に物語つてゐる。唐代に瑟瑟を室內の器具の裝飾とし、或ひは絲に貫き帳幕として用ゐたことは、杜陽雜編を始め小說類に見えてゐるから、大秦寺の建築などにも瑟瑟を使用した所があつたかも知れないが、何れにしても拂菻の宮殿の柱がこれによつて作られてゐたといふのは、拂菻國を理想化しようとする表現であつて、決して事實と見るべきではない。

拂菻傳によると、この國では王の傍に綠色の鳥がゐて、王に進められる食物の中に毒がある時は、必ず鳴いてこれを報じたといふことである。

有一鳥。似鵝。其毛綠色、常在王邊。倚枕上坐。每進食有毒、其鳥輒鳴。

Gibbon の「羅馬衰亡史」には、東羅馬皇帝の玉座の傍には、黄金製の獅子と多數の鳥とが置かれてゐて、外國の使臣の謁見の際には、この獅子が咆哮し鳥が囀つて、これを驚かしめたことが見えてゐるが（Decline and Fall of Roman Empire, ed. Bury, vi, p. 81, 87）、拂菻傳に記されてゐるやうな鳥の居たことは、西方の諸記錄には何等傳へられてゐない。拂菻傳に記された事物が、多く支那に實在したものを基礎に書かれてゐるのを考へると、この鳥の話も恐らく長安等に實在した鳥から思ひついたものであらう。唐代上は宮廷から下は一般民間に至るまで、鸚鵡が愛養せられてゐたことは、當時の小說類に屢〻記されてゐる所で、明皇雜錄には楊貴妃がこの鳥を愛用してゐたことが見え、太平廣記にはこの鳥に關する奇譚が幾つか傳へられてゐる。就中、鸚鵡が殺人事件の現場を見てゐて、その眞犯人を告げるといふ筋の話が、唐の王仁裕の開元天寶遺事（唐人說薈本）に頗る詳しく揭げられてゐる。その大意を記すと、長安に楊崇義といふ富豪があつて、王公を凌ぐ豪奢な生活を送つてゐたが、その妻劉氏が隣家の兒李弇と通じ、楊崇義を殺害して井戸の中に投じ、嚴重な探査にも拘らず、眞犯人は檢擧せられなかつた。しかるに、縣官が崇義の家に檢證に出張した所、鸚鵡が鳴くので、臂上に止らせて其の故を問ふと、犯人が劉氏と李弇であることを告げ、こゝに事件は解決した。玄宗はこの事を聞いて歎訝し、鸚鵡を封じて綠衣使者となし、後宮に養はしめ、文人張說は後に綠衣使者傳を作つてこの事を傳へたといふのである。鸚鵡が奸事を暴く話は千一夜物語にも、「Sindbad の物語」にも記され、中世のペルシャ・アラビヤ・印度等に廣く行はれてゐた所であるが（R. F. Burton, The Book of the Thousand Nights and a Night, 1, p. 52, VI, p. 132-134 and note）、これらは要するに鸚鵡がよく人語を爲す所から生じた民間說話に他ならない。拂菻王の傍に居た鳥が綠色とせられてゐるのは、鸚鵡が綠衣使者に封ぜられた話と考へ合せて、必ず鸚鵡を念頭に置いて作爲した所であらうと思はれる。鸚鵡が毒の有無を知らせた話は、支那には見當らないけれども、印度には古くからさうした俗信が行はれ、鸚鵡を始め、毒を辨別する能力のある數種の鳥を座右に置いて、身を護ることが、主權者の保身法の一つに數へられてゐた。石田氏の示教によると、Jarl Charpentier 氏は一九二九年の Bulletin of the School of Oriental Studies, V, 2 (p. 233–242) 誌上に Poison-Detecting Birds と題する論文を掲げ、主として印度の文獻から多くの關係記事を引いて、これを論じてゐる。Charpentier 氏によると、かゝる記事の初見は、Chandragupta Maurya の宰相 Kauṭilya の著と稱せられる Arthaśāstra で、この書の中には王の harem に於ける護身法に言及して、次の如く記してゐる。

鸚鵡と maina と Malabar bird とは、蛇毒がある虞のある時は、叫び聲を發する。タイシャクシギは毒の近くに行くと全くよろ〳〵としてしまふ。雉は氣絶する。cakora partridge は眼の色を變へる。

同樣の記事は Suśruta にも、Manumṛti に對する Medhātithi の註釋にも記されてゐる。この中 Arthaśāstra や Suśruta-saṃhitā が現行の如き體裁を整へたのは紀元二、三世紀のことであり、Medhātithi は紀元九世紀の人と思はれるから (Winternitz, Geschichte der indische Literatur, III, p. 545, 494 etc.)、唐代の印度にかゝる俗信が行はれたことは確かであり、更にそれに基いて毒避けの鳥を身邊に置くことも實際にあつたと思はれる。Charpentier 氏の引く所によると、H. Jacobi 氏の校刊した Sanatkumāracaritam には、王の食事の樣子を記して、次の如く言つてゐる。

召使等は王の食器を準備し、醫者と各種の呪師が集合する。給仕人等が現はれる。惡魔や神々に供物が捧げられる。cakora の籠が幾つか速かに運び入れられる。云々。

Sanatkumāracaritam は Haribhadra の Nemināthacaritam の一章で十二世紀の中期の著作であるが (Winternitz, op. cit., III, p. 640)、毒避けの鳥を食卓に備へることは古くから行はれてゐたであらう。かゝる俗信は現代の印度にも行はれてゐるが、就中 cakora が最も毒に敏感で、毒蛇の最大の强敵であると信ぜられてゐる。この鳥は Himalaya 山の西部に多く居り、長さ十五、六吋、翼及び背面は鼠褐色、尾は灰藍色の羽毛を有し、足と嘴とが赤く、腹部は灰藍色の羽毛に鼠褐色の斑が入つてゐる。學名を Perdix chukor Gray といふ (T. C. Jerdon, The Birds of India, II, Culcutta, 1863-1870, p. 564-567)。Gray の圖錄に實大の寫生圖が見えてゐる (J. E. Gray, Illustrations of Indian Zoology, 1, London, 1830-1832, Pl. 54)。拂菻國の鳥が鵝に似てゐるといふのは、或ひはこの Cakora のことを言つてゐるのかも知れない。唐宋白孔六帖五九には酉陽雜俎を引いて「李衞公言、鵝警鬼」とあり、古今圖書集成には同じ語を續博物志に出づと記し、更に東坡志林に「鵝能警盜(中略)鵝不獨能警盜、亦能却蛇、其糞殺蛇、蜀人園池養鵝、蛇即遠去」とある記事を擧げてゐる。即ち、印度に於いて傳へられてゐるのと同じ樣なことが、支那に於いては鵝に就いて信ぜられてゐるのであつて、拂菻傳の編者が特に「鵝に似たり」と言つたのは、かゝる共通點をも考慮に入れたのであらう。要するに、拂菻王の傍にゐる毒避けの鳥の話は、唐代の人士に愛養せられてゐた鸚鵡の話と、印度に起源を有し、中亞細亞にも傳へられてゐたと思はれる所謂 Poison-detecting Birds の話から構成せられたもので、決して東羅馬又は Roman Orient 地方に實際に行はれてゐた事實に基いたのではないと思はれる。

以上、拂菻傳の前半に於いて說明を要する殆んど悉くの記事に就いて、聊ゝ卑見を述べ盡したのである。

唯、拂菻國に貴臣十二人があつて共に國政を治めてゐるといふ記事が、Pauthier (De l'authenticité, p. 48 note 1)

[2] Yule (Cathay, 1, p. 47 note 1) の論じたやうに、東羅馬の十二の Dioecesis の長官が全領土を分治してゐるのを言つたものか、書經の舜典に記された十二牧のことから類推したものか、その何れにも解釋が出來るが、拂菻傳の中には東羅馬の實際を記した箇所もあるのであるから、これは前の解釋に從つて置きたい。又、傳中に見える羊羔の話に關しては既に説明したから、今は述べない。

要するに、舊唐書の拂菻傳は唐會要と同一の史料に基いた記録で、往五天竺國傳・經行記等と共に、唐代の拂菻國に關する根本史料の一つであるが、それは大秦國に關する前史の記事を抄録した部分と唐代に得られた新事實とから成つてゐる。そしてこの新事實の中には、この拂菻國を

(一) Syria 地方と見なければ解釋の出來ない記事

(二) Constantinople を中心とする東羅馬と見なければ解釋の出來ない記事

(三) その何れと見ても説明の出來る記事

(四) その何れと見ても説明の出來ない記事

の數種が存する。即ち、(一)大食の大將軍摩栧に攻略せられた拂菻の都城は、これを Syria 地方に求めなければならぬが、(二)その都城が南海に臨んだ尤絶高峻の石壘に圍まれてゐたといふのは、Constantinople のこととして始めて理解せられる所である。又、その國の面積が方萬餘里あつたといふことや、その王の服飾、貴臣十二人が全國を分治してゐた事實、或ひは大いなる財産を有する者が上位に封ぜられたことは東羅馬の實際を述べたものである。又、(三)拂菻國が西海の上に在つて東南波斯と接してゐるといふこと、乃至はその戸數が十餘萬あつたといふのは、これを Syria のこととしても小亞細亞のこととしても了解せられ、その

國の男子が鬍髪披帔して右袒し、婦人が襟を開かなかつたといふのは、羅馬人の風俗を述べたのには相違ないが、これまたSyria地方にゐた羅馬人としても、Constantinopleにゐた羅馬人としても差支へはない。しかし、王城の東面に二十餘丈の大門があり、上から下まで黃金を以て飾られ、金光燦爛として數里に連曜してゐたことや、その王宮に入るまでに三門があり、第二門の所に珍奇な時計があつて時を報じ、盛暑の候には特別の冷房裝置のある家屋があつたこと等は、これをAntiochiaのこととしても、Constantinopleのこととしても解釋が出來ない。但しAntiochiaに東門があつて同市と外部との交通の要點を扼して居り、Constantinopleの西壁に金門があつたことが、右の記事の中に反映せられてゐるとも考へられるが、これらは實は唐都長安の景況を念頭に置き、これを一層誇張して書いたものであらうと信ぜられる。長安には宮城・皇城・京城の三つの城壁があり、城外から宮城に至るには、何れの方面から來るとしても三つの門を通らなければならなかつた。就中、東壁の中央にあつた春明門は、中原の諸地方から長安城に入る場合に人々の必ず通過した門で、春明門とその西方に連る皇城前の道路とは、長安市中に於いても最も往來の劇しい場所であつた。拂菻傳にその都城の東門を特に標出したのは、このためであつたらう。そして宮城の前門承天門には鼓樓があつて朝夕の時を報じ、貴紳の邸宅や宮廷の內部には自雨亭とか涼殿とか稱せられる納涼建築が營まれてゐた。これらの事實は何れも拂菻の都城を敍述する骨子となつたのである。尤も、唐書三七地理志の上都の注に記す所では、長安の外壁である京城の城壁は高さ一丈八尺、最內部にある宮城の城壁と雖もその高さは三丈半であつたといふから、春明門の高さは多くも三丈を越えなかつたであらう。拂菻城の東門が二十餘丈の高さであつたといふのは、誇張も甚しいものと言はなければならない。又、拂菻王の座右に待して、食事の際に鳴いて毒の有無を知らせる綠色の鳥の話は、印度に起原を有する Poison-Detecting Birds の話に、拂菻傳の編者自身が目睹してゐた鸚鵡のことを加へて、讀者の好奇心をそゝつたものと思はれる。余輩は嘗て「大秦傳に現はれたる支那思想」と題する論文に於いて、漢魏の史書に掲げられた大秦傳の記事が、Roman Orient に關する實際の見聞を、主として堯舜の傳說、儒敎の精神によつて潤色し、更にこの國を中國の一支封と看做して、自己の自尊心を滿足せしめると共に、西方に支那に劣らぬ理想鄕の存在する事實を述べて、世界の東極と西極とに樂土が存すると信じてゐる一般の期待に對へようとしたものであることを縷述し、本論文の始めに於いて、北史や魏書の大秦傳に至つてその傾向が極點に達した結果、遂に南北朝の大秦國は白布の上に投ぜられた影像に他ならなく成つた次第を說明したのであるが、大秦に代つて現はれた唐代の拂菻國は、唐代の支那人が長安に於ける都市生活や、そこで見聞した珍奇な事物に、Constantinople, Syria 地方の實際談を織込み、更に前史の大秦傳から材料を求めて構成した一つの理想鄕であつたのである。唯ゝ大秦傳の潤色が主として思想的なものであつたのに反し、拂菻傳に加へられた所は、多く事實に根據を有する點が相違するのである。

最後に一言記して置かなければならないのは、拂菻傳の末尾に見える朝貢記事である。これによると、拂菻王の朝貢は貞觀十七年 (643 A. D.) に始り、乾封二年 (667 A. D.)、大足元年 (701 A. D.)、開元七年 (719 A. D.) の各年に行はれた。この中、開元七年には正月と四月の二回に入貢し、冊府元龜 九七〇 九七一 には、この他睿宗の景雲二年 (711 A. D.) 十二月、玄宗の天寶元年 (742 A. D.) 五月に入貢したことが記されてゐるから、拂菻國の唐への入貢は、少くとも現存の記錄に記されて居る限り、前後七回あつたことになる。この中、貞觀十七年には波多力と稱する王が入貢し、開元七年四月と天寶元年五月とには大德僧が命を受けて來朝したと記され、開元七年正月には吐火羅 (Tukhâra) の大首領が派遣せられたことになつてゐる。所が Syria 地方は六四〇年以後既に完全にアラビヤの領土となり、東羅馬皇帝が唐に通じたことは、西方の記錄に所傳がないのであるから、これらの朝貢は Syria の長官や東羅馬皇帝の行つた所であると見ることは出來ない。尤も Klaproth はこの拂菻王波多力を東羅馬帝 Heraclius の弟の Theodorus のこととし、Chavannes 氏はこれを波悉力の誤記として東羅馬皇帝を稱する βασιλεύς の對音としてゐるが、何れも根據薄弱の謗を免かれない。又、Pauthier はこれを六四二年位に卽いた法王 Theodorus その人であると考へたが (De l'authenticité, p. 48 note 1)、これまた積極的な證據が無い。やはり波多力はネストル敎の法王を呼ぶ Patriarch に當てる Hirth 氏の說 (China and the Roman Orient, p. 293–295) が最も正しいであらう。Hirth 氏は Patriarch に當るペルシャ語及びアラビヤ語 baṭriq (*pl.* baṭâriq) を波多力の原音と定めてゐるが、恐らく正鵠を失はないと思はれる。そしてこの波多力が Ctesiphon の景敎本山の首長に他ならなかつたことも、Hirth 氏の論じた如くであらう (The Mystery of Fu-lin, J. A. O, S. xxx, 1909, p. 14–15; xxxiii, 1913, p. 199)。拂菻王が二回に亙つて大德僧を派遣してゐることは、この王が俗人でなかつた一證であるし、吐火羅の大首領を遣したといふのも、今の Balkh に景敎の一中心が置かれてゐたからであらう。景敎の碑文を讀むと、この碑文を立てる際の大施主であつた景敎僧伊斯は、遠く王舍城から中夏に來つたとあるが、この伊斯は碑文のシリャ文に「ギリシャ曆一千九十二年 (781 A. D.) に僧故 Milis の子、Tuhuristan の Balkh の人、首府 Khumdan の鄉主敎 (country-bishop) 我が僧 Izdbuzid この石碑を建つ」(J Er. Heller, Nestorianische Denkmal, p. 36 : A. C. Moule, Christians in China, p. 48) とある

Izd-buzid その人に他ならない。Balkh が小王舍城と呼ばれたことは、玄奘の西域記一に

縛喝 (Balkh) 國、東西八百餘里、南北四百餘里。北臨縛芻 (Waksu, Waxšu) 河。國大都城、周二十餘里。人皆謂之小王舍城也。

とあるのによつて明かである。Balkh に佛教が盛んに行はれてゐたことは、これによつても知られるが、又、この地から景敎の高僧が支那に來つてゐることは、こゝに景敎が行はれてゐたことを示すものである。然らば何が故に Ctesiphon の景敎法主が拂菻王と稱ぜられたか。從來これに明答を與へたものはないが、この場合の拂菻は景敎世界といふ程の意であつて、景敎の行はれてゐるから、その敎主が拂菻王と稱することは、唐代に行はれた景敎の經典に明記せられてゐる所を汎稱したのであらう。景敎が本來拂菻國の敎であることは、何等の不思議はない。景敎の碑文によると、貞觀九年阿羅本の來朝したのを始め、幾度か景敎僧が入唐して法を弘めたのであらう。されば此の場合の拂菻國は、他の拂菻國と全くその性質を異にするものと解釋すべきであらう。正史に見えないのは、正史の脱漏か、但しはそれらが法主の命を奉じた趣に記されてゐるのに、その多くが正史に見えないのは、幾度か景敎僧が入唐して來たものでなかつたためであらう。それは何れにしても少くとも會昌五年 (845 A. D.) の破佛まで景敎僧の往來は常にあつたと思はれるのに、拂菻王の朝貢が天寶元年 (742 A. D.) を最後として、絶えてしまつたのは何故であらうか。思ふに、Ctesiphon に在つた景敎本山は紀元七六二年 Caliph の命令によつて、サラセン帝國の首都 Bagdad に移され、回敎敎主の監督下に置かれることに成つた。その結果、何等かの理由によつて、唐との政治的な通交を禁ぜられたのではあるまいか。姑く疑を存して、後の考を俟つこととする。